Transformationen des Kulturellen

Andreas Hepp
Andreas Lehmann-Wermser (Hrsg.)

Transformationen des Kulturellen

Prozesse des gegenwärtigen
Kulturwandels

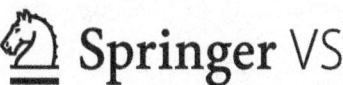 Springer VS

Herausgeber
Andreas Hepp
Andreas Lehmann-Wermser
Universität Bremen, Deutschland

ISBN 978-3-531-19238-3   ISBN 978-3-531-19239-0 (eBook)
DOI 10.1007/978-3-531-19239-0

Die Deutsche Nationalbibliothek verzeichnet diese Publikation in der Deutschen Natio-
nalbibliografie; detaillierte bibliografische Daten sind im Internet über http://dnb.d-nb.de
abrufbar.

Springer VS

Gedruckt auf säurefreiem und chlorfrei gebleichtem Papier

Springer VS ist eine Marke von Springer DE. Springer DE ist Teil der Fachverlagsgruppe
Springer Science+Business Media.
www.springer-vs.de

Für Jürgen Lott

Inhalt

Transformationen des Kulturellen.
Zur Einleitung in den Band

Andreas Hepp / Andreas Lehmann-Wermser

1. Die scheinbare Banalität des Kulturwandels

In gewissem Sinne ist das Sprechen von Kulturwandel eine Banalität: Kultur ist ein Grundmoment des menschlichen Lebens. Entsprechend hat sich Kultur mit der gesamten Menschheitsgeschichte gewandelt und wandelt sich fortlaufend weiter. Andere Momente von Kultur verweisen auf Konstanz: Es wird nur dann möglich, bei allem Kulturwandel von den Unterschieden einzelner Kulturen zu sprechen, wenn diese auch durch Beharrungsmomente gekennzeichnet sind. Insofern erscheint der Begriff des Kulturwandels auf den ersten Blick unproblematisch. Bei näherem Hinsehen aber wird eine mehrfache Komplexität von Kulturwandel greifbar, die auf die beiden Bestandteile dieses Begriffes verweist: Kultur und Wandel. Letztlich ist eine zumindest vorläufige Annäherung an die Begriffe notwendig, um Missverständnisse im Sprechen über Kulturwandel zu vermeiden. Dann zeigt sich auch, dass das Phänomen des Kulturwandels bei weitem weniger banal ist, als es auf den ersten Blick erscheint.

Die Komplexität des Begriffs *Kultur* ergibt sich letztlich aus der Vielschichtigkeit des Phänomens, das wir mit diesem Begriff zu fassen suchen. Geschichtlich hat der Begriff Kultur, der sich aus der Abgrenzung zu Natur und Zivilisation seit dem 18. Jahrhundert entfaltete, bekanntlich eine lange Geschichte (vgl. im Überblick Hejl 2001). Mag es im Einzelnen über die Zeiten (und zwischen den in verschiedenen Ländern je eigenen Diskursen) auch große Unterschiede gegeben haben, so ist doch den wissenschaftlichen Diskursen bis weit ins 20. Jahrhundert hinein gemeinsam, dass die Existenz von Kultur(en) quasi unabhängig von den sie untersuchenden Wissenschaften angenommen wurde. Mit der Kultursemiotik im Gefolge Cassirers gerieten dann die unterschiedlichen Perspektiven der jeweiligen Disziplinen ins Blickfeld, die den Gegenstand erst konstituieren. Diese Unterschiede prägen diesen Band.

Empirisch gesehen gibt es freilich Kulturen nur im Plural. Hinzu kommt, dass sich Kulturen auf sehr unterschiedlichen Ebenen konkretisieren. Vor einigen Jahren hat der Schriftsteller Eckhard Henscheid (2001) ein Buch mit dem Titel „Alle 756 Kulturen: Eine Bilanz" verfasst. In diesem – wie er es nennt – „Grand Prix der Kulturen" belegt er 756 unterschiedliche Verwendungsweisen des Ausdrucks Kultur in der deutschen (Alltags-) Sprache. Diese reichen von A wie „abendländischer Kultur" bis hin zu Z wie „Zynismuskultur". Man kann das Buch entsprechend als Beleg dafür nehmen, dass Kultur nicht einfach nur als Nationalkultur besteht (von Henscheid erfasst als „deutsche Kultur"), sondern auf sehr vielfältige Weise. Es ist ein solcher „weiter" bzw. „anthropologischer" Kulturbegriff (Williams 1972), der als Ausgangspunkt heutiger Kulturtheorie gilt (siehe die Beiträge in Moebius und Quadflieg 2006).

Der Alltagssprachgebrauch reduziert die Vielfalt des Begriffs in verschiedenen Diskursen in unterschiedlicher Weise. Manchmal wird Kultur dabei national gefasst, etwa wenn von „der" französischen Kultur die Rede ist; manchmal wird sie dabei auch soziologisch als Vehikel der Distinktion gefasst, wenn etwa von der „wahren Kultur" im Gegensatz zur „Massenkultur" gesprochen wird. Dabei ist das Bewusstsein für die historischen und/oder soziologischen Implikationen verloren gegangen; so ist die Herabsetzung der Massenkultur gegenüber der „Hochkultur" bis in den Diskurs des 19. Jahrhunderts zurückzuverfolgen, in dem die (deutsche) „Kultur" von der (französischen) „civilisation" abgegrenzt wurde. Auch deshalb ist der Kulturbegriff nicht einfach mit dem einer nationalen Hochkultur identisch, vielmehr müssen wir verschiedene Momente von Kultur in den Blick rücken.

Im wissenschaftlichen Diskurs nämlich verlor der Begriff bereits im 19. Jahrhundert den normativen Charakter und beschrieb nur noch „that complex whole which includes knowledge, belief, art, morals, law, custom, and any other capabilities and habits acquired by man as a member of society" (Tyler 1958 [1871]: 1). Kultur hat in einem solchen Verständnis zuerst einmal immer etwas mit alltagsweltlicher Bedeutungsproduktion zu tun. In Anlehnung an den britischen Sozial- und Kulturforscher Stuart Hall (2002) können wir darunter so viel wie die „Summe" der verschiedenen „Klassifikationssysteme" und „diskursiven Formationen" verstehen, auf die sich unsere alltagsweltliche Bedeutungsproduktion bezieht. Klassifikationssysteme sind letztlich Muster des systematischen Zusammenhangs von Zeichen – wobei Zeichen in einem sehr weiten Sinne verstanden wird, also nicht nur sprachliche Zeichen meint. Diskursive Formationen sind weitergehende, musterhafte Konstellationen des Gebrauchs dieser Zeichen in sprachlichen und nicht-sprachlichen Praktiken. Es geht bei Kultur also immer auch um die Praxis, das „doing" der Bedeutungsproduktion. Kultur ist dabei durchaus widersprüchlich und in einen gesellschaftlichen Prozess der Auseinandersetzung eingebunden. Fragen der Kultur sind damit ebenfalls Machtfragen: Wer ,bestimmen' kann, was als Kultur gilt und was nicht, der hat Macht. Die öffentliche Diskussion in Deutschland um eine „Leitkultur" ist dafür ein herausragendes Beispiel. Wichtig ist es, außerdem im Blick zu haben, dass wir in einer Vielzahl von Kulturen zugleich leben. Dies sind nicht einfach nur die „Nationalkulturen", sondern auch „demokratische Kulturen", „Protestkulturen" oder „Musikkulturen", um nochmals einige Einträge aus der Sammlung von Eckhard Henscheid zu nennen. Deren Vielzahl können wir als einen Hinweis darauf nehmen, dass Kulturen fließend ineinander übergehen, nicht wirklich trennscharf sind und am besten als „Verdichtungsphänomene" (Hepp 2011: 71-74) beschrieben werden.

Aber nicht nur der Begriff der Kultur ist ein komplexer Begriff. Das gleiche gilt für den des *Wandels*. In einer sehr breiten Annäherung lässt sich Wandel zuerst einmal als Veränderung im Zeitverlauf fassen. Solche Veränderungen fallen gleichwohl erst dann auf, wenn man sie in Bezug zur Konstanz anderer Phänomene sieht. Die Veränderung der kulturellen Form von Familie beispielsweise wird dann greifbar, wenn man sie nicht als Auflösung von Familie überhaupt begreift, sondern eben als je unterschiedliche Form, in der Familie gelebt wird. Aussagen über Wandel werden also erst dann sinnvoll möglich, wenn man eine Referenzgröße für die Beschreibung von Wandel hat – eine Referenzgröße, die damit auch auf Konstanzen verweist. Gleichzeitig gibt es aber auch Vorstellungen von Wandel, die als solche problematisch sind. So weisen aktuelle Arbeiten auf den impliziten Rückbezug einer Diskussion um Wandel in vorherrschende gesellschaftliche Diskurse des „Neuen" hin (Reckwitz 2012). Danach dominiert in unseren heutigen Gesellschaften zunehmend ein „Kreativitätsdispositiv", das Wandel positiv konnotiert und zu einem Teil einer „Aufmerksamkeitskultur des Neuen" macht. Es besteht die Gefahr der Fetischisierung des „Neuen" überhaupt – wie in der Konfrontation mit Gesellschaften, die den Wandel verhindern, deutlich wird (Nadig, in diesem Band). Solche Argumente weisen nochmals darauf hin, dass man mit einer unhinterfragten Unterstellung des „Neuen" im Wandel vorsichtig sein und Beharrungskräfte, Kontinuitäten und Pfadabhängigkeiten in der Analyse berücksichtigen muss.

Bei einer Betrachtung des Wandels ist es wichtig, einfache Kausalitätsmodelle zu vermeiden. Eine solche Aussage darf nicht in dem Sinne missverstanden werden, dass es nicht um ein „verstehendes Erklären" (Weber 1972) von Wandel ginge. Aber Annahmen der Zwangsläufigkeit von Wandel – in welche Richtung auch immer – greifen zu kurz. An dieser Stelle ist es hilfreich, auf Norbert Elias Bezug zu nehmen. Er diskutiert das „Problem der ,Notwendigkeit' gesellschaftlicher Entwicklungen" (Elias 1993: 175) und erinnert uns daran, dass sich „bei

der Erforschung eines Figurationsstromes [...] zwei Perspektiven des Zusammenhangs zwischen einer aus dem kontinuierlichen Figurationsstrom herausgelesenen früheren und einer jeweils späteren Figuration unterscheiden" (Elias 1993:
178) lassen. Dies ist als erstes der Blickwinkel der früheren Figuration, von der
aus betrachtet die spätere nur eine der verschiedenen Möglichkeiten ihrer Veränderung ist. Zweitens ist dies der Blickwinkel der späteren Figuration, von der
aus gesehen „die frühere gewöhnlich eine der notwendigen Bedingungen ihres
Zustandekommens" (Elias 1993: 178) ist. Entsprechend argumentiert Elias, die
(empirisch zu prüfende) Tatsache, dass eine Figuration aus einer anderen heraus
entstanden ist, kann nicht damit gleichgesetzt werden, dass „sich diese früheren notwendigerweise in diese späteren verwandeln mussten" (Elias 1993: 179).
Wenn man Wandel beschreiben will, gilt es, vielschichtige Transformationsmus-
ter herauszuarbeiten.

    Diese Aussage führt direkt zum Titel des vorliegenden Buchs: *Transforma-
tionen des Kulturellen*. Hiermit wollen wir auf Zweierlei abheben. Einerseits geht
es uns darum, mit dem Begriff der Transformation zu signalisieren, dass Kulturwandel zwar in dem oben umrissenen Sinne ein komplexes Phänomen ist. Gleichzeitig ist er aber kein beliebiger Strom der Veränderung, vielmehr lassen sich –
sicherlich vielschichtige – Muster des Wandels herausarbeiten. Hierauf zielen aus
unterschiedlichen disziplinären Blickwinkeln die verschiedenen Beiträge des vorliegenden Buchs. Dass wir dabei von „dem Kulturellen" und nicht einfach „der
Kultur" sprechen, hängt damit zusammen, dass einzelne Momente des Wandels,
mit dem wir gegenwärtig in Bezug auf Kulturen konfrontiert sind, auf Prozesse der „Transkulturation" (Ortiz 1970 [1940]) abheben. Wir sind also gegenwärtig nicht nur damit konfrontiert, dass sich Kulturen auf ihren sehr verschiedenen
Ebenen – Sportkulturen, Medienkulturen, Lernkulturen usw. – ändern. Dies wäre
eine Aussage, die rein auf den Blickwinkel von Einzelkulturen abhebt. Wir haben
es zusätzlich mit einer Zunahme transkultureller Kontakte und Zustände zu tun,
mit denen vielfältige Prozesse kultureller Veränderung einhergehen, und zwar
sowohl in einzelnen Kulturen als auch über diese hinweg. Eine solche transkulturelle Perspektive ist in Zeiten fortschreitender Globalisierung immer mitzudenken, wenn wir uns mit Kulturwandel beschäftigen, sie ist auch in regionalen oder
lokalen Kontexten erklärungsmächtig. Genau dies ist der Grund, warum wie hier
von Transformationen des Kulturellen gesprochen wird.

2. Kulturwissenschaftliche Perspektiven auf die Transformation des Kulturellen

Die bisherigen Argumente führen direkt zu der Anlage des vorliegenden Bandes. Ausgangspunkt für dieses Buch war eine von Jürgen Lott, Religionswissenschaftler und langjähriger Dekan des Fachbereichs Kulturwissenschaften der Universität Bremen, angeregte Diskussion über die Bezüge der verschiedenen Fächer des Fachbereichs. Eine solche Diskussion ist vor dem Hintergrund eines spezifischen Bremer Verständnisses von Kulturwissenschaften zu sehen. Dieses grenzt sich doppelt von anderen Verständnissen ab.

Erstens grenzt sich das Bremer Verständnis von Kulturwissenschaften von einem Begriff von Kulturwissenschaften als „reformierten" Geisteswissenschaften ab. In einem solchen Blickwinkel sind die Kulturwissenschaften zwar interdisziplinär ausgerichtet, im Kern aber durch „cultural turns" (Bachmann-Medick 2007: 8) neu aufgestellte Geistes-, und hier insbesondere Sprach- und Literaturwissenschaften. Einschneidend für die deutsche Diskussion um einen solchen Begriff von Kulturwissenschaften als Reformprojekt der in die Krise geratenen Geisteswissenschaften – zu der es durchaus Parallelen in anderen Ländern gibt (siehe beispielsweise Hall 2003) – war insbesondere die von ihren Verfassern als „Denkschrift" bezeichnete Publikation „Geisteswissenschaften heute" (Frühwald et al. 1991). Veröffentlicht wurde diese von einer Arbeitsgruppe des Wissenschaftsrats und der Westdeutschen Rektorenkonferenz. Im Kern der Publikation steht die Hoffnung, dass in der Hinwendung der Geisteswissenschaften zu in einem breiten Sinne verstandenen, kulturellen Phänomenen das Potenzial besteht, diese auf eine für die Gegenwart angemessene Weise zu erneuern.

Aber auch von einem zweiten Begriff von Kulturwissenschaft grenzt sich das Bremer Verständnis ab, nämlich einem Begriff von Kulturwissenschaft als einer einzelnen akademischen Disziplin. An dieser Stelle lässt sich beispielsweise auf die Veröffentlichung „Orientierung Kulturwissenschaft" von Hartmut Böhme, Peter Matussek und Lothar Müller verweisen. Diese sprechen konsequent von Kulturwissenschaft im Singular. Ihnen geht es darum, so ein „inter- bzw. transdisziplinär angelegtes Einzelfach" (Böhme et al. 2000: 10) zu bezeichnen. Kulturwissenschaft ist für sie eine Einzeldisziplin im Gesamt der verschiedenen geisteswissenschaftlichen Disziplinen. Entsprechend definieren die Autoren Kulturwissenschaft dann als dasjenige Fach, „das die von Menschen hervorgebrachten Einrichtungen, die zwischenmenschlichen, insbesondere die medial vermittelten Handlungs- und Konfliktformen sowie deren Wert- und Normenhorizonte" erforscht. Und sie fahren fort: „Insofern ist für die Kulturwissenschaft die Kultur als Ganzes sowohl das Objekt als auch der Rahmen für ihre eigenen Operationen" (Böhme et al. 2000: 104).

In Abgrenzung zu beiden Positionen geht das Bremer Verständnis zwar davon aus, dass Kulturwissenschaft als Einzeldisziplin wenig Sinn macht. Es sind die Kompetenzen unterschiedlicher Disziplinen nötig, um sich angemessen an Kultur und kulturelle Phänomene annähern zu können. Ebenso handelt es sich bei den Kulturwissenschaften aber auch nicht um ein Gesamt der reformierten Geisteswissenschaften. Eine Annäherung an das Bremer Verständnis ist über den Umweg eines Klassikers der Sozialwissenschaften möglich, nämlich Max Weber. Bekanntlich hat Weber vorgeschlagen, all „solche Disziplinen, welche die Vorgänge des menschlichen Lebens unter dem Gesichtspunkt ihrer Kulturbedeutung betrachten, ‚Kulturwissenschaften' [zu] nennen" (Weber 1988: 165). Weber meint dabei mit „Kulturbedeutung" nicht, dass eine Kultur mehr „Bedeutung" und damit einen höheren „Wert" habe als eine andere. Vielmehr zielt dieser Begriff darauf zu erfassen, dass ein bestimmtes Phänomen „bedeutsam" in einer Kultur ist und so eine „Kulturerscheinung" darstellt (Weber 1988: 181). Entsprechend ist für ihn die Prostitution ebenso eine „Kulturerscheinung" wie die Religion oder das Geld. Und in der logischen Folge ist auch die Sozialwissenschaft eine Kulturwissenschaft, weil sie sich mit „Kulturerscheinungen" und Fragen der „Kulturbedeutung" auseinandersetzt (Weber 1988: 165).

Nun lässt sich der Begriff von Kulturwissenschaften, wie ihn Max Weber umrissen hat, sicherlich nicht nahtlos auf die heutige Zeit übertragen. Aufgreifen lässt sich allerdings der Gedanke, dass verschiedene wissenschaftliche Disziplinen durch eine gewisse Orientierung auf Fragen der Kultur zu einem Teil der Kulturwissenschaften werden. Nimmt man an dieser Stelle das Bremer Beispiel, so sind es sehr unterschiedliche geistes- und sozialwissenschaftliche Disziplinen, die zu den Kulturwissenschaften gezählt werden: Ethnologie, Kommunikations- und Medienwissenschaft, Kunstwissenschaft, Musikwissenschaft, Philosophie, Religionswissenschaft und Sportwissenschaft. Indem die Fachdidaktiken in Bremen nicht einer „school of education" zugeordnet werden, sondern den Fachwissenschaften, sind auch sie Teil des akademischen Diskurses über Kultur und kulturelle Vermittlung. So verschieden diese Disziplinen im Einzelfall sind, so teilen sie in der Form, wie sie an der Universität Bremen im Fachbereich Kulturwissenschaften realisiert werden, einen Fokus auf die „Kultur" bzw. die „Kulturbedeutung" verschiedener Phänomene. Beispielsweise lässt sich Kommunikations- und Medienwissenschaft ebenso wie die Kunstwissenschaft oder Religionswissenschaft in dem Sinne „kulturwissenschaftlich" realisieren, dass Fragen der Medien-, Bild- oder Religionskultur in den Fokus der Betrachtung rücken. Oder allgemeiner ausgedrückt: Kulturwissenschaften sind die verschiedenen Disziplinen in ihrer gemeinsamen Ausrichtung auf Fragen des Kulturellen. Letztlich ist es ein solcher Zugang, wie er sich auch in aktuellen Einführungen in das Feld manifestiert (siehe dazu bspw. die Beiträge in Moebius 2012).

Ein solches interdisziplinäres, gleichzeitig aber auch nicht konturloses Verständnis der Kulturwissenschaften hat an der Universität Bremen eine Tradition, die bis in das Jahr 1985 zurückreicht. Damals wurde der Bremer Studiengang Kulturwissenschaft als ein interdisziplinärer Studiengang gegründet, der verschiedene Phänomene von Kultur aus unterschiedlicher disziplinärer Perspektive beleuchtet. Aufgegriffen wurde diese Diskussion in zwei Forschungstagen des Fachbereichs Kulturwissenschaften im Jahr 2010 und 2011. Bei diesen ging es darum, das gemeinsame, interdisziplinäre Verständnis von Kulturwissenschaft in Bezug auf geteilte Fragen des Kulturwandels – oder konkreter: der Transformation des Kulturellen – auszuloten. Der vorliegende Band enthält in Form von Artikeln eine Auswahl der während dieser beiden Forschungstage gehaltenen Vorträge. Hierbei machen die Beiträge insgesamt eine „Bewegung", die einerseits über die verschiedenen Fächer der Bremer Kulturwissenschaften reicht und sich andererseits von der Diversifizierung (lokaler) Kulturen und dabei bestehenden Beharrungskräften über religiöse Kulturen und körperliche bzw. räumliche Momente von Kultur hin zu verschiedenen medialen Dimensionen der Transformation des Kulturellen erstreckt.

Eröffnet wird der Band mit einem Artikel von *Margrit E. Kaufmann*, die sich als Ethnologin mit der Diversifizierung von Kultur befasst. Ihr geht es um die Transformation hin zu mehr kultureller Heterogenität in heutigen Gesellschaften. Dies erfordert nicht nur von den Individuen besondere Leistungen, sondern auch von Institutionen und Organisationen. Bildete bislang die Annahme von Homogenität oftmals die Basis für eigenes Handeln, so sind nun neue Strategien gefragt, die unter dem Begriff des „Diversity Managements" gefasst werden. Was das bedeutet, wird in dem Artikel entworfen.

Ebenfalls aus ethnologischer Perspektive befasst sich *Maya Nadig* mit der Relokalisierung von Kultur oder konkreter mit Beharrungskräften bei der Transformation vor allem der Mosuo-Kultur in Südchina. Die eher zurückgezogen lebende Gruppe zeichnet sich dadurch aus, dass sie verschiedene Mechanismen entwickelt hat, sich vom rapiden kulturellen Wandel abzukoppeln, der praktisch alle Völker in China betrifft. Damit nimmt der Beitrag in diesem Band eine Sonderstellung ein – und kann eben dadurch besser verdeutlichen, welche Kräfte kulturellen Wandel beschleunigen oder verlangsamen.

Der dritte ethnologische Beitrag stammt von *Cordula Weißköppel*, die eine Brücke hin zu Fragen des Religionswandels schlägt. Am Beispiel der koptisch-orthodoxen Kirche in Europa geht es ihr um eine Auseinandersetzung mit der Transnationalisierung von Religion als einem wichtigen Moment des aktuellen Kulturwandels. Der Beitrag stellt Ergebnisse einer explorativen Studie in drei Diaspora-Gemeinden der koptisch-orthodoxen Kirche vor. Wandel und Kontinuität wird dabei im Spannungsfeld zwischen Herkunfts- und Residenzgesellschaft, in der Neupositionierung der koptischen Kirchen in einem religiös pluralen Europa und in den Generationskonflikten verortet.

Dies verweist bereits auf den vierten, religionswissenschaftlichen Artikel von *Gritt Klinkhammer*. Sie befasst sich am Beispiel des Islam mit der Transformation religiöser Kultur durch eine fortschreitende Transkulturalisierung. So bringt die Gegenwart besonders dichte transkulturelle Religions- und Religiositätsformen des Islam hervor, die zum Beispiel Fragilität, Offenheit, Autonomie, aber auch Dogmatizität und Fundamentalismus in neuartiger Weise zeigen. Der Artikel behandelt Veränderungen des Islam mit zunehmenden Migrationsbewegungen, politischer wie ökonomischer Globalisierung und neuen Kommunikationsmedien.

Aus sportwissenschaftlicher Sicht diskutiert *Elk Franke* die Transformation der Sportkultur. Das ihn dabei interessierende Beispiel ist der Doping-Diskurs, der längst die Grenzen des institutionellen Sports überschritten hat und zu einer Metapher einer Leistungsgesellschaft geworden ist. Dabei zeigt der Artikel, inwieweit der Sport zum Modell wird für die Hoffnungen und Zweifel an den Möglichkeiten des Menschen in einer Welt, die zunehmend den eigenen Körper als die „letzte Goldwährung" betrachtet.

Für die sich wandelnde Verräumlichung von Kultur interessieren sich aus kunstwissenschaftlicher Sicht *Irene Nierhaus, Kathrin Heinz* und *Christiane Keim*. Der Beitrag befasst sich mit den vielfältigen und komplexen Beziehungen zwischen Wohnen und Ausstellen. Als Konstellationen sozialer und kultureller Erzählungen sind diese dabei in Geschichte und Gegenwart eng miteinander verknüpft und machen die sich wandelnde räumliche Repräsentation von Kultur greifbar.

Als Musikpädagogen reflektieren *Andreas Lehmann-Wermser* und *Claudia Jessel-Campos* die kulturelle Teilhabe. Im historischen Vergleich wird dabei deutlich, wie sich die Zugangswege zu Musik im 20. Jahrhundert verändert haben und wie schwer es ist, Teilhabe, die im gesellschaftlichen und politischen Diskurs der Gegenwart eine herausgehobene Rolle spielt, angemessen empirisch zu beschreiben. Als Beispiel dient der sich verändernde Zugang zu bürgerlicher Kunstmusik in der Schule. Es zeigt sich, dass Klassenzugehörigkeit – oder genauer: das Gefühl der Zuordnung zu einer sozialen Klasse – auch über musikalische Orientierungen vermittelt wird und hierbei umfassende Umbrüche auszumachen sind. Welche dies genau sind, zeigen ihre empirischen Untersuchungen.

In filmwissenschaftlicher Zugangsweise interessiert sich *Winfried Pauleit* für die Ästhetisierung von Kultur. Ihm geht es um die Frage, inwieweit die audiovisuelle Form des Essayfilms Wissenschaft und Kunst auf experimentelle Weise miteinander verbindet und welches Potenzial eine solche Ästhetisierung für die Transformation von Wissenschaft hat. In gewissem Sinne kann der Essayfilm als Prototyp für eine ins Audiovisuelle erweiterte Form der (kultur-)wissenschaftlichen Produktion unter digitalen Bedingungen betrachtet werden. Die so bestehenden Potenziale von Veränderung werden in dem Artikel herausgearbeitet.

In ihrem Artikel nähert sich *Inge Marszolek* auf kulturhistorische Weise der Transformation des Kulturellen an. Anhand der Feindbilder im Kalten Krieg wird eine Visualisierung von Kultur betrachtet. In einer solchen Zugangsweise zeigt sich, dass Feindbilder nicht abgehobene Elemente staatlicher Ideologien sind, sondern sie als „Gedächtnisbilder" ebenso die Lebensbedingungen und Handlungsmöglichkeiten auch auf individueller Ebene prägen. Die fortschreitende „Visualisierung" von Kultur lässt sich kaum ohne das „Bild des Feindes" verstehen.

Abgeschlossen wird das vorliegende Buch durch einen Beitrag des Kommunikations- und Medienwissenschaftlers *Andreas Hepp*. Seine eigene Forschung, aber auch weitere Studien aufgreifend geht es ihm um eine Annäherung an die fortschreitende Mediatisierung von Kultur. Dabei wird ein Begriff von Mediatisierungsgeschichte entworfen, der in Anlehnung an Elias den Wandel kommunikativer Figurationen ins Zentrum der Analyse rückt.

Unser Ziel ist es, mit diesen Artikeln die Vielfalt kultureller Erscheinungsformen und der methodischen und wissenschaftstheoretischen Positionen zu dokumentieren. Widmen möchten wir dabei den vorliegenden Band Jürgen Lott, der als Dekan im Zeitraum von 2003 bis 2011 die nachhaltige Entwicklung des Fachbereichs erst ermöglichte.

Literatur

Bachmann-Medick, D. (2007): Cultural Turns. Neuorientierungen in den Kulturwissenschaften. 2. Aufl. Rowohlt, Reinbeck bei Hamburg.

Böhme, H./Matussek, P./Müller, L. (2000): Orientierung Kulturwissenschaft. Rowohlt, Reinbek bei Hamburg.

Elias, N. (1993): Was ist Soziologie? 7. Aufl. Juventa, Weinheim.

Frühwald, W. et al. (1991): Geisteswissenschaften heute. Suhrkamp, Frankfurt a. M.

Hall, S. (2002): Die Zentralität von Kultur: Anmerkungen zu den kulturellen Revolutionen unserer Zeit. In: Hepp, A./Löffelholz, M. (Hrsg.): Grundlagentexte zur transkulturellen Kommunikation. UVK (UTB), Konstanz, S. 95-117.

Hall, S. (2003): Das Aufbegehren der Cultural Studies und die Krise der Geisteswissenschaften. In: Hepp, A./Winter, C. (Hrsg.): Die Cultural Studies Kontroverse. Zu Klampen, Lüneburg, S. 33-50.

Hejl, P. M. (2001): Kultur. In: Nünning, A. (Hrsg.): Metzler Lexikon Literatur- und Kulturtheorie. J. B. Metzler, Stuttgart, S. 343-345.

Henscheid, E. (2001): Alle 756 Kulturen: Eine Bilanz. Zweitausendeins, Frankfurt a. M.

Hepp, A. (2011): Medienkultur. Die Kultur mediatisierter Welten. VS, Wiesbaden.

Moebius, S. (Hrsg.) (2012): Kultur. Von den Cultural Studies bis zu den Visual Studies. Transcript, Bielefeld.

Moebius, S./Quadflieg, D. (Hrsg.) (2006): Kultur. Theorien der Gegenwart. VS, Wiesbaden.

Ortiz, F. (1970 [1940]): Cuban Counterpoint: Tobacco and Sugar. Vintage Books, New York.

Reckwitz, A. (2012): Die Erfindung der Kreativität: Zum Prozess gesellschaftlicher Ästhetisierung. Suhrkamp Verlag, Berlin.

Tyler, E. B. (1958 [1871]): Religion in primitive culture. Harper, New York.

Weber, M. (1972): Wirtschaft und Gesellschaft. Grundriss der verstehenden Soziologie. Mohr Verlag, Tübingen.

Weber, M. (1988): Gesammelte Aufsätze zur Wissenschaftslehre. 7. Aufl. Mohr Verlag (UTB), Tübingen.

Williams, R. (1972): Gesellschaftstheorie als Begriffsgeschichte. Studien zur historischen Semantik von ‚Kultur'. Rogner & Bernhard, München.

Diversifizierung von Kultur.
Intersektionelle Diversity Studies als Herausforderung

Margrit E. Kaufmann

1. Transformationen und Diversifizierungen

Aktuelle Formen kulturellen Wandels bewirken eine zunehmende Komplexität und Diversität unserer Gesellschaft. Dieser Beitrag widmet sich einer wissenschaftlichen Annäherung und dem organisationalen Umgang mit Prozessen der Diversifizierung und Heterogenisierung. Aus einer kulturwissenschaftlich-ethnologischen Perspektive werden intersektionelle Diversity Studies als ein transdisziplinäres Forschungsprogramm zur Beschreibung und Analyse komplexer gesellschaftlicher Diversifizierungsprozesse vorgestellt. Grundlegende Erkenntnisse der feministischen und postkolonialen Ethnologie zur Produktion sozialer Ungleichheit, zu Differenz und Alterität fließen hier ein und werden in gesellschaftliche Praxisfelder vermittelt. Denn die kulturellen, sozialen, wirtschaftlichen und demographischen Transformationen erfordern von Individuen und Institutionen sowie Organisationen ein Umdenken und neue Handlungsanleitungen. Die aktuellen Strategien, die unter dem Begriff des ‚Diversity Managements' zusammengefasst werden, antworten auf die Transformationen, indem sie den Kulturwandel innerhalb von Institutionen und Organisationen vorantreiben. Anhand von Beispielen aus den unternehmenskulturellen Grundlagen- und Begleitforschungen zum Theorie-Praxis-Transfer von Diversity Konzepten wird aufgezeigt, wie ‚intersektionelle Diversity Studies' den Organisationskulturwandel analysieren und gerade wir Kulturwissenschaftlerinnen und Kulturwissenschaftler mit unseren Kompetenzen die Transformationsprozesse mitgestalten können.

Spätmoderner kultureller Wandel als Folge zunehmender Globalisierung und Transnationalisierung ist – der Aufklärung vergleichbar – ein zweischneidiges Schwert, durchzogen von Ambivalenzen und Ambiguitäten. Ein Aspekt dieses Wandels sind hybride, synkretistische sowie queere Identifizierungen und Diversifizierungen als Erweiterung der Grenzen und Überschreiten vorherrschender Ordnungssysteme. Die neuen Identitäts- und Differenzkonstruktionen mögen zwar wie Signifikanten ‚erscheinen', die ‚frei flottierend', das heißt wählbar sind im Sinne eines „Supermarkt-Effektes" (Hall 1994: 212) – sie sind jedoch keineswegs beliebig noch sind sie sozial folgenlos, sondern je nach Status der Person mit Privilegien sowie Zuweisungs- und Ausschlussmechanismen verbunden. Die transkulturellen Grenzüberschreitungen, Übersetzungen und polyphonen Aushandlungsprozesse heben zwar scharfe Trennungen zwischen dem Eigenen und dem Anderen auf, verweisen jedoch zugleich auf die nicht überwundene Problematik des Verstehens und der Anerkennung des/der Anderen. Hinzu kommen neue Verwertungsformen wie die popkulturelle Einverleibung von „Otherness" (Ha 2010: 229) der „Differenzkonsummaschine" (Terkessidis 2006: 316) sowie eine rasante Zunahme neuer Formen globaler wirtschaftlicher Verflechtungen und Abhängigkeiten.

Sozialer Wandel individualisiert Familien- und Wohnformen mit zugleich öffnenden und isolierenden Effekten. Die Frauenemanzipationsbewegungen mit ihrem befreienden Impetus gehen einher mit neoliberalen Vereinnahmungen. Durch die beruflichen Möglichkeiten und den Bedarf an Frauen in Führungspositionen entstehen weitere Mehrfachbeanspruchungen, da nach wie vor eher Frauen die Lasten der Vereinbarkeit von Arbeit und Familie tragen (vgl. Hochschild 2006). Auf Ebene des bevölkerungspolitischen Diskurses unserer Gesellschaft ist der mit dem kulturellen und sozialen Wandel verstrickte, demographische Wandel höchst bedeutungsgeladen. Zusammengefasst lautet der aktuelle demographische Befund: Die deutsche Gesellschaft heterogenisiert sich durch Einwanderung kulturell, wird durch den Geburtenrückgang zahlenmäßig kleiner und altert durch den erhöhten Anteil der älteren Bevölkerung in Relation zu der jungen (vgl. Statistische Ämter des Bundes und der Länder 2011). Wenn nun die Bevölkerungsstatistik mit der Wirtschaftskrise und dem Wegfall sozialer Sicherungssysteme in Verbindung gebracht wird, schürt dies bezogen auf die vermeintlichen Problemgruppen ‚Migrantinnen und Migranten', ‚Kinderlose' und ‚Alte' konservative, rassistische, sexistische und altersdiskriminierende Haltungen.

Die mit diesen komplexen Transformations- und Diversifizierungsprozessen hervorgerufenen Probleme und Szenarien verlangen seitens politischer, sozialer und wirtschaftlicher Führungs- und Entscheidungspositionen nach neuen Lösungsansätzen. Sie verdeutlichen, weshalb ein konstruktiver, ressourcenorientierter Umgang mit Diversität sowie die Inklusion marginalisierter Personen und Gruppen in Organisationen, Unternehmen und Bildungsinstitutionen durch ‚Diversity Management'[1] als Leitungsstrategie und ‚Managing Diversity' als kulturelle Praxis als Aufgaben der Gegenwart und Zukunft begriffen werden.

---

1   Geprägt wurde der Begriff *Diversity* durch die US-amerikanische *Affirmative Action Bewegung*. Er gelangte durch das *Global Management* vor allem als *Cultural Diversity* nach Europa und

Um dies zu verdeutlichen, werden zunächst der Begriff *Diversity* und zentrale Diversity-Kategorien genauer vorgestellt. Im Anschluss daran wird durch Bezugnahme auf die Diversity Studies eine über gängige Diversity-Ansätze hinausgehende intersektionelle, kritische Perspektive auf Diversität aufgezeigt. Dem folgen schließlich die Ausführungen zum Umgang mit Diversity in Organisationen, dargestellt anhand von Beispielen aus den eigenen, mit einem Forschungsteam durchgeführten Unternehmenskulturforschungen in drei kleinen und mittelständischen Unternehmen (KMU): in einem Technologieunternehmen, einer Pflegeeinrichtung und einem multikulturellen Lebensmitteldiscounter.

2. „Diversity Is Our Business"[2]

> „Probably we can agree that diversity is a notion that now figures much more prominently in public discourse than it did, say, a couple of decades ago. The fact that this idea has such a wide resonance is on the whole, I think, one reason for pushing it as brand keyword"
>
> (Hannerz 2010: 50)

Der aktuell in Praxisfeldern verwendete Begriff *Diversity*, verstanden als personale sowie organisationale Vielfalt oder Diversität, bezeichnet aus kulturwissenschaftlicher Sicht als Faktum „das Ergebnis von Prozessen und Handlungen", ein „Resultat von Differenzierungen und Differenz*handlungen*" (Fuchs 2007: 17, Hervorhebung im Original). Als vielschichtiger, überwiegend positiver, von sozialen Bewegungen, Management und Wissenschaft verwendeter Begriff ist er bei genauerer Betrachtung nicht unproblematisch, hebt er doch dasjenige hervor, was divergiert, sich entzweit, auseinander geht, setzt sich also ab von ‚Homogenität', ‚Universalität' und ‚Konformität'. Diversifizierung beinhaltet das Auseinander- und Gegenbewegen, das Abweichen von der Norm, die in diesem Fall als westlich-männlich-heterosexuell-christlich-weiß-jung-gesund vorausgesetzt wird. Die Diversity-Kernkategorien[3] Geschlecht und sexuelle Orientierung, Alter, Ethnizität und Nationalität, soziale Herkunft, Weltanschauung und Beeinträchtigung

---

wurde verbunden mit ‚Management' populär. ‚Manage' wird übersetzt mit „1. (Betrieb) leiten, verwalten, in Ordnung halten, 2. zurechtkommen mit, 3. (Aufgabe) bewältigen, schaffen" (Weis 1990: 308).

2   Meint Hannerz (2010: 38) bezogen auf die Ethnologie.

3   US-amerikanische Diversity Studies beziehen sich vor allem auf die „Big 8": „race, gender, ethnicity/nationality, organizational role/function, age, sexual orientation, mental/physical ability, religion" (Krell et al. 2007: 9). §1 des deutschen AGG (2006) macht „Benachteiligungen aus Gründen der Rasse oder wegen der ethnischen Herkunft, des Geschlechts, der Religion oder Weltanschauung, einer Behinderung, des Alters oder der sexuellen Identität" einklagbar (http://www.gesetze-im-internet.de/agg/BJNR189710006.html. Zugegriffen: 22. Januar 2013).

sind sowohl Identitäts- als auch Differenz- und Diskriminierungsmarker und werden alltäglich im „Doing Identity" und „Doing Difference" (Fenstermaker und West 2002; Kaufmann 2006: 13-17) interaktiv hergestellt. Sie dienen der Orientierung, Platzzuweisung oder auch der Verwerfung.

Das aktuelle „Lob der Diversität" (Allemann-Ghionda 2011: 28), wie etwa in der „Universal Declaration of Cultural Diversity" der UNESCO von 2001, kann sowohl zur Egalisierung beitragen, dem Streben um Gleichberechtigung und Chancengleichheit für Unterprivilegierte, als auch zum Beharren auf Identität der Einen und einem Prozess der weiteren Diversifizierung unter den Anderen und somit zu einer Ausdifferenzierung von Ungleichheit. Auf der Tagung „Diversity ent-decken" (Frankfurt, 10.11.2011) hat zum Beispiel Maisha Eggers, Professorin für Kindheit und Differenz, aus ihrer Perspektive als ‚Person of Color'[4] Diversity als Analysebegriff und als Thematisierungsformat für Verteilungsgerechtigkeit bezeichnet. Helma Lutz, Professorin für Frauen- und Geschlechterforschung, hat den Begriff hingegen seitens der transnationalen Genderforschung kritisiert, weil nicht unterscheidbar sei, ob damit Vielfalt wahrgenommen oder hergestellt werde. Gudrun-Axeli Knapp, emeritierte Professorin für Sozialpsychologie, hat in Tradition der Kritischen Theorie auf die Gleichzeitigkeit von Konstruktivismus und Essentialismus hingewiesen, die dem Begriff innewohne. Dies entspricht dem Spannungsbogen zwischen Fremdzuweisung und Widerstand, der den Formen der Identitäts- und Differenzpolitik inhärent ist.

3. Intersektionelle, kritische Diversity Studies als Herausforderung

Mit den Begriffen Identität, Differenz und Alterität befassen nun sich zum einen Ethnologie und Cultural Studies, zum anderen die Gender, Queer, Postcolonial, Antisemitism und Critical Whiteness sowie die Age/Agism, Bodyism und Disability Studies, die zumeist aus einer Art von wissenschaftlich subalternen Gegenidentitätsposition heraus entstanden sind und allmählich ihren Platz in der Wissenschaft einnehmen. Sie lassen sich unter ‚Diversity Studies' als integrierendem, transdisziplinärem Forschungsprogramm zusammenfassen[5]. Kritische Diversity Studies dekonstruieren Prozesse der Identitäts- und Differenzkonstruktion und

---

4   Die Begriffe ‚Person of Color' oder ‚People of Color' sind politische Begriffe zur Selbstbezeichnung jener Menschen, die als nicht-*weiß* gelten gegenüber einer *weißen* Mehrheitsgesellschaft (vgl. Ha et al. 2007).

5   „Diversity Studies" an der FU Berlin verbinden Betriebswirtschaftslehre, Politikwissenschaft, Rechtswissenschaft, Erziehungswissenschaft, Anthropologie, Ethnologie und Medizin (vgl. Krell et al. 2007: 7); vgl. auch das „Center for Diversity Studies" an der Universität Köln (vgl. Allemann-Ghionda und Bukow 2011).

weisen Dominanz- und Ausschlussstrukturen nach, um über die Erkenntnisse und deren Vermittlung zu diversity-gerechteren Gesellschaftsverhältnissen und Organisationsformen beizutragen. Mit Querschnittsthemen wie Chancengerechtigkeit, Antidiskriminierung und Inklusion lässt sich Diversity ohne Fixierung auf einzelne Kategorien thematisieren.

Intersektionelle, kritische Diversity Studies setzen sich mit den ineinander verschränkten Formen des Otherings und Sameings bezogen auf Fragen der Anerkennungs- und Verteilungsgerechtigkeit auseinander.[6] Unter dem Begriff der Intersektionalität werden jene Theorie- und Forschungsansätze zusammengefasst, welche sich nicht eindimensional auf Identitäts- und Differenzkategorien beziehen, sondern deren wechselseitige Bedingtheiten und Verwebungen thematisieren. Den Begriff der Intersektionalität hat die US-amerikanische Juristin Kimberlé Crenshaw (1989: 139-167) geprägt. An sich deutungsoffen vermittelt der Begriff ein Bild von Schnittstellen oder Kreuzungspunkten zwischen den Kategorien. Der Ansatz von Crenshaw ist allerdings komplexer und positioniert sich klar gegen Formen multipler Benachteiligung. Richtungsweisend zeigt Crenshaw aus einer schwarzen feministischen Perspektive auf, wie hinsichtlich juristischer Debatten um das Antidiskriminierungsrecht die Erfahrungen schwarzer Frauen sowohl in feministischen Ansätzen als auch in den antirassistischen politischen Diskursen ausgeklammert bleiben. Ihr Konzept der Intersektionalität bezieht sich somit auf die Analyse der Erfahrungen von intersektionell diskriminierten, marginalisierten Subjekten mit dem Ziel des Empowerments. Im deutschsprachigen Raum sind intersektionelle Diversity Studies vor allem aus der Geschlechterforschung entstanden. Hier hat beispielsweise die feministische Ethnologie bereits in dem 1980er Jahren auf vielfältige Lebensformen von Sex, Gender und Desire Bezug genommen und sowohl Hierarchien, Differenzen und Gemeinsamkeiten *zwischen* den Geschlechtern als auch *unter* Frauen untersucht. Derzeit wird Gender in den Forschungen interkategorial vor allem mit kultureller und sozialer Herkunft verwoben sowie intrakategorial in Richtung queer ausdifferenziert oder antikategorial geöffnet.[7] Gegenüber dem gängigen Umgang mit Diversity Kategorien, wie dem Aneinanderreihen, Gleichsetzen, Hierarchisieren oder Ausblenden (zu dessen Kritik vgl. Kaufmann 2002: 112-115), beinhaltet ein intersektioneller, kritischer Ansatz, komplexe Ungleichheitsverhältnisse in ihren Wech-

---

6   Zur Verwobenheit von Sexismus und Rassismus vgl. Kaufmann (2002). Meilensteine für die Diversifizierungen der Kategorie Frau sind die Konzepte von Davis und Hooks, die feministische Ethnologie der 80er Jahre wie von Moore und Yanagisako und Butlers Infragestellung der Identitätspolitik mit Referenz „Frau(en)" (vgl. Kaufmann 2010a).

7   Zu Intersektionalitätskonzepten siehe Crenshaw (1989), McCall (2005), Degele und Winker (2009), Smykalla und Vinz (2011).

selwirkungen auf verschiedenen Forschungs- und Analyseebenen zu ergründen. Die intersektionelle Herausforderung für Forschungsansätze besteht somit darin, verschiedene Dimensionen der Diversifizierung zugleich in den Blick zu nehmen, zu erforschen und in ihren Wechselwirkungen zu analysieren.

Für solche komplexen, intersektionellen Forschungen zu gesellschaftlichen Transformationen und Diversifizierungen eignen sich Forschungsstrategien postkolonialer, (selbst)reflexiver, multi-sited Ethnographie (zum Beispiel Abu-Lughod 1993; Marcus 1998) in Verbindung mit weiteren mehrdimensionalen, hybriden Forschungsansätzen. Wie für das Forschen in kulturellen Feldern üblich, wird hier Diversity im Hinblick auf Subjekte und soziale Beziehungen, symbolische Repräsentationsformen, gesellschaftliche und globale Strukturen sowie Institutionen und Organisationen untersucht. Intersektionelle Verwebungen werden im Folgenden anhand von Einblicken in die eigenen kulturwissenschaftlichen Organisationskulturforschungen zu Diversity veranschaulicht. Die abschließend vorgestellten Beispiele stammen aus den Grundlagenforschungen für die wissenschaftliche Begleitung von Unternehmen und Institutionen. Sie zeigen Möglichkeiten der Mitgestaltung an den Prozessen der Diversifizierung als *Managing Diversity* auf.

4. Managing Diversity in Organisationen

Basierend auf den langjährigen Begleitstudien zum Transfer von Ansätzen des Diversity Managements (DiM) für kleine und mittelständische Unternehmen (KMU) sowie für Institutionen aus dem Gesundheits-, Bildungs- und Verwaltungsbereich[8] wurden 2009 2010 im Rahmen des Kooperationsprojektes *BremerForum:Diversity* Grundlagenforschungen zu Diversity in drei KMU in Norddeutschland durchgeführt[9]. Dies geschah vor dem Hintergrund, dass sich die großen Unternehmen, vor allem Global Player wie *Airbus, Arcelor Mittal, Daimler, Kellog's* und *Kraft Foods*, des DiM-Ansatzes bedienen oder sich diesen zumindest auf ihre Fahnen schreiben. Die Frage nach dessen Anwendbarkeit für andere Bereiche ist demgegenüber noch weitgehend ungeklärt, gewinnt jedoch aufgrund der Transformationen und Diversifizierungen an Bedeutung. Methodisch orientieren sich die Fallstudien zu KMU an ethnologischen Unternehmenskulturforschungen (zum Beispiel Götz und Wittel 2000), die sich mit dem Kulturwandel und den Auswir-

---

8   Kaufmann und Beaumart in den berufsbegleitenden Fortbildungen zu: „Managing Diversity: Potenziale der Vielfalt entdecken und gestalten" seit 2004 (http://www.bremerforum-diversity. de/berufsbegleitend.html. Zugegriffen 22. Januar 2013)

9   Im Forschungsteam mitgearbeitet haben Frank Müller und Jana Marie Grebe (vgl. Kaufmann 2010b: 28-52).

kungen der Flexibilisierung und Verdichtung der Arbeit beschäftigen. Die drei parallel angelegten explorativen Studien basieren auf der Methodentriangulation von Dokumentenanalysen zu den Repräsentationsformen, sequenziellen teilnehmenden Beobachtungen des Arbeitsalltags, Leitungsgesprächen sowie qualitativen Interviews mit Mitarbeitenden. Die Fallstudien wurden hinsichtlich der Organisationskulturen, der Relevanz spezifischer Diversity-Dimensionen sowie des jeweiligen Umgangs mit Diversität unter Leitenden und Mitarbeitenden miteinander verglichen. Die Kategorien des Allgemeinen Gleichbehandlungsgesetzes (AGG) wurden zwar als Gerüst mitgedacht, doch induktiv erschlossen und erweitert. Dabei wurde deutlich, dass je nach KMU bestimmte Kategorien betont oder ausgeblendet werden und weitere an Bedeutung erlangen, wie etwa Bildungsgang, Berufsstatus, soziale Herkunft, Kultur- und Sprachkompetenzen, Wohlbefinden und Ernährung, Umwelt, Wohnformen, Familie und Selbständigkeit. Zudem zeigt sich die Kontext- und Situationsbedingtheit von Bedeutungen der Diversity-Kategorien.

Ausgewählt wurden ein Technologieunternehmen des Mittelstands, eine Pflegeeinrichtung und ein multikultureller Lebensmitteldiscounter. Beim Vergleich stellte sich eine wichtige Gemeinsamkeit in der Haltung der Leitenden heraus, die sich am Wohlbefinden und an der Zufriedenheit der Mitarbeitenden und der Kundschaft orientieren möchten. Bezogen auf die wirtschaftlichen Transformationen und Krisen betonen die Verantwortlichen, dass Erfolge und Sicherheiten nur gewährleistet bleiben, wenn der Zusammenhalt gefördert wird. Es zeigt sich, wie die Diversifizierungsprozesse hier alltäglich mitproduziert und gestaltet, ge*managed*, werden. Themen, mit denen sich alle beschäftigen, sind der interne Generationswandel verbunden mit den gesellschaftlichen demographischen Entwicklungen. Diesbezüglich beunruhigen die Fragen, ob sich Kontinuität und Verlässlichkeit erhalten und wie sich Werte und fachspezifische Kompetenzen tradieren lassen. Am Beispiel kultureller Diversifizierungsprozesse beim jeweiligen Umgang der KMU mit dem Generationswandel werden im Folgenden *Intersections by Doing Diversity* aufgezeigt.

4.1 Intersections zwischen Globalisierung, Feminisierung und Generationswandel im mittelständischen Technologieunternehmen

Das mittelständische Technologieunternehmen wächst, globalisiert und flexibilisiert sich derzeit durch die Gründung zahlreicher internationaler Niederlassungen. In diesen sind fast ausschließlich Einheimische, darunter mehrheitlich Frauen, als Mitarbeitende tätig. Wenn nun im deutschen Headquarter Meetings mit der Gesamtbelegschaft stattfinden, wird Englisch Geschäftssprache, werden anderskulturelle Kompetenzen gefragt und steigt aufgrund dessen das Ansehen von Mitarbeitenden mit Migrationshintergrund, aber eben nur bezogen auf die Länder der Niederlassungen. Der Differenzmarker Migrationshintergrund erscheint in diesem Kontext als marktrelevant. Für die zunehmenden Kommunikationsaufgaben im Management haben die älteren, männlichen Firmenleiter junge, deutsche Frauen mit guten Englischkenntnissen eingestellt. Gewandt im Umgang mit neuen Medien verantworten diese die Öffentlichkeitsarbeit und das Internationale, vermitteln dabei die Unternehmenswerte, mit denen sie sich völlig identifizieren. Für die leitenden Männer stellt sich die Frage nach dem Nachwuchs in der Führung. Die im vorherrschenden Diskurs defizitär behandelte Kategorie ‚Alter' ist hier männlich und mächtig konnotiert. Nun stellt sich die Frage, ob in der Folge die Leitung an Frauen abgegeben wird. Das Unternehmen repräsentiert sich nämlich hinsichtlich Geschlechtergerechtigkeit vorbildlich: So hat es als Technologieunternehmen einen Frauenanteil von 30 %, unter den Auszubildenden sind sogar zwei Drittel Frauen. Betont wird, dass die jungen Frauen aufgrund der Qualifikation, und nicht der Frauenförderung wegen, eingestellt worden sind. Wenn nun aber Frauen und Männer qualifikations- und leistungsmäßig gleich behandelt werden und von ihnen die gleiche Arbeitshaltung erwartet wird, reproduziert die Gleichbehandlung von Ungleichen Formen struktureller Diskriminierung. Werden Männer im Unternehmen Väter, freut sich das Umfeld über den Nachwuchs; werden Mitarbeiterinnen schwanger, ist es je nach spezialisierter Leitungsposition eine Katastrophe. Im Forschungsverlauf kam die Leitung zur Einsicht, dass bei einer *Feminisierung der Führung* Vereinbarkeitsprobleme der jungen Managerinnen zum Thema gemacht und nicht verdrängt werden sollten. Entsprechend werden Lösungen für die Vereinbarkeit von Kinderwunsch und Karriere gesucht und bereits eine erste Maßnahme dazu umgesetzt.

Generationswandel und Chancengleichheit verbinden sich hier über die Dimensionen Führung, Alter und Nachwuchs. Dabei stehen die Wünsche nach Nachwuchskräften in Konkurrenz zu den Kinderwünschen. „Wenn die Firma zum Zuhause wird..." (Hochschild 2006) werden tendenziell die eigenen Wünsche nach einer Familie einer sich als Familienersatz anbietenden Firma untergeordnet.

4.2 Intersections zwischen Alterung, Feminisierung und Multikulturalisierung in Pflegeeinrichtungen

Im Beispiel der Pflegeeinrichtung bezieht sich das Thema Generationswandel auf den zunehmenden Anteil alternder Menschen in unserer Gesellschaft und diejenigen, die sie beruflich pflegen, betreuen und versorgen, das heißt beiderseits vor allem auf Frauen. *Das* derzeitige Diversity-Problemthema dieses Arbeitsfeldes ist

entsprechend der Fachkräftemangel verbunden mit dem erhöhten Anteil an alternden, pflegenden Frauen – einer Form der *Feminisierung des Alters*. Dies hat zum
einen mit der durchschnittlichen Lebenserwartung zu tun, zum anderen mit der
sich hinsichtlich *Marginalisierung und Multikulturalisierung* verschärfenden ge-
schlechtlichen Arbeitsteilung. Nationale, kulturelle, sprachliche und ausbildungs-
bezogene Differenzen unter Frauen, Pflegenden und Bewohnerinnen sind im Pfle-
gebereich besonders ausgeprägt. Im Ausbildungszentrum werden Maßnahmen
erprobt, um junge Menschen mit Migrationshintergrund für Pflegeberufe anzu-
werben und entsprechend zu schulen. Der gesellschaftlichen Altersdiskriminie-
rung und der Isolation Alternder und Pflegebedürftiger entgegenzuwirken gehört
zu den Hauptaufgaben des DiM und der Leiterin dieser Pflegeeinrichtung. Sie ermöglicht dies mittels gemeinsamer Veranstaltungen und Aktivitäten von Bewohnerinnen und Bewohnern und Menschen im Stadtteil. An manchen Standorten
werden bereits Angebote für Jung und Alt, zum Beispiel Kindertagesstätten und
Altenpflege, im selben Haus miteinander verbunden. Seitens der Bewohnerinnen und Bewohner wird vor allem Wert darauf gelegt, möglichst lange selbstän-
dig zu bleiben. Konzepte wie die Bezugspflege und Wohnküchen ermöglichen,
dass Bewohnerinnen und Bewohner und Pflegende miteinander vertraut werden
können. In diesem Feld ist ein hohes Maß an Sensibilität in Verbindung mit an-
strengender körperlicher und emotionaler Arbeit gefragt. Die Transformationen
und Diversifizierungen führen hier zu Versorgungsengpässen, Personalknapp-
heit und erhöhten Belastungen.

Das Beispiel des *Generationswandels* in Pflegeinstitutionen zeigt, dass sich
diesbezüglich der restriktive *Integrationsdiskurs* längst verkehrt hat: Zur Versorgung unserer alternden Gesellschaft ist es zur Notwendigkeit geworden, Menschen anderer Herkunft an Arbeitsprozessen zu beteiligen und ihre ausländischen
Ausbildungen anzuerkennen.

4.3 Intersections zwischen Generationswandel, Modernisierung und Multikulturalisierung im Lebensmitteldiscounter

Ein Lebensmitteldiscounter mit multikulturellem Konzept ist der Versuch junger
türkisch-deutscher Unternehmerinnen und Unternehmer der zweiten Generation in der Migration, das kleine, familien- und beziehungsorientierte türkische
Lebensmittelgeschäft in einen modernen *Süpermarket* umzuwandeln. Dies entspricht einer Überlebens- und Anpassungsstrategie hinsichtlich des fortschrei-
tenden Konkurrenzdrucks unter den kleinen Lebensmittelläden gegenüber der
zunehmenden Monopolisierung und Transnationalisierung der großen Super-
marktketten wie etwa *Rewe* und *Aldi*. Dies kommt durchaus auch dem veränderten

Kaufverhalten der hier lebenden Familien türkischer Herkunft entgegen. Angesprochen werden hiermit Diversifizierungen des Identifizierungsmarkers Migrationshintergrund zwischen der ersten und nachfolgenden Generationen hinsichtlich ihres Lebens nach Herkunftstraditionen und kulturellen Mischungen sowie zwischen Einkaufenden und Unternehmerinnen und Unternehmern. Menschen anderer Herkunft nehmen, wie das Beispiel verdeutlicht, unterschiedliche wirtschaftliche Positionen ein, gehören also auch zu den Eliten. Das Leitungsteam, Töchter und Söhne der ersten Migrantengeneration, ist in Deutschland sozialisiert worden und hat hier einen Hochschulabschluss erworben. Dennoch bestimmen die engen Verbindungen mit der Herkunftsfamilie und den Geschwistern ihr Leben mit. Sie bilden Brücken zwischen Traditionen, die sie mit ihren Eltern und weiteren Verwandten teilen, und ihrem jugendkulturellen deutsch-türkischen Leben, sind die Vermittelnden sowohl zwischen den gegenderten Kulturen, als auch zwischen den Generationen im positiven wie auch konflikthaften Sinne. Das multikulturelle Unternehmenskonzept besteht zunächst aus einem internationalen Lebensmittelsortiment bezogen auf die vorherrschenden Herkunftsländer und vermischt mit deutschen Produkten, um eine kulturell gemischte Kundschaft anzusprechen. Der Umgang mit Differenzen und Gemeinsamkeiten, das Aushandeln zwischen den Generationen, Kulturen, Geschlechtern bestimmt den Unternehmensalltag und schlägt sich in den alltäglichen Verhandlungen mit den Kundinnen und Kunden um Waren und Preise nieder, beispielsweise im Umgang mit dem Feilschen, in Diskussionen zum Verkauf von Alkohol oder hinsichtlich der Gestaltung des Ladens mit einer großen, einladenden Gemüse- und Früchtetheke im Zentrum.

Der *Generationswandel* verbunden mit der *Multikulturalisierung* und dem sozialen Angekommensein in der Einwanderungsgesellschaft wird am Beispiel des Lebensmitteldiscounters als kreatives, wirtschaftliches Potential sichtbar. Die Aushandlungsprozesse zwischen Vertreterinnen und Vertretern der unterschiedlichen Identitätspositionen gehören hier zum Alltagsgeschäft und sind entsprechend in die Unternehmensphilosophie und -kultur integriert. Der Laden kann als Symbol und Motor für die Transkulturations- und Diversifizierungsprozesse unserer Gesellschaft betrachtet werden.

5. Fazit

Dieser Beitrag hat sich mit gesellschaftlichen und wirtschaftlichen Diversifizierungsprozessen und dem kulturellen Wandel in Organisationen befasst. Er hat zu Beginn Folgen der Globalisierung in Verbindung mit weiteren sozialen und demographischen Transformationen unserer Gesellschaft thematisiert und auf die Ambivalenzen wie auch die Komplexität spätmodernen kulturellen Wandels hingewiesen. Daraufhin hat er die Diversity Studies als Forschungsprogramm vorgestellt, welches sich diesen Diversifizierungsprozessen unter einer transdisziplinären Perspektive annähert. Der Begriff Diversity als Dach, welches verschiedene Dimensionen des Kulturellen und Sozialen bündelt, ist näher erläutert und im Anschluss daran ist über das Konzept eines ‚intersektionellen kritischen Ansatzes der Diversity Studies' ein Verständnis für Diversität zu vermitteln versucht worden, das über das Aneinanderreihen und Privilegieren einzelner Merkmale hinausgeht. Dieser Ansatz ist in der Folge anhand von Beispielen aus den ethnologisch-kulturwissenschaftlichen Forschungen zu Managing Diversity in Organisationen veranschaulicht worden, durch welche die Merkmale und deren Bedeutungen im Forschungskontext induktiv erschlossen worden sind. Die vergleichenden Grundlagenforschungen zu Diversity und dessen Management in den vorgestellten drei kleinen und mittelständischen Unternehmen (KMU) betonen die Kontext- und Situationsabhängigkeit der Diversitätsfaktoren sowie den je eigenen Umgang der KMU mit den Diversifizierungsprozessen. Anhand des gemeinsamen Diskursfeldes des ‚Generationswandels', das intersektionell untrennbar mit den Prozessen der Globalisierung, Modernisierung und Flexibilisierung verwoben ist, sind die jeweils unterschiedlichen Bedeutungen der ebenfalls prozesshaft thematisierten Identitäts- und Differenzebenen Alterung, Genderisierung, Kinderfürsorge, Internationalisierung, Inter-, Multi- und Transkulturalisierung in Verbindung mit weiteren Faktoren skizziert worden. Deutlich werden an den dargelegten Beispielen die für den Organisationskulturwandel wichtigen Bezugnahmen auf die vorhandene Diversität über Beteiligungsstrukturen. Als Beschleunigungsfaktoren für den Kulturwandel zeichnen sich offen gestaltete Aushandlungs- und Veränderungsprozesse im Sinne eines transkulturellen ‚Doing Culture' ab. Die Beispiele zeigen für das Forschungsfeld des Wandels des Kulturellen, dass dieser Wandel neue Haltungen und Werte im Umgang mit Diversität benötigt und vorantreibt. Es geht heute um das Erkennen und Anerkennen der vorhandenen und zunehmenden Vielfalt. Neuere kulturwissenschaftliche Theoriekonzepte und Forschungsstrategien dienen somit, wie dieser Beitrag veranschaulichen wollte, einerseits dem besseren Verständnis komplexer Prozesse der Diversifizierung. Unsere Begleitforschungen zum Wissenschafts-Praxis-Transfer gestalten andererseits darüber hinaus den Kulturwandel in den Organisationen, mittels der am Bestehenden ansetzenden Grundlagenforschungen, begleitend und beratend mit.[10]

---

10   In dieser Funktion berät und begleitet die Autorin derzeit auch die Leitung der Universität Bremen in ihren Diversity-Prozessen.

Literatur

Abu-Lughod, L. (1993): Writing Women's Worlds. Bedouin Stories. University of California Press, Berkeley.

Allemann-Ghionda, C. (2011): Orte und Worte der Diversität – gestern und heute. In: Allemann-Ghionda, C./Bukow, W.-D. (Hrsg.): Orte der Diversität: Formate, Arrangements und Inszenierungen. VS Verlag, Wiesbaden, S. 15-34.

Allemann-Ghionda, C./Bukow, W.-D. (Hrsg.) (2011): Orte der Diversität: Formate, Arrangements und Inszenierungen. VS Verlag, Wiesbaden.

Crenshaw, K. (1989): Demarginalizing the Intersection of Race and Sex: A Black Feminist Critique of Antidiscrimination Doctrine. In: The University of Chicago Legal Forum, Chicago, S. 139-167.

Degele, N./Winker, G. (2009): Intersektionalität. Zur Analyse sozialer Ungleichheiten. transcript-Verlag, Bielefeld.

Fenstermaker, S./West, C. (Hrsg.) (2002): Doing Gender, Doing Difference. Inequality, Power and Institutional Change. Routledge, New York, London.

Fuchs, M. (2007): Diversity und Differenz – Konzeptionelle Überlegungen. In: Krell, G. et al. (Hrsg.): Diversity Studies: Grundlagen und disziplinäre Ansätze. Campus Verlag, Frankfurt am Main, S. 17-34.

Götz, I./Wittel, A. (Hrsg.) (2000): Arbeitskulturen im Umbruch. Zur Ethnographie von Arbeit und Organisation. Waxmann Verlag, München.

Ha, K. N./al-Samarai, N. L./Mysorekar, S. (Hrsg.) (2007): re/visionen. Postkoloniale Perspektiven von People of Color auf Rassimus, Kulturpolitik und Widerstand in Deutschland. Unrast, Münster.

Hall, S. (1994): Die Frage der kulturellen Identität. In: Hall, S. (1994): Rassismus und Kulturelle Identität. Ausgewählte Schriften. Argument-Verlag, Hamburg, S. 180-222.

Hannerz, U. (2010): Anthropology's World. Life in a Twenty-First-Century Discipline. Pluto Press, New York.

Hochschild, A. R. (2006): Keine Zeit: Wenn die Firma zum Zuhause wird und zu Hause die Arbeit wartet. VS Verlag, Wiesbaden.

Kaufmann, M. E. (2002): KulturPolitik – KörperPolitik – Gebären. Leske und Budrich, Opladen.

Kaufmann, M. E. (2006): Managing Diversity & Doing Culture. Unternehmerische und subjektive Perspektiven auf den Umgang mit Vielfalt. In: Kaufmann, M. E. (Hrsg.): Under Construction. Lebensgeschichten von Migranten in Bremer Unternehmen. Bremer Institut für Kulturforschung, Bremen, S. 13-17.

Kaufmann, M. E. et al. (Hrsg.) (2006): Under Construction. Lebensgeschichten von Migranten in Bremer Unternehmen. Bremer Institut für Kulturforschung, Bremen.

Kaufmann, M. E. (2010a): Diversität im Gesundheitssystem. Gesundheitliche Versorgung von marginalisierten Frauen. In: Kolip, P./Lademann, J. (Hrsg.): Frauenblicke auf das Gesundheitssystem: Frauengerechte Gesundheitsversorgung zwischen Marketing und Ignoranz. Juventa Verlag, Weinheim, S. 223-238.

Kaufmann, M. E. (2010b): Der Praxis-Transfer: Diversity Management für kleine und mittelständische Unternehmen. In: Kaufmann, M. E. (Hrsg.): BremerForum:Diversity. Dokumentation des Kooperationsprojekts. bik, Bremen, S. 28-51.

Krell, G. et al. (2007): Einleitung – Diversity Studies als integrierende Forschungsrichtung. In: Krell, G. et al. (Hrsg.): Diversity studies: Grundlagen und disziplinäre Ansätze. Campus Verlag, Frankfurt am Main, S. 7-16.

Marcus, G. (1998): Ethnography through Thick and Thin. Princeton University Press, New Jersey.

McCall, L. (2005): The Complexity of Intersectionality. Signs 30: 1771-1880.

Smykalla, S./Vinz, D. (Hrsg.) (2011): Intersektionalität zwischen Gender und Diversity. Theorien, Methoden und Politiken der Chancengleichheit. Verlag Westfälisches Dampfboot, Münster.

Statistische Ämter des Bundes und der Länder (2011): Demografischer Wandel in Deutschland. Bevölkerungs- und Haushaltsentwicklung im Bund und in den Ländern. Heft 1. https://www.destatis.de/DE/Publikationen/Thematisch/Bevoelkerung/VorausberechnungBevoelkerung/BevoelkerungsHaushaltsentwicklung5871101119004.pdf?__blob=publicationFile. Zugegriffen: 18. Januar 2013.

Terkessidis, M. (2006): Globale Kultur in Deutschland. Der lange Abschied von der Fremdheit. In: Hepp, A./Winter, R. (Hrsg.): Kultur – Medien – Macht. Cultural Studies und Medienanalyse. 3. Aufl. VS Verlag, Wiesbaden, S. 311-325.

Weis, E. (Hrsg.) (1990): Englisch-Deutsch/Deutsch-Englisch Kompaktwörterbuch. Klett-Verlag, Stuttgart.

Stabilisierung von Kultur –
Modulierung von Wandel und Dominanzverhältnissen durch regulierte Ökonomie und Sexualität:
Das Beispiel der Mosuo und anderer Gesellschaften

Maya Nadig

1. Wandel aus ethnologischer Sicht

In dem vorliegenden Band werden verschiedene Zusammenhänge von Wandel dargestellt, um zu verdeutlichen, dass die aktuellen Transformationen von Kultur nicht auf einer einzelnen disziplinären oder gesellschaftlichen Ebene zu verstehen sind, sondern dass diese in einem vielschichtigen Wechselverhältnis zueinander stehen. Ich werde mich in meinem Beitrag aus einer umgekehrten Perspektive mit dem Wandel beschäftigen: mit der Verhinderung oder Verlangsamung von Wandel. Dazu werde ich gesellschaftliche Systeme und Regulierungen in anderen Kulturen anführen, die der immer und überall vorhandenen Dynamik zum Wandel entgegenwirken und so die an sich gegebene Entwicklung zur Diversifizierung und Differenzierung, die auch Ungleichheiten impliziert, gering halten oder verhindern. Mein Ziel ist es, nach der kurzen Betrachtung verschiedener Gesellschaftsformationen vor allem in der matrilinearen Gesellschaft der Mosuo in Südchina zu prüfen, welche Elemente ihrer sozialen Ordnung die Entwicklung von Ungleichheit und Wandel verhindern und die Sehnsucht ihrer Mitglieder nach der Aufrechterhaltung von Harmonie unterstützen.

Aus einer transkulturellen und historischen Perspektive zeigt sich, dass in jeder Gesellschaft und Kultur dynamische Elemente vorhanden sind, und dass die Veränderung der materiellen Grundlagen immer auch die damit verbundenen Formen des Zusammenlebens, der Kommunikation und der Bedeutungen transformieren. Je nach dem disziplinären Blickwinkel lassen sich dabei unterschiedliche Aspekte von Transformation fokussieren. Aber auch die Begriffe und Konzepte, mit denen wir Kultur und deren Wandel fassen, sind Veränderungen unterworfen. Kulturwissenschaft und Ethnologie waren im Zusammenhang mit ihren kulturvergleichenden Forschungen schon immer mit enormen Disparitäten bezüglich der Stabilität oder der Beschleunigung von gesellschaftlichem Wandel konfrontiert. Der bekannte Ethnologe und Strukturalist Claude Lévi-Strauss hat die Gesellschaften in eine relativ dichotome Ordnung eingeteilt und von „kalten" und „heißen" Kulturen gesprochen. Die sogenannten kalten Kulturen tendieren dahin, „kraft der Institutionen, die sie sich geben, auf quasi automatische Weise die Auswirkungen zum Verschwinden zu bringen, die die geschichtlichen Faktoren auf ihr Gleichgewicht und ihre Kontinuität haben könnten" (Lévi Strauss 1973: 270). Sie sind in einer solchen Weise organisiert, dass sie ihr System der Gleichheit und der Reziprozität stabil erhalten und einseitige Machtakkumulation verhindern. Die heißen Gesellschaften dagegen haben die Geschichte zum Motor ihrer Entwicklung gemacht und sind charakterisiert durch akzelerierten Wandel sowie durch zunehmend diversifizierte und hierarchische Sozialstrukturen.

Die Ethnologie verbindet den Begriff des sozialen Wandels eng mit dem Begriff der Sozialstruktur. Als Sozialstruktur werden z. B. Verwandtschaftsverhältnisse, Eheregeln, Religion, Produktions- und Kooperationsformen sowie soziale Gleichheit oder Ungleichheit beschrieben. Dazu gehören Arbeit, Bildung, Spezialisierung oder Wohnverhältnisse, Haushaltseinkommen, Familien und Lebensgemeinschaften, Milieus und Schichten, usw. Wichtig sind auch die Institutionen der Wirtschaft, der Politik, der sozialen Sicherung und der Kommunikation.

Im kritischen Verständnis der postkolonialen Ethnologie wird sozialer Wandel nicht mehr mit den zielgerichteten Konzepten der Evolution, des Fortschritts verbunden. Wandel oder Transformation bezeichnet vielmehr dynamische Kräfte, die Veränderungen in ganz unterschiedliche Richtungen vorantreiben oder aufhalten. Der beschleunigte Wandel charakterisiert in besonderer Weise die Globalisierung – Migration und transnationale Vernetzungen sind ein Ausdruck davon. Solche Transformationen manifestieren sich nicht nur in technologischen und produktiven Bereichen der Gesellschaft, sondern wirken sich nachdrücklich auf den Alltag und das Zusammenleben der Menschen aus und – darüber werde ich im Folgenden reden – sie prägen die sozialen Verbindungen und emotionalen Beziehungen. Mich interessiert besonders, wie sich die Gestaltung der sozialen Verbindungen und der emotionalen Beziehungen auf die Kontinuität der Kultur auswirkt.

Zuerst werfe ich, zur Anschauung, einen Blick auf den Wandel in drei verschiedenen Gesellschaftsformationen: Auf die *Guayaki* im Urwald Panamas, die die Dynamik des Wandels und der Machtakkumulation durch die Trennung von Ökonomie und Macht einschränken; dann auf die *patrilinearen Ackerbaugesellschaften*, in deren Verwandtschaftsstruktur und Lebensverhältnissen deutlich wird, wie tiefgreifend dort gerade die enge Verbindung von Sexualität und Ökonomie die (Geschlechter-)Beziehungen beeinflusst; drittens erläutere ich auch am Beispiel der Ndembu die Struktur der *matrilinearen Gesellschaften*, die das Geschlechterverhältnis und die sozialen Beziehungen als ein möglichst ausgewogenes regulieren. Schließlich werde ich eine ausführlichere Analyse der Mosuokultur unternehmen, die die Verbindung von Ökonomie und Sexualität in radikaler und heute einmaliger Weise reduziert und damit den Wandel eindämmt.

2. Die Guayaki: Trennung von Macht und Ökonomie

Das erste Beispiel bezieht sich auf die Guayaki, eine Indianerkultur von Jägern und Sammlern im Urwald von Panama, die als „kalte" Gesellschaft bezeichnet werden kann. Der französische Ethnologe Pierre Clastres beschäftigte sich mit der Gesellschaftsstruktur von südamerikanischen Urwaldgesellschaften, die keinen Staat entwickelt hatten. Diese subsistenzorientierten Gesellschaften wurden lange Zeit als primitiv und zurückgeblieben betrachtet. Clastre beschreibt die Vorurteile der Wissenschaftler gegenüber diesen einfachen Gesellschaften.

> „Actually, what does subsistence mean? It means to live in a permanently fragile equilibrium between alimentary needs and the means to satisfy them. A society with a subsistence economy, then, is one that barely manages to feed its members and thus finds itself in a mercy of the slightest natural accident (drought, flood, etc.), a decline in its resources would automatically make it impossible to feed everyone. In other words, archaic societies do not live, they survive; their existence is an endless struggle against starvation, for they are incapable of producing a surplus because of technological and – beyond that – cultural deficiency" (Clastres 1977: 6f.).

Dieser ironisierenden Persiflage stellt sich Clastres mit den Daten seiner Forschungen entgegen und zeigt, dass es durchaus komplexe kulturelle Regelungen sind, die die Entwicklung, den Wandel und die Spezialisierung in diesen Gesellschaften verhindern.

> „If one understands by techniques the set of procedures men acquire not to ensure the absolute mastery of nature, but to ensure a mastery of the natural environment *suited and relative to their needs,* then there is no longer any reason whatever to impute a technical inferiority to primitive societies: they demonstrate an ability to satisfy their needs which is at least equal to that of which industrial and technological society is so proud. What this means is that every human group manages, perforce, to exercise the necessary minimum of domination over the environment it inhabits" (Clastres 1977: 161).

Die Guayaki waren nomadische Jäger im Urwald von Paraguay mit Stecklingsgärten. Sie pflegten eine Kultur der Gegenseitigkeit, in der keine soziale Schichtung existiert und alle die gleichen Rechte haben. Sie hatten zwar einen Häuptling, der aber über keine objektiven Machtbefugnisse verfügte. Vielmehr sollte er seine Gruppe leiten und schützen, und wenn allgemeine Konflikte oder kriegerische Auseinandersetzungen mit Nachbarn stattfanden, diese schlichten. Mit dem Ende eines Krieges aber war auch seine Autorität sofort beendet. Obendrein musste er seiner Gruppe viel geben: großzügig sein, indem er Pfeile und Bogen für alle Männer herstellte, für Frieden sorgen und gute Reden halten. Er durfte keine Güter entgegennehmen und bekam sie auch nicht angeboten. Niemand war ihm zu Diensten. Das einzige Privileg, das er im Gegenzug für seine Leistungen erhielt, war das Recht auf mehrere Frauen.

Pierre Clastres (1984) fragte sich, wie es möglich sei, dass in dieser scheinbar einfachen Gesellschaft die Position des Chefs nicht dazu führt, dass er sich Macht aneignet und Ungleichheit herstellt. Er entschlüsselte ein kompliziertes Regelsystem, das den Häuptling aus der ökonomischen Zirkulation heraushielt. Indem er nicht in den allgemeinen Gütertausch und das Prinzip der Gegenseitigkeit eingeschlossen wurde, war er als Chef außerhalb der Gruppe angesiedelt. Er musste selber jagen und seine Beute machen, selber seine Maniok-Stecklinge pflegen, selber seine Waffen herstellen. Seine hervorragende Position war mit ökonomischer und politischer Impotenz verbunden. Er besaß keine Entscheidungsmacht und war nie sicher, dass seine Anordnungen befolgt werden (Clastres 1977: 28). Die Einseitigkeit seines ökonomischen Standortes wurde dadurch verstärkt, dass allein er die Pflicht und das Recht hatte, Bogen und Pfeile, die wichtigsten Instrumente für Jagd und Krieg, herzustellen und sie großzügig zu verschenken. So bewegten sich die Güter nur vom Häuptling weg zu seiner Gruppe hin, während sich nichts in der Gegenrichtung bewegte, außer der Anerkennung. Gleichzeitig wurden die Popularität und Stellung des Häuptlings ständig durch die öffentliche Meinung evaluiert, indem seine Großzügigkeit, seine rhetorische Kompetenz und seine Fähigkeit, innen und außen Frieden zu stiften, ausführlich besprochen und überprüft wurden.

Die Folge war, dass der Häuptling am härtesten von allen arbeitete, am schäbigsten gekleidet war und am wenigsten besaß (Clastres 1977: 31). In dieser Gesellschaft wurde eine Sonderstellung, die Prestige und Ansehen versprach, als zu gefährlich für die Reziprozität erlebt. Insofern war es folgerichtig, die politische Sphäre außerhalb der Ökonomie der Gruppe anzusiedeln und die Sonderstellung des Häuptlings mit ökonomischer und politischer Impotenz oder Ohnmacht zu versehen. In der moralischen Wertung dieser Kultur widersprachen sich Prestige und Geiz ebenso wie Prestige und Passivität (Clastres 1977: 23). Der talentierte und tüchtige Häuptling besaß zwar keine Macht, aber er erfuhr Anerkennung und hatte oft hohes Ansehen. Mut, Stärke und Tapferkeit der Männer hatten bei den Guayaki allgemein eine hohe Bedeutung und wurden in schmerzhaften Initiationsritualen eingeübt und geprüft. Bei den kriegerischen Auseinandersetzungen mit den Nachbarn, zum Teil zwecks Frauenraubs, wurden potentielle innere Prozesse der Rivalität und Gewalttätigkeit nach außen verlagert. Clastres beschreibt diese Struktur so: Die Gruppe erlaubt es dem Chef nicht, seine technische Überlegenheit in eine politische Autorität zu verwandeln.

> „The chief is there to serve society; it is society as such – the real locus of power – that exercises its authority over the chief. That is why it is impossible for the chief to reverse that relationship to his own ends, to put society in his service, to exercise what is termed power over the tribe: 'primitive' society would never tolerate having a chief transform himself into a despot. In a sense, the tribe keeps the chief under a close watch; he is a kind of prisoner in a space which the tribe does not let him leave" (Clastre 1977: 175).

Die beschriebenen Mechanismen wie der Ausschluss des Chefs aus der ökonomischen Zirkulation und seine Abhängigkeit von der Autorität der Gruppe sind ausgeklügelte kulturelle Strukturen, die als Abwehrmechanismen betrachtet werden können. Sie werden gegen eine Ökonomisierung der menschlichen Beziehungen eingesetzt. Damit verhindern sie die Etablierung einseitiger Machtinstanzen, die das Prinzip der Reziprozität zerstören und Ungleichheit und Wandel auslösen könnten. Somit wirken die sozialen Regeln, Werte und Tabus als Schutzsystem gegen Wandel und Transformation.

3. Patriarchale Bauerngesellschaften: Koppelung von Sexualität und Ökonomie

Das zweite Beispiel bezieht sich auf die sesshaften Ackerbaugesellschaften (peasant societies), bei welchen die Sicherung der Kontinuität eine zentrale Bedeutung hat. Für sesshafte Ackerbaugesellschaften ist die Kontrolle der Produktion, des Besitzes und der Nachkommen die zentrale Voraussetzung, um die Kontinuität der Besitzverhältnisse zu sichern. Je ausgedehnter der Ackerbau wird, umso eher entwickelt sich die *indirekte* Gewaltausübung zum wichtigsten politischen Hebel. Dies geschieht zunehmend über politische Verhandlungen und eine kontrollierte Mobilität der Frauen, die dem gewaltsamen Frauenraub vorgezogen wird. Zum Zweck der Zeugung werden ausgewählte Personen zusammengebracht, um deren Nachkommen von Geburt an in bestimmte Verwandtschaftsbeziehungen und Filiationsverhältnisse einzubinden. Der in Afrika forschende Ethnologe Claude Meillassoux (1976) vertritt die These, dass die arrangierten Ehebeziehungen der Ackerbaugesellschaften das basale Element für die Anhäufung von Macht und Gütern sind. So gesehen ist die Heirat ein politisches und ökonomisches Phänomen. Eine zwingende Ideologie der männlichen Autorität und der Sexualmoral für die Frau, die sich in Religionen, Magie und Riten niederschlägt, begleitet diese ökonomische Bedeutung der Ehe und dient der Sicherung des Besitzes und der Macherhaltung des Mannes. In der Regel gerät die gebärfähige Frau dabei unter die Herrschaft des Mannes und der Schwiegereltern, wo ihre Position durch politische und ökonomische Abhängigkeit oder Rechtlosigkeit charakterisiert ist. Damit sind zwei Ausbeutungsformen gegeben: die ihrer Arbeit und die ihrer Zeugungsfähigkeit. Die Verbindung von Ökonomie und Sexualität führt in diesem Fall zu einer ausgeprägten Ungleichheit zwischen den Geschlechtern und verbindet sich leicht und häufig mit Gewalt.

Es lässt sich weltweit feststellen, dass die ähnlich organisierten patriarchalen häuslichen Gemeinschaften, die „peasant societies", über Jahrhunderte eine große Stabilität aufweisen. Außerdem wurden und werden sie bis heute von übergeordneten Klassen, Schichten oder Nationen massiv ausgebeutet. In diesem Beispiel reguliert die starke Hierarchisierung zwischen den Geschlechtern die Ansammlung von Macht und Gütern in den Händen der Männer und sichert unter anderem die Kontinuität der häuslichen Gemeinschaft in Bauerngesellschaften. Der Wandel wird durch die enge Verbindung von Ökonomie und Sexualität stabilisiert.

4. Die Mosuo in Südchina – Stabilisierung von Wandel durch Matrilinearität

Die Mosuo umfassen etwa 40.000 Personen und leben in Yunnan, im Südwesten Chinas, nahe der tibetischen Grenze auf der Höhe von 2.700 Metern. Sie sind Ackerbauern, die Mais, Getreide und Gemüse kultivieren und in neuerer Zeit auch Reis. Ihre Gesellschaft wird durch die matrilineare – manche Autoren nennen sie auch matriarchal (vgl. Göttner-Abendroth 1998) – Sozialstruktur reguliert. Aufgrund ihres ungewöhnlichen Verwandtschaftssystems sind sie seit zwei Jahrtausenden weit über ihre Grenzen hinaus bekannt und werden heute des Öfteren in den Medien dargestellt. Sie pflegen als Erwachsene keine Ehe einzugehen, sondern bleiben ihr Leben lang im matrilinearen mütterlichen Großhaushalt verwurzelt. Verbreitet sind offene sexuelle Besuchsbeziehungen, die weder vertraglich gesichert werden, noch ökonomische Implikationen haben. Dass diese Sozialstruktur ganz andere Formen von Bindungen und Identitäten erfordert und erzeugt, wird am Schluss der folgenden Kapitel deutlich.

Die bis heute weltweit verbreitetste Ungleichheitsbeziehung ist das Verhältnis zwischen den Geschlechtern, in welchem es leicht zu einer Hierarchisierung und oft zu direkter oder indirekter Gewaltanwendung kommt. Die matrilineare Sozialstruktur tendiert dazu, ein Gleichgewicht zwischen den Geschlechtern bezüglich Macht und Einfluss herzustellen. Meillassoux und Lévi-Strauss bewerteten die Matrilinearität als ein kompliziertes System, das eine Gesellschaft schwerfällig macht und ihr Überleben erschwert, aber auch einen schnellen Wandel verhindert. Im Folgenden werde ich die Elemente der matrilinearen Gesellschaftsorganisation darstellen und sie auf die Kultur der Mosuo beziehen. Es wird dabei deutlich, dass diese Grundpfeiler der Matrilinearität wichtige Faktoren in der sozialen Organisation sind, die ein Ungleichgewicht verhindern und damit einen schnellen Wandel bremsen.

Die matrilineare Sozialstruktur ist geschlechtssymmetrisch organisiert. Abstammung und Vererbung verlaufen in der weiblichen Linie, das heißt, die Verwandtschaftsordnung ist auf die Mutter und ihre Kinder zentriert. Meistens lebt ein verheiratetes Paar mit der Familie der Frau, und häufig hat der Bruder der Mutter das (Mit)-Bestimmungsrecht und die Autorität über seine Schwestern und deren Kinder. Es sind Gesellschaften, die – ökonomisch, sozial und symbolisch – ein relatives Gleichgewicht herstellen zwischen dem männlichen und dem weiblichen Prinzip und die den Frauen unterschiedliche Grade an Selbstbestimmung gewähren (vgl. Gough 1975, 1980, 1981; Schlegel 1972, 1977; Schneider/Gough 1974).

Lenz und Luig (1990) gehen davon aus, dass Frauen in nicht-patriarchalischen Gesellschaften in der Regel eine starke Position und eigenständige Verfügung „in vier strategischen Machtfeldern haben, nämlich der Produktion, der Reproduktion, der Sexualität und der symbolischen Ordnung" (Lenz/Luig 1990: 39). Das bedeutet, dass sie über die materiellen Ressourcen, also das Produkt ihrer Arbeit und das Land, verfügen können. Es bedeutet auch, dass die Paarbeziehungen aufgrund der ökonomischen Unabhängigkeit der Frau, die im Haushalt der mütterlichen Blutsverwandten eingebettet ist, mehrheitlich leicht einzugehen und zu lösen sind und dass die Frauen selber über ihren Körper und ihre Nachkommen entscheiden. Die hohe Autonomie bezüglich ihrer Sexualität und ihres Körpers äußert sich in matrilinearen Gesellschaften oft im Fehlen sozialer Sanktionen bei außerehelichen Beziehungen. Entsprechend kommt dem weiblichen Prinzip in den symbolischen Ordnungen wie Religion, Mythen und Ritualen eine hohe und positive Bedeutung zu. Victor Turner (2005, 2010) berichtet zum Beispiel von den matrilinearen Ndembu in Afrika, dass Störungen und Unregelmäßigkeiten im sozialen Ablauf oft zu einer Untersuchung darüber führten, ob die Ursache in einem unbemerkten Ungleichgewicht zwischen dem männlichen und dem weiblichen Prinzip liege. Die Paare leben bei den Ndembu nach der Hochzeit meistens bei der Frau (uxorilokal), aber auch beim Mann (virilokal) oder in einem eigenen Haus (neolokal). Bei Kinderlosigkeit und unerwünschten, weil ökonomisch überfordernden, Zwillingsgeburten wurden jeweils Rituale durchgeführt, um festzustellen, ob die weibliche Linie vernachlässigt und geschwächt ist und ob sie gestärkt werden soll. So wurde einem Paar, das kinderlos blieb, empfohlen, für ein Jahr im Haushalt der Mutter der Frau zu leben, um die weibliche Linie wieder zu stärken. Ein Jahr später war die Frau tatsächlich schwanger. In den matrilinearen Gesellschaften geht die Frau nicht als ein Besitz in die Familie ihres Mannes ein, sondern sie muss als Trägerin eines wichtigen Lebensprinzips, dessen Ausgewogenheit für den Fortbestand der Gesellschaft von größter Bedeutung ist, bedacht und gepflegt werden.

Verschiedene Beispiele aus matrilinearen Gesellschaften zeigen, dass die Verwandtschaftsorganisation für beide Geschlechter den Zugang zum Land, zur Produktion und den Produkten, wie auch zur Nachkommenschaft regelt. Hier ist die Frau nicht aus diesen Bereichen ausgeschlossen, sondern in meist egalitärer Weise beteiligt. Alice Schlegel vertritt die These, dass der Geschlechterstatus sich „aus dem Wechselspiel von Produktionsbeziehungen, sozialen Beziehungen und Ideologie" (Schlegel 1972: 47) ergebe, und so präge die permanente Bemühung der Gruppe, ein Gleichgewicht zwischen den Geschlechtern im Ökonomischen, Sozialen und Spirituellen zu erhalten, die sozialen Beziehungen. Dass diese dezentralen Machtprozesse auch von Aggressionen, unlösbaren Konflikten, Streitigkeiten und Auseinandersetzungen begleitet werden, ist selbstverständlich. In der Regel finden sich aber unter dem Konsensdruck, die Gruppe am Leben zu erhalten, und den Regeln der Machtbalance lebbare Konfliktlösungen, die von wenig Ungleichheit und Gewalt geprägt sind (Schlegel 1972, 1977). Die Daten über matrilineare Strukturen bekräftigen die These, dass ein Minimum an Ungleichheit die Gesellschaft vor heftigen Umbrüchen und Kämpfen schützt und einen kontinuitätsfördernden Effekt hat, der den Wandel verlangsamt.

In den nächsten Kapiteln werde ich der Bedeutung der matrilinearen Beziehungsverhältnisse für die Stabilisierung von Wandel aus unterschiedlichen Perspektiven nachgehen: 1. im Hinblick auf die Geschichte und die entwickelten Strategien, 2. hinsichtlich der Produktion und der Lebensformen und schließlich 3. in Bezug auf die emotionalen Beziehungen, die in dieser Kultur gepflegt werden. Ich beziehe mich dabei auch auf Gespräche und Erfahrungen, die ich während drei Besuchen zwischen 2010 und 2012 in zwei Mosuodörfern machen konnte.

4.1 Politische Bündnisse und Flexibilität

Um die Mechanismen des Wandels und dessen Stabilisierung bei den Mosuo zu verstehen, ist es notwendig, eine kurze Darstellung ihrer geografischen Lage, Sozialstruktur und Geschichte zu geben.

Die Mosuo gehören in jene Zone Südostasiens, die der Ethnologe James Scott (2009) in seinem Buch „The art of not being governed" „Zomia" nennt und als die Region jener Berg-Kulturen beschreibt, die sich mit ihrer „anarchistischen" Geschichte gegen die Entwicklung eines Staates von innen durch soziale Schichtung oder von außen durch Kolonisierung und Unterwerfung gewehrt haben. Ausgehend von dem Werk Pierre Clastres' und anderen analysierte er die staatenlosen Völker, ihre Perspektive auf das Leben in der staatlichen Ordnung und ihre Künste des Widerstandes (Scott 2009). Die Völker „Zomias" flohen in die Berge am Fuß des Himalaya-Massivs und an die Ränder der sie umgebenden Staaten, um Fronarbeit, Sklaverei, Militärdienst, Steuern und Vorschriften zu vermeiden. Der Hanchinesische Staat war wohl die häufigste Ursache für eine Flucht. Häufige militärische Kampagnen gegen die Völker in den Hügeln sind dokumentiert, ebenso verbreitete Aufstände gegen diese Übergriffe burmesischer, thailändischer und Han-chinesischer Staaten, die Soldaten und Sklaven brauchten. Scott unternimmt in seiner Arbeit eine Dekonstruktion der Zuschreibungen seitens der „entwickelten" Staaten an diese Völker als primitiv, roh und zurückgeblieben. Er zeigt, dass deren Lebensformen eine komplexe Konstruktion von widerständigen Techniken und sozialen Regeln darstellen, die als Antwort auf die häufigen An- und Übergriffe zu verstehen sind und die ein Leben im Schatten der expandierenden Staaten ermöglichen. Er beschreibt deren Gesellschafts-, Produktions- und Lebensformen als eine kunstvolle Zusammensetzung des Widerstandes gegen diese Übergriffe und geht davon aus, dass ihre Sozialorganisation, Verwandtschafts- und Alltagsregeln nicht nur aus ökologischen und kulturellen Gründen erwachsen sind, sondern eine politische Wahl gegen den Staat selbst darstellen. Dazu gehören besonders flexible Sozialstrukturen, innerer Zusammenhalt und geringe Hierarchien. Als typische Strategien beschreibt Scott die Einrichtung zerstreuter Siedlungen in felsigen Landschaften; Ackerbaupraktiken, die Mobilität zulassen; flexible ethnische Identitäten und eine ausgedehnte orale Kultur, die die Veränderung der eigenen Geschichtserzählungen erlauben, wenn eine Gruppe in Bewegung ist.

Die Mosuo, vor sehr langer Zeit ebenfalls ein vor dem Druck stärkerer Gruppen und Dynastien nach Süden fliehendes Volk, die nach Arbeitern, Soldaten und Tributen suchten, leben schon seit fast zwei Jahrtausenden in der Gegend, in der heute die Grenzen zwischen Tibet, Yunnan und Sichuan zusammentreffen. Ihre Sesshaftigkeit war gepaart mit langen Handelsreisen in verschiedene Richtungen und mit Halbnomadismus zu weit entfernten Weiden in den Bergen für die Yaks. Die Überfälle und Kriege verschiedener Dynastien, gegen die sie sich meist erfolgreich zu Wehr setzten, endeten schließlich mit einem Arrangement zwischen ihnen und einer der Han-Dynastien. 1381 wurde der „Tusi" von Yongning, ein Repräsentant der „Adeligen"-Schicht der Mosuo, als Zwischenhändler zu den Han-Chinesen bestätigt (vgl. Knödel 1995: 26). Er sammelte im Sinne des „indirekten Regierens" Tribute ein, die er zwei- oder dreimal im Jahr den angereisten Kontraktpartnern überreichte. Dafür wurden die Mosuo in Ruhe gelassen, und es gab kaum Han-chinesischen Einfluss auf ihr Leben. Dieses System festigte die Macht der vermittelnden Familie in der Mosuokultur, die Entlohnung erhielten und Privilegien genossen. Interessant zu erwähnen ist, dass sie innerhalb ihres Standes die Matrilinearität nach und nach aufhoben und sich nach der patrilinearen Erbfolge organisierten, indem sie patriarchale und patrilokale Ehen praktizierten. Diese vermittelnde Adelskaste, die „Tusi", hatte das Recht, bei den anderen Mosuo, die eine Art Zweiklassengesellschaft darstellten, Tribute einzuholen und Fronarbeit zu verlangen. Aus der Sicht von Scott rettete die vermittelnde „Herrschaft" der „Tusi" einerseits die Unantastbarkeit und innere Kontinuität der Mosuokultur, aber sie sicherte auch die unkontrollierte Macht des Patrizierclans. Unterhalb desselben gab es den Stand der Gemeinen, die Abgaben von ihrer Ernte einbrachten, und dann die dienende Schicht der Leibeigenen, die an den Höfen der Patrizierfamilie periodisch Fronarbeit leisten musste. Beide Stände besaßen kein Land, hatten aber Nutzungsrechte am vorhandenen Boden. Bei schweren Vergehen wurden fehlhafte Personen zur Strafe in die Schicht der Leibeigenen herabgestuft. Es wird berichtet, dass die Verwandtschaftsregeln, die Beziehungen unter der Mosuobevölkerung sowie die Arbeitskooperationen im Alltag für alle Mosuo gleich waren und dass hier keine oder kaum Unterscheide zwischen der Zugehörigkeit zur Gruppe der Dienenden oder Gemeinen gemacht wurde (vgl. Knödel 1995: 32-48). Einzig gegenüber den Patriziern hatten die einen von Geburt an weniger zu leisten als die andern. Die Mosuo entwickelten eine Mischform zwischen völliger Unabhängig und der totalen Integration in einen fremden Staat: Sie unterwarfen sich zwar keiner Regierung und konnten so ihre kulturellen Regeln und Eigenheiten weiterleben, aber sie mussten sich mit dem mächtigen benachbarten Staat, den Han-Chinesen arrangieren, Tribute abliefern und die kaum kontrollierte Herrschaft der Tusi aushalten.

Die Sozialistische Regierung hat den Stand der Patrizier 1956 aufgehoben, seine Angehörigen zum Teil umgebracht und die Aufteilung der Mosuogesellschaft in zwei unterschiedliche Dienste leistende Gruppen abgeschafft. Aus dieser Perspektive fühlten sich viele Mosuo durch die Einrichtung des Sozialismus befreit. Mit der Kulturrevolution von 1965-1976 wurden aber auf einer ganz anderen Ebene ebenfalls tiefe Einschnitte, wie zum Beispiel die Zwangsheirat, in die Kultur erzwungen, die im Folgenden noch erläutert werden (vgl. Knödel 1995, 1998; Hua 2001: 385ff.).

4.2 Matrilinearität als Produktions- und Lebensform

Die Mosuo stellen mit ihren mutterzentrierten Großhaushalten und der Ehelosigkeit einen akzentuierten Sonderfall der Matrilinearität dar. In der folgenden Analyse stelle ich entlang der von Lenz (1990) genannten vier strategischen Machtfeldern die Besonderheiten der matrilinearen Sozialstruktur der Mosuo dar, um zu verdeutlichen, welche Faktoren für die Tempobestimmung des Wandels ausschlaggebend sind. Die eigenständige Verfügung über die folgenden Bereiche gibt Auskunft über die Verteilung der Macht: (1) Produktion, (2) Sexualität, (3) Reproduktion und (4) positive Repräsentation des Geschlechterverhältnisses in der symbolischen Ordnung; und ich füge als (5) den Zugang zu ökonomischen Entscheidungen und Macht an.

4.2.1 Produktion

Bei den Mosuo existiert keine ausdifferenzierte Arbeitsteilung im Alltag. Beide Geschlechter kochen, holen Wasser, suchen Holz, hüten Kinder und Tiere und machen die Feldarbeit meist gemeinsam in Gruppen mit anderen Haushalten. Die Produkte der Arbeit gehören dem gesamten Haushalt, es existiert kein individueller Besitz. Hausbau, Handel und der Umgang mit den großen, schweren Büffeln sind Arbeiten der Männer, während die Frauen weben und Kleider herstellen. Die landwirtschaftliche Produktion ist nach dem Prinzip der Reziprozität (Hua 2001: 173) organisiert. Indem sich jährlich mehrere Haushalte zusammentun, um die Felder gemeinsam zu bestellen und sich im Fall von Katastrophen beizustehen, festigen sie die sozialen Netzwerke und evaluieren permanent neue Situationen oder auftauchende Konflikte, um sie in der Praxis zu lösen.

4.2.2 Sexuelle Beziehungen

Beide Geschlechter gestalten und bestimmen ihre sexuellen Beziehungen aktiv und frei. Der Konsens beider Seiten ist die Voraussetzung dafür, dass eine Beziehung zustande kommt. Es gibt keine Chance, Druck, Macht oder Gewalt auszuüben. Keine Zeremonie, kein Ritual, kein formaler Akt ist notwendig, um eine Beziehung zu beginnen. Die Frauen bestimmen buchstäblich jeden Tag selber, mit welchem Mann sie wann sexuellen Umgang haben und damit riskieren, schwanger zu werden. Diese freie Wahl ist mit zwei Faktoren in der Sozialorganisation verbunden: Da sowohl die Frau als auch der Mann unausweichlich in die Ökonomie ihrer mütterlichen Linie eingebunden sind, handeln sie vor dem Hintergrund einer sicheren sozialen und emotionalen Kontinuität. So gesehen sind sichernde institutionelle, rechtliche oder sozioökonomische Konsequenzen ihrer sexuellen Verbindungen nicht überlebenswichtig. Da keine ökonomische Abhängigkeit vom biologischen Vater des Kindes besteht, galt es in der Mosuo-Ideologie als unwichtig, von wem es stammt; die Nachkommenschaft wird der Mutter zugeordnet. Sowohl Mädchen als auch Knaben sind im mütterlichen Haushalt höchst erwünscht, denn die Ausgewogenheit der Geschlechter ist für das Überleben des Haushalts wichtig. Heute, durch den Eingriff der sozialistischen Regierung und die Han-chinesische, schulische Erziehung, beginnen sich Mütter, Kinder und Männer vermehrt mit der Frage nach dem Vater zu beschäftigen.

Vor dem Hintergrund der unverbrüchlichen ökonomischen und emotionalen Zugehörigkeit zum Großhaushalt kann eine selbstbestimmte sexuelle Begegnung und die freie Verfügung über Körper und Sexualität relativ konfliktfrei gelebt werden. Außer dem Inzesttabu existiert keine Sexualmoral, die die Selbstbestimmung einschränkt oder eine Ungleichheit zwischen den Geschlechtern begründen würde. Das Inzesttabu ist streng und durchgreifend und bildet den festen Rahmen für diese Freiheiten. Es verlangt, dass Mitglieder der gleichen Matrilinie keinen sexuellen oder erotischen Kontakt miteinander haben dürfen. Da oft das ganze Dorf miteinander verwandt ist, entwickeln sich Liebesbeziehungen vorwiegend mit Personen aus den näheren und ferneren Nachbardörfern. Zu diesem Tabu gehört auch, dass in einem Haushalt Männer und Frauen NIE voreinander über ihre emotionalen und sexuellen Gefühle, Beziehungen oder Gedanken sprechen dürfen. So verstummt ein 85-jähriger Großvater beim Auftauchen seiner Enkelin sofort und fährt in der Erzählung über seine Liebesbeziehungen erst weiter, wenn sie weg ist. Ebenso schauen die Geschlechter nie gemeinsam Fernsehen, da dort erotische Szenen auftauchen könnten. Grundsätzlich werden alle Handlungen, Wörter oder Bilder vermieden, die Erregung auslösen könnten. Verstöße führen zu tiefer Scham und komplizierten Ritualen der Wiedergutmachung.

In gewisser Weise erinnern die Regeln zur sexuellen Beziehung und zur Nachkommenschaft an die Position des Häuptlings bei den Guayaki. Dieser wurde außerhalb der ökonomischen Zirkulation seiner Gruppe angesiedelt, wodurch eine Akkumulation von Macht effizient verhindert war. Die sexuelle Paarbeziehung bei den Mosuo befindet sich ebenfalls außerhalb der ökonomischen Zirkulation und ist in einer Art bedingungslosem Freiraum angesiedelt. Die ökonomische Einbindung und Sicherung von Frau und Mann übernehmen von Geburt an die mütterlichen Haushalte. So fällt sexuelle Beziehung nicht unter das strategische Kalkül einer möglicherweise daraus folgenden Ehe zwecks ökonomischer Sicherung und verwandtschaftlicher Vernetzung. In einer solchen Ordnung wird die Verbindung von Sexualität mit Macht, Ökonomie und Herrschaft erschwert oder verunmöglicht.

4.2.3 Reproduktion

Der Rahmen für die Reproduktion einer Gesellschaft ist fast weltweit die Ehe. Bei den Mosuo gibt es verschiedene Formen der Verbindung. Als erstes wird die „Tisese"-Besuchs-Beziehung als eine kulturell institutionalisierte Form der sexuellen Verbindung gepflegt, bei der die Partner im Haushalt ihrer mütterlichen Linie leben. Diese Beziehungsform basiert nicht auf einem Kontrakt, impliziert keine Verpflichtungen und ist nicht exklusiv („noncontractual, nonobligatory, nonexclusive", vgl. Shih 2010: 73-100). Die zweite Form einer sexuellen Beziehung ist die Heirat. Dieses Modell wurde zuerst von den Patriziern praktiziert und später im Bedarfsfall von einzelnen Familien übernommen. Eine formale Ehe mit der Inkorporation des Mannes oder der Frau in die matrilineare Familie war wichtig, wenn zu wenig Frauen oder Männer in der Familie vorhanden waren, um deren Kontinuität zu sichern. Ebenfalls eingeführt wurde sie in zerklüfteten Berggegenden, wo der Weg zur „Azhu" (Freundin) Stunden dauert und deswegen nicht regelmäßig zurückgelegt werden kann. In diesen Fällen wird gemeinsam entschieden, welcher Haushalt dringender eine Person mehr brauchen kann (Shih 2010: 113-120).

Eine Schwangerschaft ist im mütterlichen Haushalt fast immer willkommen, außer die Tochter ist zu jung oder die Schwangerschaft befindet sich zu nahe an der letzten Geburt und schwächt die Frau. Es besteht keine Pflicht, dem Mann mitzuteilen, dass er Vater wird. Er hat auch keinen Anspruch auf sein biologisches Kind, sondern pflegt die Kinder seiner Schwestern. In der Praxis aber teilt die Frau meistens ihrem Partner mit, dass sie schwanger ist, und er begleitet sie in der Zeit der Schwangerschaft, Geburt und danach, indem er sie besucht und ihr hilft.

Die Kinderbetreuung ist bei den Mosuo keine ausschließliche Aufgabe der Frauen. Sie wird von demjenigen Haushaltsmitglied übernommen, das gerade Zeit und die Fähigkeiten dazu hat, gleichgültig, ob es eine Frau oder ein Mann ist. Shih zitiert das Beispiel eines Mannes von Mitte vierzig, der über Tag zu Hause bleibt, um auf die Babys aufzupassen, während seine Nichte, die Mutter der Babys, mit seinem Neffen im Feld arbeitet. Er ist der Dabu (Chef) in seinem Haushalt und zeigt besondere Selbstlosigkeit: „Oh, the young people would rather go out and work together. It's boring to stay at home and take care of children. In the field you work with many people and everybody is talking and laughing" (Shih 2010: 238).

4.2.4 Symbolische Repräsentationen und Wertungen

In den traditionellen und den heutigen symbolischen Darstellungen wie in der Religion, den Mythen und alltäglichen Erzählungen werden Frauen in das Zent-rum der Gesellschaft gestellt und über den Männern situiert. Darin erscheinen folgende Elemente: (1.) die Mutter ist zentral und unersetzbar, während der Vater ersetzt werden kann. (2.) Die Verwandten der mütterlichen Linie gehören untrennbar für immer zusammen und unterstützen sich gegenseitig. (3.) Es existiert eine starke Verehrung der weiblichen Gottheiten und des Weiblichen überhaupt. Über Frauen wird oft positiv gesprochen, sie gelten als mental und psychisch stärker, geschickter, sozial fähiger und auch machtvoll. Die Männer seien physisch stark und für besondere Arbeiten da, allgemein müssten sie aber weniger arbeiten als die Frauen. Diese idealisierte Darstellung der Frau findet sich im Alltagsleben nicht wirklich wieder. Hier finden wir einen hauptsächlich egalitären Umgang mit Arbeitsteilung, Zugang zur Entscheidungsfindung und Sexualität.

4.2.5 Zugang zu Entscheidungen und Macht

Die Machtverteilung im Mosuohaushalt ist diffundiert, multifokal und polyzentrisch. Sie verteilt sich auf viele Brennpunkte und Zuständigkeiten. Die Chefin tritt als Moderatorin und Vordenkerin auf. Wie der Häuptling der Guayaki hat sie viel Verantwortung, muss unparteiisch, uneigennützig, gerecht sein und am meisten von allen arbeiten. Außer der Anerkennung hat sie keine Privilegien. Dieser Egalitarismus beruht auf der Verteilung der Verantwortung auf die Einzelnen. Beim abendlichen Mahl, an dem alle Haushaltmitglieder teilnehmen, werden die verschiedenen Zuständigkeiten und Machtpunkte zusammengeführt und über Aushandlung und Konsensfindung geprüft. So ist beiden Geschlechtern ständig eine autonome und verantwortliche Partizipation an den Entscheidungsprozessen möglich, und die Herrschaft eines Geschlechts allein wird ausgeschlossen (vgl. Lenz 1990; Hua 2001; Shih 2010).

Die erwähnten Aspekte zeigen die Tendenz, Ungleichheit zwischen den Geschlechtern und überhaupt in sozialen Beziehungen niedrig zu halten und möglichst schnell zu lösen. Hier wird in einer Ackerbaugesellschaft darauf hingearbeitet, dass sowohl zwischen den Geschlechtern als auch zwischen den Haushalten und den Dörfern möglichst keine Ungleichheit, Entwertungsdruck oder Gewalt entstehen. Genau in diesen matrilinearen Strukturen erkennen wir die Elemente, die die Kontinuität dieser Gesellschaft begründet haben.

4.3 Trennung von Sexualität und Ökonomie

Die Matrilinearität der Mosuo bedeutet vor allem, dass die mütterliche Verwandtschaftslinie im Zentrum der Sozialorganisation steht, dass die Abstammung über die Mutterlinie läuft und dass sie traditionellerweise und überwiegend in Großhaushalten mit der mütterlichen Verwandtschaft leben und arbeiten. Die Paare leben duolokal in einer sogenannten Tisese-Beziehung, was „hin und her gehen" bedeutet, in der die Kinder mit den Verwandten ihrer Mutter zusammen aufwachsen. Der Vater der Kinder lebt in der Regel bei seiner Mutter und seinen Schwestern und sorgt für deren Kinder. Im matrilinearen Großhaushalt teilen alle direkten mütterlichen Blutsverwandten zwischen drei bis fünf Generationen Herd und Arbeit. Die Familie eines Individuums besteht von einem Ego aus gesehen: (1.) aus seinen Geschwistern und deren Kindern (Neffen und Nichten); dann (2.) aus seiner Mutter und deren Schwestern und Brüdern (Tanten und Onkeln) und deren Kindern (Cousinen und Cousins); (3.) auch aus der Mutter der Mutter und deren Geschwister (Großmutter, Großonkel und -tanten), (4.) Aus der Urgroßmutter und deren Geschwistern, usw. Das bedeutet, dass alle Söhne und Töchter von Geburt bis zum Tod im Haushalt der Mutter bleiben und in diesem sozialen und ökonomischen System mitarbeiten. Es gibt keine Möglichkeit, sich davon zu trennen. Selbst wenn man wegzieht oder migriert, bleibt man immer seiner Haushaltseinheit verbunden und bringt sein Geld dorthin zurück, um ihr ökonomisches Überleben zu sichern (vgl. Knödel 1995; Oppitz/Hsu 1998; Hsu 1998; Shih 2001; Hua 2001; Gatusa 2005)

Noch heute leben viele Mosuo nicht in formalisierten Bindungen. Sie gehen während ihres Lebens eine oder mehrere Besuchs-Beziehungen ein, die allein auf dem Einverständnis der beiden Beteiligten beruhen und leicht gelöst werden können. Die jungen Mädchen erhalten nach ihrer Initiation im Hof ein eigenes Zimmer, über welches sie frei verfügen und in dem sie andere empfangen können. Die Initiation findet heute noch mit 13 Jahren statt, die sexuellen Beziehungen beginnen aber in der Regel später, denn die meisten sind in dem Alter noch Schulkinder. Die Liebesbeziehungen zwischen Männern und Frauen bahnen sich im Alltag bei der gemeinsamen Arbeit oder festlichen Anlässen an. Wenn sich zwei mögen, werden Zeichen gegeben und eine Verständigung gesucht. Der Mann besucht dann die Frau nachts in ihrem Zimmer, und dabei darf sich niemand einmischen. Früh am Morgen verlässt er sie und findet sich wieder im Haushalt seiner Mutter ein, wo er an der notwendigen Arbeit auf Hof und Feldern teilnimmt. Diese heimliche Beziehung, bei der die Besucher im Verborgenen und von niemandem gesehen ins Haus kommen, kann in die sogenannt „offene Besuchs-Beziehung" übergehen, die länger dauert. Die Frau erzählt nun von ihrem „Azhu" (Freund oder Freundin) und stellt ihn rituell der Mutter vor. Dieser kann sich nun freier im Haus seiner „Azhu" bewegen, mitessen und mithelfen. Aber auch er kehrt am Morgen in seinen mütterlichen Haushalt zurück, und beide sind weiterhin frei, parallel auch andere Beziehungen zu pflegen. Die Bekanntmachung der Beziehung im Haushalt der „Azhu" bringt keinerlei soziale oder ökonomische Verpflichtungen mit sich (vgl. Hua 2001: 231ff., Knödel 1995: 140-156).

Die Haushaltführung und die ökonomischen Regelungen werden der fähigsten Frau im Haushalt übertragen, die dadurch zur „Dabu", zur Chefin wird. Sie führt die Geschäfte und garantiert deren geregelten Verlauf. Diese Rolle wird in besonderen Fällen auch von einem Mann ausgeübt, zum Beispiel, wenn die Frauen des Haushaltes noch zu jung oder schon zu alt sind. Die Männer, also die Brüder, Onkel und Söhne, besorgen die äußeren Angelegenheiten wie Handel und rituelle Veranstaltungen. Die „Dabu" verwaltet das Geld, plant ökonomische Aktivitäten über das Jahr hinweg, verteilt und überwacht die Tagesarbeit (Tiere, Saat, Ernte, Kooperationen, Einkäufe, Verkäufe, etc.), und sie sorgt sich um die Bedürfnisse aller Haushaltsmitglieder (Knödel 1995: 127ff.).

Ich zitiere aus einem Gespräch, in dem ich die Chefin eines Haushaltes, Lamu, frage, was sie den ganzen Tag über macht: „Ich denke nach." Auf meine Frage, worüber sie nachdenke, antwortet Lamu, während sie webt: „Ich denke sehr viel nach: Wie viel der Ernte können wir verkaufen, wie viel brauchen wir selber, welcher Anteil ist für die Aussaat, was müssen wir anschaffen? Was kosten die Schulen, wer braucht Kleider, Taschengeld, Zigaretten, Alkohol, was werden wir essen und einkaufen, wo finden Feiern statt, für die wir Geschenke brauchen etc." – „Du hast eine komplizierte Planung zu leisten." – „Ja, aber ich entscheide nicht allein. Am Abend, wenn wir um das Feuer sitzen, erzähle ich es den anderen im Haushalt, und wir besprechen meine Vorschläge." Da ruft einer der Männer, der im Hof einen Bambuskorb flechtet: „Wenn sie uns nicht genug Alkohol und Zigaretten gibt, sind wir nicht einverstanden". Sie lacht: „Ja, ich gebe ihnen weniger, als meine Mutter geben konnte, denn wir hatten gerade zwei Todesfälle in der Familie, und die ganzen Reserven sind verbraucht." – „Sie ist eine gute Regierung und sorgt gut für uns", ruft ein anderer, während ihre Mutter lachend die Wolle spinnt. „Aber wenn wir zu viel arbeiten müssen, diskutieren wir mit ihr. Wir sind eine Demokratie." Lamu lacht auch, sie scheinen alle vergnügt zu sein. Land, Güter, Produkte und Hof gehören allen Familienmitgliedern gemeinsam; es existiert kein privater oder individueller Besitz (Shih 2010: 222): Die „Dabu" trägt die Schlüssel zu den Vorräten als Zeichen ihrer Aufgabe, sie hat viel Verantwortung und arbeitet in allen Bereichen.

Ungleichgewichtige Entwicklungen sind immer eine Bedrohung, weil sie das Überleben der relativ kleinen Gruppe gefährden könnten. Partner, die dauerhaft im Haushalt ihrer „Azhu" leben, sei es, weil man sie dort braucht, oder sei es, weil sie es in der eigenen Familie nicht aushalten, haben dort einen prekären Status, denn sie gehören nie wie ein Blutsverwandter dazu. Daher verhalten sie sich mehrheitlich ruhig und kooperativ, um nicht hinausgeworfen zu werden, wenn sie alt sind und nicht mehr arbeiten können (Hua 2001: 240, 296).

Von 1964 bis 1976, während der Kulturrevolution, wurden die Mosuo von der Kommunistischen Regierung Chinas gezwungen zu heiraten (vgl. Hua 2001: 385-412). Es muss für sie eine schreckliche Zeit gewesen sein. Sobald der Druck nachließ, wurden die meisten Beziehungen wieder aufgelöst. Die Kulturrevolution hat zwar ihre Spuren hinterlassen, konnte aber die Persistenz der Mosuolebensformen, die offensichtlich von der Mehrheit der Frauen und Männer als befriedigend erlebt werden, nicht brechen. Der Ethnologe Cai Hua (2010) beschreibt die Mosuo als eine Gesellschaft von Singles, nicht von Paaren. Sie möchten auch als Erwachsene frei sein, verschiedene Partner haben können und ihre Sexualität selber bestimmen, das allerdings, ohne allein leben zu müssen (Hua 2001: 237-239). Der Vater spiele oft keine wichtige Rolle für die Kinder oder die Frau. Ehe sei in der Alltagssprache ein schlimmes Wort, so gebe es Frauen, die scherzhaft mit der Ehe drohen, wenn sich die Männer nicht benehmen (Coler 2009). Trotzdem gibt es einen gewissen Prozentsatz an Ehepartnern unter den Mosuo.

5. Kollektivität und Individualität: Emotionale Beziehungen

Ich habe mich gefragt, wie diese Formen zusammenzuleben sich in den emotionalen Beziehungen spiegeln und welche Art von Sozialisation die Mosuo auf diese für uns ungewöhnlichen Lebensverhältnisse im Alltag und den Beziehungen emotional vorbereitet. Wie wird zum Beispiel mit der lebenslänglichen Nähe und Enge zwischen Mutter und Sohn und Mutter und Tochter im mütterlichen Haushalt umgegangen, wenn anscheinend keine Trennung stattfindet, die unserer Adoleszenz vergleichbar wäre. Wie erleben die Erwachsenen die teilweise wechselhaften sexuellen Beziehungen und die damit verbundenen häufigen Trennungen? Sind das ganz andere Formen von Bindungen als sie in unserer Kultur idealerweise dargestellt werden? Aus einer westlichen Sicht könnten die „Tisese"-Beziehungen als oberflächlich und schmerzlich betrachtet werden, weil verbunden mit Brüchen, Trennung und Verlust.

Wenn wir aus einer ethnopsychologischen Perspektive davon ausgehen, dass die Mitglieder der Mosuogesellschaft diese Beziehungsform als sinnvoll erleben und sie weiterhin praktizieren wollen, stellt sich die Frage, ob zu dieser Art der intimen Beziehung eine andere innere Disposition und Qualität des Begehrens gehört. Werden die psychischen Strukturen der Individuen durch die Sozialisation in ihrer Kultur anders angelegt als in der westlichen Kleinfamilie?

Bei genauerem Hinsehen auf die Sozialisation lassen sich verschiedene Momente finden, die in einer spezifischen Form organisiert werden.

- Die *Mütter* gehen zum Beispiel, so wie sie es erzählen, bald nach der Geburt wieder ihrer alltäglichen Arbeit auf dem Feld nach.

- Das bedeutet, dass andere *Haushaltsmitglieder die Kinder hüten*. Zhoma erzählt, dass sie nach einem Monat wieder zur Arbeit ging und dass von da an ihre Schwester oder Mutter ihr Kind hüteten. Ihre Tochter nenne auch beide Mutter, denn das Mosuo-Wort für die Mutter und die Schwester der Mutter sei das gleiche.

- Ein weiteres Beispiel für diese kollektive Erziehung zeigte sich in einem der größten Haushalte des Dorfes, wo alle Mitglieder den knapp einjährigen Sohn der 18-jährigen Tochter/ Nichte/ Enkelin/ Schwester/ Cousine betreuten. Das taten sie besonders gerne. Ebenso geduldig haben ihn die Großonkel und Urgroßonkel herumgetragen. Aber auch die jungen, adoleszenten Onkel, Cousinen und weiteren Verwandten waren mit ihm beschäftigt.

Ich gehe davon aus, dass das System der kollektiven und *konzertierten Betreuung* der Kinder frühe intermittierende Trennungen von der Mutter bedeutet und eine ausschließliche und exklusive Beziehung zwischen der Mutter und dem Kind verhindert. Das könnte bedeuten, dass die Erfahrung vieler gleichzeitiger, aber kontinuierlicher Beziehungen eine frühe Triangulierung bewirkt, die es dem Kind ermöglicht, seine Abhängigkeit von der Mutter weniger intensiv zu erleben und dass es früh lernt, Trost in den Ersatzmüttern und -vätern zu finden. So machen die Kinder in der Mosuokultur zeitig die Erfahrung, in einer festen Gruppe mit bestimmten Gruppenregeln zu leben. Wir können annehmen, dass diese Form des Aufwachsens schon am Anfang ihres Lebens eine intensive Bindung, Vertrautheit und *Identifikation mit der Haushaltgruppe* erzeugt. Die Beziehungen sind von außen gesehen heiter, freundlich und spielerisch.

Die „*Tisese*"-Beziehungen erscheinen von der Art, wie sie in die Kultur eingefügt sind, als etwas Leichtes, Flexibles, vielleicht könnte man sagen: Spielerisches, da sie wenig belastet sind von gesellschaftlich tragenden Pflichten, ökonomischen Zwängen oder strenger Moral. Der Bereich der erotischen und sexuellen Beziehungen scheint eine Art Freiraum darzustellen, in dem neben Solidarität auch Ästhetik und musische Fähigkeiten wie Tanzen, Singen, Erzählen und Schönheit gepflegt werden.

Die Biographie von Chemo könnte das veranschaulichen. *Chemo* (53) ist ein begabter Mann, der handwerklich sehr geschickt ist, verschiedene Sprachen spricht (Mosuo, Chinesisch, Tibetisch und Burmesisch) und der gerne tanzt und besonders schön zu eigenen Liedertexten singt. Er stammt aus einem Mosuo-Bergdorf in Sichuan und erzählt gerne von seinen sieben „Azhus", von denen er fünf Kinder hat. Die Frauen leben in verschiedensten Gegenden Yunnans und Sichuans, wo er sich im Laufe seines Lebens aufgehalten hat. Er betont, dass er sie immer besucht, wenn sich die Möglichkeit ergibt. Beim ersten Kind war er gerade 18 und, als er von der Vaterschaft erfuhr, bereits beim Militär. Die Mutter des zweiten stammt auch aus seinem Heimatdorf und ist inzwischen Dozentin an einer Hochschule nördlich von Peking. Seine letzten drei Kinder hat er mit einer Frau aus dem Dorf, wo ich zu Besuch war. Sie sind zwischen 7 und 17 Jahre alt. Während der letzten 20 Jahre war er zum Geld verdienen viel unterwegs (auch in Burma und Tibet), kam aber immer wieder zu seiner letzten „Azhu" und den Kindern zurück und lebte und arbeitete phasenweise an ihrem Hof.

Auch die *älteren Frauen* schildern ihre „Azhu"-Beziehungen, indem sie aufzählen, von welchen Männern ihre Kinder stammen und wo diese Männer jetzt leben, wie oft sie sie sehen. Manche kommen einmal im Monat vorbei, ein anderer einmal im Jahr oder gar nicht mehr. Ähnlich sind die Beziehungen zu den Männern, die ihnen als ihre Väter vorgestellt wurden. Manche treffen ihren Vater einmal im Jahr, am Frühlingsfest, wo sie sich begrüßen, andere werden regelmäßig von ihm unterstützt mit Schulgeld, wieder andere sehen ihn nie.

Ich habe nie gehört, dass jemand sich beklagt, wenn der „Azhu" oder Vater wenig auftaucht. Es wurde eher betont, dass das so in Ordnung sei und keine Erwartungen bestehen, obwohl einige Frauen durchblicken ließen, dass das auch schmerzlich und bedauerlich ist. Die lebenslange Einbindung von Männern und Frauen in den mütterlichen Haushalt bedeutet mit Sicherheit auch eine Enge, der sich die Männer durch ihre außerhäusigen Liebesbeziehungen, zum Beispiel durch eine „offene Beziehung" und durch längere Aufenthalte im Haushalt ihrer „Azhu", entziehen. Frauen fühlen sich eher verpflichtet, im Haushalt ihrer Mutter zu bleiben, um dessen Überleben zu sichern. Heute ist die sporadische Migration für beide Geschlechter eine Möglichkeit, sich eine Zeit lang außerhalb des Haushaltes zu bewegen.

Der Umgang mit der *Eifersucht* ergänzt die Tendenz, individuelle Beziehungen nicht exklusiv werden zu lassen. Es sind in der Literatur einige wenige Beispiele von Eifersucht beschrieben, die besonders dann aufflammen kann, wenn ein Partner in der offenen, also länger dauernden Beziehung, mit einem bestimmten anderen Liebhaber gesehen wird. Ist dies dazu eine Person, zu der man persönlich in einem konfliktiven Verhältnis steht, dann kann Eifersucht heftig ausbrechen (Hua 2001: 244). Dann kann sich das Paar auch einmal anschreien, schlagen oder prügeln, oder es entsteht ein Zwist unter den Rivalinnen und Rivalen. Das kommt aber sehr selten vor. Bestimmend bei solchen Konflikten sind Toleranz und Versöhnung. Im Allgemeinen wird Eifersucht als ein Versuch erlebt, den anderen zu besitzen, und damit als unvereinbar mit der sexuellen und sozialen Freiheit angesehen. Wenn sich jemand von Eifersucht geplagt zeigt, wird er/sie mit Spott kommentiert oder beschämt. Es wird tröstend erklärt, dass Eifersucht inadäquat sei, dass alle frei seien und es noch viele andere Erwachsene zum Lieben gebe. Wird bei Konflikten in der Liebesbeziehung aus Eifersucht körperliche Gewalt gebraucht, reagiert die Gemeinschaft kritisch. Verurteilt wird dabei aber nicht, dass zum Beispiel eine Frau mehrere Liebesbeziehungen gleichzeitig führt, sondern dass der Liebespartner aus Eifersucht gegen sie gewalttätig wurde. Diese Gewalt wird gesellschaftlich sanktioniert.

Die Tendenz der Mosuogesellschaft, Kollektivität und die Gruppenidentität gegenüber individualisierenden Verhaltensweisen und Bindungsformen bevorzugt zu unterstützen, zeigt sich in diesen Beispielen. Eine pensionierte Lehrerin erklärt das so: „Wir Mosuo fühlen uns in erster Linie als Mosuo und nicht als Einzelpersonen; selbst wenn jeder verschiedene Wege geht, gehören wir zusammen und sorgen für unser Überleben". Es wird sowohl im Alltag als auch der ethnographischen Literatur häufig betont, dass „individualistisches" Verhalten, das darin besteht, gegenüber der Gruppe oder gegenüber anderen persönliche Vorteile anzustreben, scharf verurteilt wird (Shih 2010: 209f.).

Gleichzeitig aber fällt auf, dass ein ausgeprägter Respekt für persönliche Fähigkeiten wie ein Handwerk, das Singen oder Tanzen vorhanden ist. Derselbe Respekt gilt für die Privatheit der persönlichen sexuellen Beziehungen, die ähnlich wie das Inzest-Tabu unantastbar sind. Man kann annehmen, dass in der Ablehnung von Eifersucht das moralische Pendant der Ablehnung gegenüber exklusiven Beziehungen zum Ausdruck kommt. Ob darin auch ein Vermeiden von Bindung und Trauer enthalten ist, die beim Verlust einer geliebten Person spürbar werden? Kann es sein, dass sexuelle Lust und Freude nicht mit einer intensiven oder persönlichen oder dauerhaften Beziehung in Verbindung gebracht werden (sollen)?

Die Mosuo vertreten in ihrer Kultur zwei zentrale Prinzipien: das soziale und emotionale Gleichgewicht und den kulturellen Zusammenhalt. Regeln und Verhaltensanweisungen dienen dazu, diese Zustände zu erreichen. Die Regeln gewähren aber hohe Flexibilität für Ausnahmefälle, die mit Toleranz und Respekt verhandelt werden. Dieser dynamische Umgang kann Explosionen und zerstörerische Brüche im sozialen Gefüge mindern und die Kontinuität desselben garantieren. Ein gutes Beispiel dafür ist die Zuteilung der Macht an viele Personen, wobei ihre Streuung nicht starr ist, sondern eine Bündelung am abendlichen Feuer erfährt, wo Konsens und Balance kollektiv ausgehandelt werden.

Eine ähnliche Verbindung von Struktur und Flexibilität beobachten wir in den sexuellen Beziehungen. Sie finden statt vor der festen Struktur der unverbrüchlichen Zugehörigkeit zu den mütterlichen Haushalten und ihrer Ökonomie. Die Exklusion der Liebesbeziehungen aus Ökonomie und Ehe, deren Ausklammerung aus dauerhaften Verwandtschaftsverhältnissen also, eröffnet den Individuen relative Selbstbestimmung und freie Bewegungen quer durch ihre Gesellschaft hindurch. Auf diese Weise können sie den Lebensbereich des mütterlichen Haushaltes immer wieder verlassen und offene Kontakte eingehen. Die Trennung von Ökonomie und Sexualität spart im Vergleich zur patriarchalen Ehe ein großes konfliktträchtiges Feld aus: die kalkulierten und strategischen Heiratsverbindungen, die Aufteilung der Haushalte, die (teuren) Brautgaben und Hochzeitsgeschenke, sowie die Ungleichheit, Aggression und Gewalt zwischen den Geschlechtern. Die Exklusion der Sexualität aus der Ökonomie kann als pazifizierende und Kontinuität sichernde Maßnahme verstanden werden, mit der heftige Brüche und folgender Wandel verhindert werden.

Die Komplementarität von Festigkeit und Flexibilität offeriert parallel zur Kollektivität ein gewisses Maß an psychischer und sozialer Selbstbestimmung. Die existentiellen Bedürfnisse der Einzelnen sind im kollektiven Haushalt gesichert. Dort lernt das Kind, auf sein Bedürfnis nach einer intensiven und einzigartigen Beziehung zu verzichten und immer wieder ein anderes Objekt aus dem mütterlichen Haushalt zu akzeptieren. Entsprechend erlebt es im späteren Leben eher im Ausnahmefall eine exklusive Beziehung zu einem Mann oder einer Frau. Bindungen und das Durchstehen von ödipalen Krisen, Trennungen und Rivalitätskämpfen würden die Kontinuität der Zugehörigkeit und Koexistenz in der mütterlichen Haushaltsgruppe gefährden. Es scheint, dass die frühe Einbindung in die Gruppe (frühe Triangulierung) eine klare Botschaft enthält: Mütter und Frauen sind wichtig (Religion) und stark, sie können aber nicht besessen werden, weder vom Kind noch vom Mann.

Auftauchender sozialer Druck wird abgebaut, indem die Menschen ihre Bedürfnisse in verschiedenen Bereichen außerhalb des Haushaltes ausleben können. Die familiäre Einengung eigenen Begehrens und Befindens kann in soziale, ökonomische oder sexuelle Aktivitäten verwandelt und verarbeitet werden. Der Entwicklung von Frustration und Gewalt, und daraus resultierenden Macht- oder Rivalitätskämpfen, sind damit Grenzen gesetzt.

Mit all diesen Maßnahmen scheint es den Mosuo annähernd zu gelingen, ihre libidinösen und aggressiven Energien so zu kanalisieren, dass sie nicht ge-

waltsam werden müssen und gemeinsam in der Lage sind, die Kontinuität ihrer
Kultur zu unterstützen.

6. Fazit

Ich bin der Frage, durch welche sozialen Regelungen gesellschaftlicher Wandel
eingeschränkt und Kontinuität gesichert werden können, aus ethnologischer Sicht
nachgegangen. Dazu habe ich Daten über die Guayaki, eine Jäger- und Sammler-
gesellschaft, über patriarchale Ackerbauern und über matrilineare Ackerbauern
am ausführlichen Beispiel der Mosuo dargelegt.

In der Urwaldgesellschaft der Guayaki führt die Ausklammerung des Häuptlings und Verantwortlichen aus dem ökonomischen Zirkulationssystem und dem
Zugang zu besonderen Ressourcen dazu, dass er in Abhängigkeit von der Gruppe
gerät, und bei schlechter Führung jederzeit abgesetzt werden kann. Die Belohnung
dafür ist sein Prestige und, dass er als Einziger seiner Gruppe mehrere Frauen haben darf. Dieser Mechanismus macht die Aneignung von Vorteilen und die Bildung
einer sozialen Schichtung – den Anfang des Wandels – von vornherein unmöglich.

Die patriarchalen Ackerbaugesellschaften haben als Kontinuitätsstrategie
eine enge Verknüpfung von Sexualität und Ökonomie entwickelt. Durch strategische Ehen verkoppeln sie Sexualität und Reproduktion mit Ökonomie und sichern so genderspezifisch Besitz, Macht, Netzwerke und ökonomische Kontinuität. Frauen und Kinder stellen in dieser Strategie eine wichtige Ressource dar, die
kontrolliert werden muss. Durch diese Kontrolle werden Wandel und Unsicherheit
verhindert und Kontinuität und Überleben der Gruppe gesichert

Die matrilineare Sozialstruktur, die in diesem Artikel einen größeren Raum
eingenommen hat, ist für das Verständnis der Mosuo-Kultur besonders interessant. Auch sie bietet gute Voraussetzungen für eine Verhinderung von abruptem
Wandel. Ich vertrete die These, dass die Mosuo durch die Exklusion der Sexualität aus der Ökonomie die Nachhaltigkeit ihrer Sozialorganisation und Produk-
tionsform sichern. Der Ausschluss der Sexualität bedeutet, dass der Vater der
Kinder weder ökonomisch noch sozial in die Pflicht genommen wird. Da Liebesbeziehungen nicht normativ mit einer Ehe und dem Auszug aus dem Haushalt
verbunden sind, droht dem Hof weder Aufspaltung, Teilung noch Trennung von
den Nachkommen. Diese Regelung ist eine wichtige Basis für die wirtschaftliche
und kulturelle Kontinuität der Mosuo.

Die beschriebenen Kulturen und ihre Regeln kreisen um das Verhältnis von
Kollektiv und Individuum. Alle fördern eine kollektive Beziehungsorientierung.
Nicht die individuellen Bedürfnisse, sondern die Regeln der Gruppe und die Kol-

lektivität stehen im Vordergrund. Diese Orientierung auf die Gruppe und das Kollektiv verhinderte während sehr langer Zeit, dass sich enge und privatisierte Beziehungen oder exklusive Bindungen und Verhältnisse durchsetzten und die ökonomisch nachhaltige Lebensform sowie das Überleben der Kultur gefährden können. Um dieser Ziele willen haben diese Gesellschaften der Regulierung der sexuellen Beziehungen, die immer die Tendenz in sich tragen, exklusiv zu werden, eine besondere Aufmerksamkeit gewidmet. Eine radikale Sonderform der sexuellen Beziehung praktizieren die Mosuo, indem sie diese aus den sozialen Verpflichtungen heraushalten und nicht mit der Institution der Ehe, sondern mit mehr oder weniger offenen Besuchsbeziehungen verbinden. Damit schützen sie die Einheit und das Vertrauen im matrilinearen Haushalt.

In allen Beispielen geht es um die Nachhaltigkeit der Ökonomie und der Kultur. Bei aller Unterschiedlichkeit der jeweiligen Strategien, die Kontinuität der eigenen Kultur zu sichern, steht die Regulierung von Ökonomie und Sexualität durch Politik und Religion im Zentrum. Wichtig erscheint mir, an zweierlei zu erinnern: (1.) Bei den dargestellten Gesellschaften handelt es sich um kleine, überschaubare Gruppen mit mehrheitlicher Subsistenzwirtschaft. (2.) Die jeweiligen Regelungen sind nicht im Dienste der Ausbeutung oder Unterdrückung entstanden, sondern haben sich beim Versuch entwickelt, gemeinsam gegenüber der Natur und übergeordneten Mächten zu überleben. Es dürfte schwierig sein, diese Beispiele einfach auf unsere Gesellschaft zu übertragen, obwohl unsere zunehmende Infragestellung der Ehe und die tendenzielle Gleichberechtigung der Frau stark daran erinnern.

Literatur

Clastres, P. (1977): Society against the state. Blackwell, Oxford.
Clastres, P. (1984): Chronik der Guayaki: Die sich selbst Aché nennen. Nomadische Jäger in Paraguay. Trickster-Verlag, München.
Coler, R. (2009): Das Paradies ist weiblich: Eine faszinierende Reise ins Matriarchat. Kiepenheuer, Berlin.
Gatusa, L. (2005): Matriarchal marriage patterns of the Mosuo people of China. 2nd world congress on matriarchal studies, San Marcos und Austin, Texas. http://www.second-congress-matriarchal-studies.com/gatusa.html. Zugegriffen: 22. Januar 2013.
Göttner-Abendroth, H. (1998): Matriarchat in Südchina: Eine Forschungsreise zu den Mosuo. Kohlhammer, Stuttgart.

Gough, K. (1975): The Origin of the Family. In: Reiter, R. (Hrsg.): Toward an Anthropology of Women. Monthly Review Press, New York, S. 51-76.

Gough, K. (1980): Modes of production in Southern India. In: Economic and political weekly. 15(5/7): 337-353.

Gough, K. (1981): Rural society in South-East India. Cambridge Univ. Press, Cambridge u. a.

Hua, C. (2001): A society without fathers or husbands: The Na of China. Zone books, New York, Cambridge, Mass.

Hsu, E. (1998): Moso and Naxi: The house rites. In: Oppitz, M./Hsu, E. (Hrsg.): Naxi and Moso ethnography. Kin, rites, pictographs. Völkerkundemuseum, Zürich, S. 67-102.

Knödel, S. (1995): Die matrilinearen Mosuo von Yongning: Eine quellenkritische Auswertung moderner chinesischer Ethnographien. Lit, Münster.

Knödel, S. (1998): Yongning Moso Kinship and Chinese State Power. In: Oppitz, M./Hsu, E. (Hrsg.): Naxi and Moso ethnography. Kin, rites, pictographs. Völkerkundemuseum, Zürich, S. 47-66.

Lenz, I. (1990): Frauenmacht ohne Herrschaft: Geschlechterverhältnisse in nichtpatriarchalischen Gesellschaften. Orlanda, Berlin.

Lenz, I./Luig, U. (1990): Jenseits von Patriarchat und Matriarchat. In: Lenz, I. (Hrsg.): Frauenmacht ohne Herrschaft. Geschlechterverhältnisse in nichtpatriarchalischen Gesellschaften. Orlanda, Berlin, S. 10-25.

Lévi-Strauss, C. (1973): Das wilde Denken. Suhrkamp, Frankfurt/Main.

Meillassoux, C. (1976): Die wilden Früchte der Frau: Über häusliche Produktion und kapitalistische Wirtschaft. Syndikat, Frankfurt/Main.

Oppitz, M./Hsu, E. (Hrsg) (1998): Naxi and Moso ethnography. Kin, rites, pictographs. Völkerkundemuseum, Zürich.

Schlegel, A. (1972): Male dominance and female autonomy: Domestic authority in matrilineal societies. HRAF Press, New Haven.

Schlegel, A. (1977): Sexual stratification: A cross-cultural view. Columbia Univ. Press, New York.

Schneider, D. M./Gough, K. (1974): Matrilineal kinship. University of California Press, Berkeley.

Scott, J. C. (2009): The art of not being governed: An anarchist history of upland Southeast Asia. Yale Univ. Press, New Haven u. a.

Shih, C.-K. (2001): Genesis of Marriage among the Moso and Empire-Building in Late Imperial China. Journal of Asian Studies 60(2): 381-412.

Shih, C.-K. (2010): Quest for harmony: The Moso traditions of sexual union and family life. Stanford Univ. Press, Stanford, Calif.

Turner, V. (2005): Das Ritual: Struktur und Anti-Struktur. Campus, Frankfurt/Main u. a.

Turner, V. (2010): Symbols in Ndembu ritual 1967. In: Erickson, P. A./Murphy, L. D. (Hrsg.): Readings for a history of Anthropological Theory. University of Toronto Press, Toronto, S. 322-340.

Transformation religiöser Kultur?
Koptisch-orthodoxe Christen Ägyptens im Kontext revolutionären Umbruchs

Cordula Weißköppel

1. Einleitung: Brennende Kirchen in Ägypten

Seit dem 1. Januar 2011 hat man in der westlichen Hemisphäre annähernd eine Vorstellung, wer die Kopten[1] sind: eine christlich-orthodoxe Minderheit im islamisch dominierten Nationalstaat Ägypten, die in der Silvesternacht zur Zielscheibe eines Terroranschlags wurde: Vor einer der größten koptisch-orthodoxen Kirchen Alexandrias, in El Quedessin, detonierte eine Autobombe vor dem Haupteingang, durch den einige der fast 1000 Besucher das Nachtgebet verließen. Dabei verbrannten 23 Koptinnen und Kopten, mehr als 80 Personen wurden schwer verletzt und die weiteren Augenzeugen stark traumatisiert.

Die spannungsreichen, interreligiösen Beziehungen zwischen koptischen Christen[2] und Muslimen in Ägypten wurden in der Medienberichterstattung als allgemeine Ursache genannt, die fundamentalistische Gruppen des Islam zu solchen Attentaten motivieren würden. In Zeiten globaler und diffuser Terrornetzwerke gab man sich als unbeteiligter Betrachter schnell diesem einfachen Erklärungsschema „Muslime gegen Christen" hin, ohne die lokale Situation in Ägypten genauer einzubeziehen.

Durch die folgenden Ereignisse der ägyptischen Revolution seit dem 25. Januar 2011 wurde aber transparent, dass dieser Terroranschlag vor einer koptischen Kirche mit vom damaligen ägyptischen Innenministerium fingiert wurde,

---

[1]   Wenn ich in diesem Text von *den* Kopten oder *den* Muslimen spreche, so handelt es sich unvermeidlich um Generalisierungen, mit denen ich gängigen Stereotypen und potenziellem „Othering" zuarbeite (s. Abu-Lughod 1991). Ich will mit diesen Bezeichnungen aber vor allem repräsentieren, dass viele meiner Gesprächspartnerinnen und Gesprächspartner den religiösen Aspekt ihrer Identität als Selbstbezeichnung betonten.

[2]   In Ägypten gelten alle Christen als „(c)opti", auch Christen nicht-orthodoxer Konfession. In der deutschen Sprache bezeichnet man „Kopten" als diejenigen, die der koptisch-orthodoxen Kirche Ägyptens angehören, genauer dem Patriarchat Alexandriens (s. Tamcke 2008). Meine Verwendung des Wortes bezieht sich auf diese engere Gruppe.

um von anderen Krisen des Staates abzulenken (BAMF 2012: 15). Damit wurde einmal mehr der Eindruck erweckt, dass die Minderheit der ägyptischen Christen zu einer Art Blitzableiter für ungelöste Problemlagen des modernen, ägyptischen Nationalstaates gemacht wird. Und die weitere Reihung von interreligiösen Ausschreitungen im postrevolutionären Ägypten, die wiederholt zu „brennenden Kirchen" mit hohen Opferzahlen auf beiden Seiten führten, hat die Deutung bestärkt, dass diese *religiöse* Differenz im Rahmen einer demografischen Mehr- und Minderheitskonstellation (ca. zehn Prozent Kopten gegenüber neunzig Prozent Muslimen) oft kompensatorisch genutzt wird, um andere Ungleichheiten zwischen Arm und Reich, zwischen Gebildet und Ungebildet, zwischen privilegierten und marginalisierten Gruppen zu bearbeiten.

Koptisch-orthodoxe Christen befinden sich daher nicht nur metaphorisch im Brennpunkt umfassender gesellschaftlicher Transformationen in Ägypten, die durch den Sturz des Mubarak-Regimes dramatisch markiert wurden (s. Borneman 2004). Die dadurch angestoßenen Prozesse und Forderungen nach grundlegender Demokratisierung, konsequenter Säkularisierung, somit auch nach religiöser und kultureller Pluralisierung und politischer Neustrukturierung der ägyptischen Gesellschaft befinden sich derzeit alle im Stadium der Aushandlung unter den neu entstehenden politischen Kräfteverhältnissen (Rosiny 2011, 2012; Büchs 2012).

Dabei ist generell zu berücksichtigen, dass die seit Januar 2011 eruptiv sichtbar gewordenen Transformationsprozesse einer *longue durée* unterliegen, also in den Kontext von längerfristigen, postkolonialen und globalen Entwicklungen zu stellen sind (Freitag/von Oppen 2010), die durch spezifische Prozesse der Nationalstaatswerdung, der Modernisierung und der Säkularisierung im späten 19. Jahrhundert, Anfang des 20. Jahrhunderts nicht nur in Ägypten, sondern im gesamten Mittleren und Nahen Osten zu analysieren wären (u. a. Asad 2003; Winkel 2009: 9-107). Solch eine umfassende historische Analyse ist hier nicht zu leisten, sondern mir geht es um die Frage, wie koptisch-orthodoxe Christen auf die aktuellen Ereignisse reagierten und wie sie dabei gesamtgesellschaftlich positioniert werden.

Nach meinen bisherigen Studien vor und während der Revolution[3] ist tendenziell festzuhalten, dass koptisch-orthodoxe Christen über Jahrtausende hinweg zentrale Mechanismen entwickelt haben, um in der Situation von Fremdherrschaft und Marginalisierung, somit auch in verschiedenen historischen Phasen

---

3   Von November 2010 bis April 2011 führte ich ethnografische Studien in einer koptisch-orthodoxen Gemeinde Alexandrias durch. Ich danke der Universität Bremen für die Gewährung dieses Forschungssemesters.

der gesellschaftlichen Transformation, als *eigenständige religiöse Kultur* zu überleben (vgl. Bhabha 1996).

Insofern geht es in folgendem Aufsatz darum, spezifische Selbstbehauptungsstrategien (Probst und Spittler 2004: 13, 15-16) aufzuzeigen, die aus Perspektive der Betroffenen das Ziel haben, Transformation eher zu *vermeiden* oder *abzuwehren*, damit das Eigene gesichert und fortgesetzt werden kann. Dabei erscheint es aus Sicht der betroffenen Akteure plausibel, dass sie ein eher statisches bzw. dogmatisches Selbstbild etablieren. Dennoch führen die interaktiven Dynamiken zwischen rivalisierenden Akteuren, Gruppen und Bevölkerungen (s. Barth 1969) immer auch zu wechselseitigen Anpassungen oder Kompromissen, was sich im ägyptischen Nationalstaat heute an einer koexistierenden, *dualen* Religionskultur von christlichen und islamischen Traditionen zeigt. Gleichzeitig ist dabei aber eine Art des „Einfrierens" latenter Konfliktlinien zu erkennen, die im Krisenfalle reaktiviert, also „aufgewärmt" und einer Neuverhandlung unterzogen werden, wie es uns durch die postrevolutionären Ereignisse, insbesondere die interreligiösen „clashes"[4] zwischen Kopten und Muslimen, vor Augen geführt wurde. In Rückgriff auf die klassische Theorie von Turner über krisenhafte Übergangszustände, die sogenannte „liminale Phase" (1967), handelt es sich um einen kontingenten Prozess, ob Veränderungsimpulse wirklich zu kulturellen *Transformationen* führen im Sinne allgemein akzeptierter Innovationen oder ob es mehr um die *Restrukturierung* von sozialen und politischen Ordnungen geht (Turner 1969; Borneman 2004), die unter anderem dazu beitragen, spezifische Identitäten erneut abzusichern und fortbestehen zu lassen.

Deshalb werde ich im ersten Teil dieses Aufsatzes zunächst das *ethnoreligiöse* Selbstverständnis der koptisch-orthodoxen Christen erläutern, um zu erklären, dass die gegenwärtige Eskalation zwischen koptischer Minderheit und muslimischer Mehrheit nur durch die historischen Entwicklungen beider Gruppen zueinander sowie durch ethnische und soziale Mechanismen der Ingroup-Bildung zu

---

4   Hier seien nur die Ereignisse genannt, von denen auch in der internationalen Presse berichtet wurde: Anfang März 2011 wurde eine koptische Kirche bei Helwuan, südlich von Kairo, über Nacht komplett zerstört, was Demonstrationen und gewaltvolle Ausschreitungen zwischen Kopten und Muslimen zur Folge hatte. Im Mai 2011 kam es zu Provokationen durch Islamisten in einem Armenviertel Kairos, so dass in Imbaba eine koptische Kirche brannte und Straßenkämpfe tobten, die mindestens 12 Todesopfer unter Kopten forderten (siehe unten). Im Oktober 2011 wurde eine in Bau befindliche koptische Kirche in der Nähe von Assuan in Oberägypten zum Anlass der öffentlichen Auseinandersetzung, so dass sich ägyptenweit Bürger solidarisierten und insbesondere vor den Medienzentren in Kairo gegen strukturelle Diskriminierung demonstrierten – durch die Intervention staatlicher Sicherheitskräfte mündete dies wiederum in gewaltvollen Ausschreitungen, was sowohl unter Kopten wie Muslimen zahlreiche Todesopfer forderte.

verstehen ist, letztlich also *kulturelle* und weniger religiöse Differenzierungsmechanismen eine zentrale Rolle spielen.

Diese Einsicht wuchs bereits während meiner Forschungen zu koptisch-orthodoxen Diaspora-Gemeinden im deutschsprachigen Europa[5]. Denn warum verlassen zunehmend viele Kopten ihr Herkunftsland Ägypten, und welche Erzählungen bzw. Erklärungen kursieren darüber in den Immigrationsländern? Zwei dieser Erzählungen werde ich im Folgenden aufgreifen: erstens das Selbstverständnis, die „Urbevölkerung" Ägyptens zu repräsentieren, die durch den Prozess der Arabisierung und Islamisierung marginalisiert wurde; und zweitens die tradierte Überzeugung, sich nur durch *genealogische* Mitgliedschaft, also durch endogame Heiratsbeziehungen unter Koptinnen und Kopten als Gruppe reproduzieren zu können. Solche genealogischen Reinheitsvorstellungen (s. Douglas 1988) unter Kopten, aber ebenso unter Muslimen, tragen im gegenwärtigen Ägypten dazu bei, dass wechselseitige Grenzziehungen im Zuge der jeweiligen Identitätspolitik noch verschärft werden, statt sie für interreligiöse Grenzüberschreitung zu öffnen.

Im zweiten Teil des Artikels werde ich daher am Beispiel der Konflikteskalation im Stadtteil Imbaba von Kairo (Mai 2011) rekonstruieren, wie Akteure beider Religionen an ihren Reinheitsprinzipien festhielten, weil die damit verbundenen, distinkten Identitäten in der aktuellen Situation relevanter waren, als sich etwa gemeinsam für ein säkular motiviertes, ziviles Ehe- und Familienrecht einzusetzen (Engelcke 2012: 6).

2. Ethnisches Selbstverständnis der Kopten als „Urbevölkerung" Ägyptens

In meinen Gesprächen in europäischen Diaspora-Gemeinden wurde mir wiederholt mitgeteilt, dass Koptinnen und Kopten von der Urbevölkerung Ägyptens abstammen und sie sich als Nachfolgebevölkerung der pharaonischen Kultur des Alten Ägyptens verstehen (Aziz 2008). Als Diaspora-Forscherin interpretierte ich das schnell als verklärenden *Herkunftsmythos*, der von vielen Gruppen in der Migration kultiviert wird (Safran 1991), dass das Herkunftsland im Sinne eines Ursprungs- und Abstammungsortes besonders verehrt wird, auch wenn es in der Gegenwart gar nicht mehr die zentrale Relevanz hat.

Durch den Forschungsaufenthalt in Ägypten ist aber deutlich geworden, wie sehr diese Kopplung ethnischer Abstammung *und* religiöser Spezifika auch die

---

5   Ich danke der Jacobs Foundation Zürich, die diese explorativen Studien im Jahre 2008 und 2009 im Rahmen des Fellowship am Zentrum für Religion, Wirtschaft und Politik (ZRWP) ermöglicht hat.

aktuellen Identitätskonstruktionen im Herkunftsland bestimmt, weil sie mit zum jahrtausendealten Überleben der Kopten in einer vom Islam dominierten Gesellschaft beigetragen hat. Im Folgenden werde ich zunächst grob historische Entwicklungen skizzieren, die deutlich machen, warum die Verflechtung ethnischer, sozialer und religiöser Ressourcen in der Identitätspolitik der koptisch-orthodoxen Christen zur elementaren Überlebensstrategie wurde.

Aus der Bibel ist gemeinhin bekannt, dass die Heilige Familie – Josef und Maria mit ihrem Neugeborenen Jesus – nach Ägypten zog, um vor König Herodes zu flüchten (Siliotti 2007). Nicht zuletzt diese historischen Berührungspunkte mit der charismatischen Figur Jesus werden von ägyptischen Kopten angeführt, um ihr Selbstverständnis als „Urchristen" zu deklarieren. Entscheidend für die frühe Verbreitung christlichen Ideenguts war in Ägypten der Apostel Markus, der nach einem längeren Aufenthalt in Rom für die Afrika-Mission berufen wurde. Während mehrfacher Reisen in Ägypten verkündete er das Evangelium und gewann eine wachsende Zahl von Anhängern, so dass er in Alexandria schließlich das erste Patriarchat gründete (Tadros 2010: 18-19). Es folgte der Aufbau einer theologischen Schule, die sogenannte katechetische Schule von Alexandrien, um heidnischen Philosophien der Antike wirksam begegnen zu können (Girgis 2004; Brakmann 1994: 13-14).

Bereits seit dieser Zeit waren Christen in Ägypten immer in Kontakt mit anderen Bevölkerungsgruppen, die oftmals die politische Macht innehatten, so dass die Kopten fremdbestimmt waren, zunächst von den Imperien der Römer und Griechen, später von Persern, Arabern, dem Osmanischen Reich bis hin zu den neuzeitlichen Kolonialmächten Frankreich und England (Aziz 2008; Ibrahim 2001: 16). In der frühen Phase ging es oftmals um die Verhinderung der Ausbreitung des Christentums durch weltliche Herrscher oder aber um Rivalitäten zwischen verschiedenen theologischen Strömungen unter Christen. Daher waren Kopten bereits daran gewöhnt, ihren Glauben unter größter Opferbereitschaft zu verteidigen, zur Not mit dem eigenen Leben. Die Geschichten von diversen Märtyrern, die nach ihrem Tode zu Heiligen erklärt wurden, und insbesondere die Verehrung ihrer Ikonen erzählen bis heute davon, wie etwa die Legenden um St. Mena aus dem 4. Jahrhundert (u. a. Tadros 2010: 28; Gabra und Eaton-Krauss 2007: 221).[6]

Die konsequente Loyalität zur eigenen Religion und eine entsprechend strenge Abgrenzung gegenüber anderen Religionen wurde weiter durch den Prozess

---

6   Der Kult um den Grabesort von St. Mena als heiliger Stätte verbreitete sich über das Mittelmeer bis hin nach Mitteleuropa, weil man in kleinen Tonfläschchen heilendes Wasser abfüllte und transportierte. Auf diesen Flakons findet man Abbildungen von St. Mena begleitet von zwei Kamelen – die für ihn typische Ikone. Die archäologischen Funde dieser Fläschchen belegen die frühe Verbreitung des Christentums in Ägypten.

der arabischen Besiedlung geschürt, der in Ägypten verstärkt seit dem 12. Jahrhundert einsetzte und mit dem die Ausbreitung der islamischen Religion (in ihren diversen Facetten) verbunden war (Brakmann 1994: 20). Die christliche Bevölkerung geriet demografisch immer mehr in die Defensive und wurde statistisch gesehen zu einer „Minderheit" (vgl. Ibrahim 1996: 15-16). Seit dem Osmanischen Reich (16. – 19. Jahrhundert) fielen die christlichen Kopten daher unter die spezifischen Regeln des Korans, wie mit Andersgläubigen umzugehen war: Prinzipiell wurden Nicht-Muslime mit Respekt und Toleranz behandelt, solange sie sich friedlich verhielten und keine missionarischen oder expansiven Tendenzen gegenüber Muslimen entwickelten (Krämer 1998: 34f.). Durch den sogenannten „dhimmah"-Vertrag wurden andere (monotheistische) religiöse Gruppen in islamischen Gesellschaften auch geschützt, indem sie ihre Unterordnung unter den Islam versicherten und sich zu bestimmten Steuern verpflichteten. Diese Regelungen wurden je nach regional dominierender islamischer Rechtsschule verschieden streng oder liberal gehandhabt, bildeten aber das rechtliche (Macht-)Instrument für die Regelung der Beziehungen zwischen islamischer Mehrheit und anderen religiösen Minderheiten. Somit wurden für die religionsspezifischen Belange der anderen Gruppen die jeweiligen *Kirchenrechte* toleriert.

> „On the contrary, it was in the 19th century that the cultural and legal autonomy of non-Muslims communities reached its apogee within the administrative framework of the *millets*. By classifying citizens according to their religion and nominating members of the ecclesiastical hierarchies as their official representatives, this system strengthened the feeling of solidarity within, and divisions between, different communities." (Krämer 1998: 37)

Erst im Zuge nationalstaatlicher Transformationen Anfang des 20. Jahrhunderts wuchsen auch in Ägypten die Forderungen nach bürgerlichen Rechten, was aber keinesfalls zu einer Homogenisierung des Rechtswesen im Sinne einer allgemeinen Säkularisierung führte, sondern vielmehr zu einem komplexen System zwischen den bestehenden religiösen Rechten und dem neu entstehenden staatlichen bzw. bürgerlichen Rechtswesen (s. Benda-Beckmann und Benda-Beckmann 2007). Insofern bestimmt die Spannung zwischen verschieden Interessensgruppen in Ägypten die Situation bis heute: Die Versuche einiger islamischer Strömungen, eine religiöse Vereinnahmung des Staatswesen zu betreiben, sind durchaus erfolgreich und stehen in Opposition zu anderen Strömungen, die eine friedliche Koexistenz der verschiedenen Religionen in einem Nationalstaat anstreben, der primär nach säkularen Prinzipien organisiert sein sollte. Seit der Unabhängigkeit Ägyptens im Jahr 1922 ist es der koptisch-orthodoxen Kirche aber immer gelungen, mit den machthabenden Regimen einen staatlich geschützten Status auszuhandeln, allerdings ohne rechtliche Grundlagen, sondern auf der historischen

Basis des *millet*-Systems (s. o.), und somit die Dominanz des Islam und letztlich auch die Gesetze der Scharia nicht anzutasten. Angesichts der Zunahme der islamisch-fundamentalistischen Strömungen seit den 1990er Jahren, auch in den staatstragenden Institutionen, haben sich die Lebensbedingungen von Kopten zunehmend verschlechtert: Ihre Situation ist von strukturellen Diskriminierungen u. a. im Bildungswesen und auf dem Arbeitsmarkt geprägt (Ibrahim 1996); beim Neubau von Kirchen kommt es immer wieder zum Konflikt, weil dieser von islamischer Seite als potenzielle Expansion der christlichen Religion ausgelegt werden kann und notwendige zivilrechtliche Regelungen ausgebremst werden (Jacobs 2010, BAMF 2012: 19). Neben diesen strukturellen Mechanismen der Benachteiligung kommt es zu sozialen Meidungsstrategien im Alltag oder zu organisierten Mord- und Terroranschlägen auf Mitglieder der koptisch-orthodoxen Kirche, oftmals an den Stätten ihrer Religionsausübung. Diese Mischung von konkreten Erfahrungen der Diskriminierung sowie der strukturellen Marginalisierung in der vom Islam dominierten Gesellschaft motiviert immer mehr Kopten auszuwandern. Obwohl sie in Regionen Oberägyptens und in den urbanen Ballungszentren Kairo und Alexandria nach wie vor zur fest verankerten Bevölkerung gehören, bilden ägyptisch-orthodoxe Christen insgesamt nur noch 10 bis 12 Prozent der Gesamtbevölkerung.[7]

Während in früheren Jahrhunderten die Strategie der regionalen Emigration, etwa in den Nord-Sudan oder in den Mittleren Osten, dominierte, wurde es im 20. Jahrhundert immer attraktiver, im Rahmen von Arbeits- oder Bildungsmigration in die westliche Hemisphäre aufzubrechen: Insgesamt schätzt man, dass ein bis zwei Millionen bereits in die USA, nach Kanada, nach Australien oder in europäische Länder emigriert sind (Meinardus 2003: 104, BAMF 2012: 20).[8] Diese Strategie, durch transnationale Auswanderung der Stigmatisierung als Minderheit in Ägypten zu entgehen, ist historisch betrachtet die jüngere. Angesichts der Jahrtausende überdauernden Erfahrungen von weltlicher oder religiöser Fremdherrschaft haben koptisch-orthodoxe Christen spezifische Strategien zur Sicherung des Eigenen ausgebildet:

Eine defensive Haltung nach außen und die konsequente Konzentration auf das Eigene zeigt sich unter anderem an ihrer Kultur des Mönchstums, das als ältestes der Welt gilt, was durch zahlreich erhaltene und nach wie vor vitale Wüstenklöster in Ägypten repräsentiert wird.

---

7 Die Zahlenangaben schwanken je nach Quelle: Staatliche Angaben neigen zur Minderung, koptische Angaben zur Erhöhung der Zahlen.

8 In Österreich (Riedl 2009) und Deutschland (Müller 2008) berichtet man von Diaspora-Communities in der Größe von je ca. 6000 Personen, in der Schweiz von ca. 1000 Personen (Schweizer Zensus im Jahr 2000 n. Burnand 2004).

In diesem Zusammenhang ist auch die Kultivierung einer eigenen Sprache, des Koptischen, zu nennen, die verschiedenen Restriktionen unterzogen wurde. Dennoch ist es der koptischen Kirche, also vor allem dem Klerus, gelungen, Koptisch als Liturgiesprache neben dem Arabischen aufrechtzuerhalten; und es werden in Ägypten wie in der Diaspora große Anstrengungen unternommen, das Koptische im Sinne eines Alleinstellungsmerkmals auch an die junge Generation zu vermitteln.

Um den demografischen Bestand der eigenen Religion zu sichern, war unter anderem die Einrichtung des *geteilten* Zölibats zentral – eine Zölibats-Regel, die nur für geweihte Mönche, Bischöfe und den koptischen Papst gilt. Eine Erklärung mir gegenüber lautete, dass im Falle des Exodus von Mönchen durch Überfälle in ihren Klöstern auf diese Weise mindestens das Überleben von Gemeinde-*Priestern* gesichert wurde. Ihnen sind Familiengründungen erlaubt bzw. wird dies sogar von ihnen erwartet, damit auch ein Teil des Klerus zur Reproduktion der eigenen Gruppe beitragen kann.

Für alle Mitglieder der Koptischen Kirche gilt das Befolgen negativer Allianzregeln, also Ehen möglichst nur zwischen koptischen Frauen und koptischen Männern zu schließen, um sich vor der Vermischung mit Angehörigen fremder Religionen zu schützen[9] – so wird es über das koptische Eherecht tradiert, das auf Quellen aus dem 13. Jahrhundert zurückgeht[10] und bis heute für Fragen des Personenstands gilt:

> „Die Eheschließung in der koptisch-orthodoxen Kirche ist nur zwischen orthodoxen Christen möglich." (Art. 24 des Personalstatuts der Orthodoxen Kopten nach Bergmann, Ferid und Henrich 2008: 90)

Das Festhalten an diesem Gebot bis heute, das in das biblische Verbot von vorehelicher Sexualität eingebettet wird, wurde mir von jungen Koptinnen und Kopten in der Schweiz damit erklärt, dass durch eine erhöhte elterliche Kontrolle über die Sexualität heranwachsender Mädchen und junger Frauen die Wahl geeigneter, möglichst koptischer Heiratspartner forciert werde (Weißköppel 2011).

Auch wenn insbesondere in der Diaspora-Situation, also in überwiegend christlich dominierten Einwanderungsländern, durchaus Heiratspartner aus ande-

---

9   V.a. gegenüber Häretikern, Juden, Heiden, sowie Muslimen; s. Bergmann/Ferid (1989: 10-11, S. 12 Fußnote 70): „Vollständig abgelehnt werden bei allen orthodoxen Kirchen Ehen mit Mohammedanern. Eine religiöse Trauung solcher Ehen ist in den vorderorientalischen Ländern kaum möglich."

10   Nach Bergmann und Ferid (1989: 2) geht der Text auf die Nomocanonessammlung des Safi Ibn El-Assal (1239 n. Christus) zurück; ins Italienische übersetzt von Ignazio Guidi: Il „Fetha Nagast" o Canoni die Re (Rom 1899).

ren christlichen Konfessionen zugelassen werden (Bergmann und Ferid 1989: 11), sind es meist die *nicht-koptischen* Partnerinnen und Partner, die zur Konversion zur koptisch-orthodoxen Kirche aufgefordert werden, da den Kopten selbst keine Konversion erlaubt ist. Dieses Prinzip, eine möglichst endogame Allianzbildung unter Koptinnen und Kopten zu betreiben und somit eine *genealogische* Reproduktion von Mitgliedern zu forcieren, scheint mir angesichts moderner Prinzipien der *freien* Wahl bzw. Mitgliedschaft von Religion bedenkenswert, so dass ich diesen Punkt im Folgenden vertiefe.

3. Genealogische Reproduktion von religiöser Mitgliedschaft

Die Zugehörigkeit zu einer Religion wird in zahlreichen Gruppen per Geburt, also durch die religiöse Zugehörigkeit der Eltern geregelt, so auch in der koptisch-orthodoxen Kirche. Dennoch bedarf es der expliziten, eben rituell-religiösen Bekräftigung dieser Mitgliedschaft durch das Sakrament der Taufe (s. Alfejev 2003: 152f.), das bei den Kopten möglichst innerhalb der ersten vier Lebensmonate eines Neugeborenen vollzogen werden sollte, damit das lebenslange Bündnis mit der Gemeinschaft Jesu Christi besiegelt wird, somit auch die Mitgliedschaft in der koptisch-orthodoxen Kirche mit all ihren Rechten und Pflichten. Durch die Prozesse von Modernisierung und Säkularisierung in Nationalstaaten sind diese beiden Prinzipien religiöser Zugehörigkeit, das genealogische sowie das aktiv-bekennende, auseinander gefallen, indem im Zuge des Rechts auf Religionsfreiheit jedem erwachsenen Menschen die bewusste Wahl einer Religion freigestellt sein sollte. Das bedeutet in säkularisierten Gesellschaften nicht nur das Recht auf prinzipiellen *Wechsel* zu einer anderen Religion (nach der Volljährigkeit), sondern auch das Recht auf Austritt. Die Bemühungen vieler christlicher Kirchen richten sich daher gerade auf die Strategie, die formale, oftmals durch Geburt hergestellte und übernommene Mitgliedschaft gar nicht zu thematisieren, dafür aber umso mehr neue inhaltliche Angebote zu machen, um ihre Mitglieder in der eigenen Organisation zu halten.

Bei den Kopten in der Diaspora zeigte sich hingegen, dass verstärkt auf die Strategie der genealogischen Rekrutierung gesetzt wird: Durch das wiederholte Rezitieren eines Satzes des damaligen koptischen Papstes Shenouda, dem III., dass „keine Kirche ohne Jugend" auskomme, wurde zum Beispiel weniger an das jugendliche Potenzial zur inneren Erneuerung appelliert (Reiss 1998), wie sich nach meiner ethnografischen Analyse herausstellte. Es ging mehr um das zu vermittelnde Bewusstsein in den nachfolgenden Generationen, die jungen Mitglieder in ein *Loyalitätsverhältnis* zur koptisch-orthodoxen Kirche Ägyptens zu bringen.

Denn angesichts der quantitativ kleinen Diaspora-Gemeinden, die ich etwa in der Schweiz kennenlernte, leuchtete es sofort ein, dass insbesondere in der transnationalen Verstreuung die Frage der Reproduktion keine selbstverständliche ist, sondern eine Frage des *Überlebens*: Wenn es den Emigranten der ersten Generation nicht gelingt, die spezifische Religion aus der Herkunftsgesellschaft an folgende Generationen in der Migration weiterzugeben, besteht die Gefahr eines quantitativen Verlusts an Gläubigen – und dies insbesondere in Einwanderungsländern, in denen *andere* christliche Kirchen präsent sind, zu denen junge Kopten durchaus abwandern, wenn das Angebot attraktiver erscheint und/oder weil ein Elternteil einer anderen Konfession im Spektrum des Christentums angehört.

Durch diese Gefahr des Verlusts an *human resources* entfaltete der Satz „keine Kirche ohne Jugend" seine besondere Relevanz in der Diaspora, wo die kirchlichen Autoritäten ihren Gemeinden ins Bewusstsein riefen, dass neben der formalen Mitgliedschaft weitere Aktivitäten zu entwickeln sind, um die junge Generation dabei zu behalten, etwa durch die Organisation von „Sonntagsschulen" und durch kirchliche Freizeitgestaltung. In Verbindung mit der strengen Allianzpolitik der Kopten, die insbesondere in Ägypten augenfällig wurde durch das Tabu, keine Muslime zu heiraten, realisierte ich, dass es sich primär um eine *demografische* Überlebensstrategie einer religiösen Minderheit handelt, die sich historisch wie gegenwärtig in einem Umfeld anderer, potenziell rivalisierender Religionen und Bevölkerungsgruppen behaupten muss(te).

4. Zwischenbilanz zur ethnoreligiösen Identitätskonstruktion

Insgesamt wird deutlich, dass es sich bei der Identitätskonstruktion der koptisch-orthodoxen Christen um die *Kombination* von ethnischen, sozialen und religiösen Ressourcen handelt: die Herstellung von Gemeinsamkeit durch Abstammung und einen geteilten Herkunftsmythos, entsprechende Endogamie-Gebote, um diese Abstammungslinie als „reine" zu erhalten, eine spezifische Sprache und eine spezifisch religiöse Ritual-Praxis, die zur Distinktion von anderen religiösen Gruppen beiträgt, aber auch zu alltagskulturellen Differenzen[11] und ökonomischer Nischenbildung[12]. Im Sinne dieser Distinktion distanzieren sich viele Kopten auch

---

11   Hier ist an die visuelle Kultur der Ikonen und Ikonenbilder zu denken, aber auch an spezifische Kleidungsregeln (etwa keine Verschleierung der Frauen im Alltag) oder Nahrungstabus (spezifische Fastengebote der Kopten).

12   Wie etwa die Schweinezucht von Kopten, die mit den Müllsammlern in den Vorstädten Kairos kooperieren; aber auch der Handel mit Alkohol liegt in koptischer Hand, da dieser Muslimen verboten ist.

explizit von einer *arabischen* Abstammung, die (nicht nur) für Muslime in Ägypten als ethnische Zugehörigkeit angenommen wird (vgl. Winkel 2009: 50-53).

Solche Formen der Kombination von *ethnischen und religiösen* Ressourcen sind für Ethnizitätsforscher nichts Neues. Baumann (1999) hat es auf die Formel „Religion als Kultur" gebracht, ich spreche in meiner Habilitation von der „Vermischung und Verwischung" zwischen Ethnizität und Religion (Weißköppel 2010, s. Lauser und Weißköppel 2008), die insbesondere im Kontext von kulturell *pluralen* Nationalgesellschaften von besonderer Wirkung sein kann, um Mehr- und Minderheitskonstellationen zu variieren oder herauszufordern. Denn an dieser Kopplung zeigt sich ein durchaus verbreiteter Typus von Religion, der die sozial und kulturell *hergestellte* Mitgliedschaft verschleiert, indem durch Prinzipien der genealogisch vermittelten Zugehörigkeit eine Essentialisierung von religiöser Identität im Sinne eines tradierten *Erbes* betrieben wird. Unsere Aufgabe als Religions- und Kulturanalytiker bestehe darin, solche Formen der Essentialisierung nicht unkritisch zu reproduzieren, sondern analytisch zu dekonstruieren, fordert Sökefeld (2007). Mit diesem Plädoyer folgt er implizit einem modernen Verständnis von Religionszugehörigkeit, wie ich es oben bereits ausgeführt habe.

Am Beispiel der interreligiösen Problemlagen Ägyptens wird aber augenfällig, dass dieses moderne Religionsverständnis – im Sinne einer *Entkopplung* der ethnischen von den religiösen Anteilen – schnell an Grenzen stößt, nämlich dann, wenn es um den *demografischen Bestand* einer religiösen Gruppe geht. Genau deshalb hat sich für die koptisch-orthodoxe Kirche historisch die Kopplung ethnischer und sozialer Inklusionsmechanismen bewährt und spielt bis heute die Frage der genealogischen Sicherung von Nachwuchs eine elementare Rolle, auch wenn damit potenziell Konfliktsituationen geschürt werden. Im folgenden zweiten Teil werde ich daher auf den Kirchenbrand von Imbaba im Mai 2011 eingehen, um zu analysieren, von welcher Bedeutung im gegenwärtigen Ägypten diese genealogisch-ethnische Komponente der religiösen Identitätskonstruktion ist, und zwar *sowohl* für koptisch-orthodoxe Christen *als auch* für Muslime: nämlich im Sinne einer vitalen Grenz*ziehung* zwischen zwei gesellschaftlich relevanten Gruppen, die permanenter Versicherung bedarf gerade auch durch Ereignisse der Grenz*überschreitung*.

5. Der prototypische Krisenfall: Grenzüberschreitung durch Konversion bzw. interkonfessionelle Heirat

Nach den Umwälzungen der Revolution war die Stimmung im März 2011 unter den Kopten meiner Forschungsgemeinde gemischt: Einerseits herrschte nach wie vor Euphorie über die erfahrene Solidarität zwischen Muslimen und Christen im Sinne eines verwirklichten Patriotismus unter Ägypterinnen und Ägypter, der in der Ära „Mubarak" den meisten abhanden gekommen war. Und man war optimistisch, dass sich auf dieser Basis weitere Projekte der lokalen Kooperation zwischen koptischen und muslimischen Gemeinden entwickeln lassen würden.

Andererseits mehrten sich gewalttätige Zwischenfälle zwischen Kopten und Muslimen: Es kam zu Scharmützeln zwischen der ägyptischen Armee und den koptischen Klöstern etwa im Wadi Natrun. Die mutwillige Zerstörung der koptischen Kirche bei Helwuan, einer Vorstadt Kairos, gab Anlass für diverse Spekulationen über eine mögliche Vereinnahmung der Revolution durch fundamentalistische Kräfte des Islam. Oder es kursierten Horror-Geschichten über salafistische Selbstjustiz, dass zum Beispiel einem koptischen Mann in Oberägypten, dem ein Verhältnis mit einer Muslima unterstellt wurde, die Ohren abgehackt wurden, wie es die Scharia für diese Fälle verlange. Und auch in meiner Gemeinde kriselte es: Mitte März war plötzlich der Zugang zur Kirche durch einen Panzer bewacht. Das sei nur präventiver Schutz, hieß es. Aber von einem der leitenden Priester erfuhr ich, dass eine konversionswillige junge Muslima den Stadtteil aufgewirbelt hatte. Ihre muslimische Familie, vor allem die männlichen Vertreter, erschien aufgebracht in der Kirche und stellte die Priester zur Rede, die den Fall aber bagatellisierten: Es handele sich um adoleszente Phantasien einer jungen Frau, die koptische Freundinnen hatte; aber von Konversionsgesuchen könne keine Rede sein. Auf diesem Wege konnte diese Krise im Stadtteil deeskaliert werden.

Allerdings hörte ich nach diesem Fall genauer hin, wenn mir weitere Konversionsdramen berichtet wurden, die oft mit dem Heiratswunsch zwischen Muslimen und Koptinnen zusammenhingen, zumal seit Sommer 2010 ein spektakulärer Fall durch die Medien ging: Eine mit einem koptischen Priester verheiratete Frau, Camelia, wollte zum Islam konvertieren, um auf diesem Wege die Scheidung von ihrem Mann zu erzwingen; auf mysteriöse Weise wurde sie entführt und es kursierte das Gerücht, sie sei in einem koptischen Kloster festgesetzt worden (vgl. Mahmood 2012: 55). Es wurde deutlich, dass hier erstens das Gebot beider Religionen, *nicht zu konvertieren*, und zweitens das Gebot, *keine* Heiratspartner aus der je anderen Religion zu wählen, provoziert wurde. Das strikte Scheidungsrecht der koptischen Kirche stand bei diesen massenmedial ausgestrahlten Gerüchten ebenfalls zur Diskussion, da die genannte Priesterfrau es durch den

Umweg einer Konversion zum Islam umgehen wollte. Die Analysen der Anthropologin Abu-Lughod (2005: 176-179) über die Bedeutung des Fernsehens für nationale Identitätspolitik in Ägypten bestätigen, dass die Thematisierung des Verhältnisses zwischen Kopten und Muslimen in Filmen oder Vorabendserien gerne für die Provokation religiöser Tabus genutzt wird und entsprechend gesellschaftliche Kontroversen lostritt.

Interessanterweise tauchte am 7./8. Mai 2011 nach dem Kirchenbrand in Imbaba (Kairo) ein ganz ähnliches Erzählmuster auf, das auch in der weltweiten Medienberichterstattung als Ursachenklärung für den Kirchenbrand und den Tumult im Stadtteil diente: Anlass für die gewaltvollen Unruhen sei eine Christin gewesen, die aus Heiratsambitionen mit einem Muslim zum Islam konvertiert sei und deshalb von Priestern in ihrer Kirche festgehalten worden sei. Das habe radikale Muslime veranlasst, die christlich-orthodoxe Kirche mit Gewalt dazu zu bringen, die Frau freizulassen. Alle mir in Deutschland zugänglichen Medienberichte[13] wiesen aber auch darauf hin, dass diese Erklärung auf *Gerüchten* beruhe. Wie konnte es sein, dass durch ein *Gerücht* über eine *einzelne* Konvertitin vom Christentum zum Islam eine ganze Kirche brannte? Warum birgt der Wechsel eines Individuums von der einen zur anderen Religion ein derart explosives Potenzial, von dem sich im aktuellen Ägypten Massen aktivieren ließen, auf der Straße gegen die jeweils andere Gruppe zu kämpfen?

Hier wird für ein klärendes Verständnis die Kopplung religiöser Zugehörigkeit mit *ethnisch-genealogischen Prinzipien* relevant, wie ich sie im ersten Teil für die koptische Identitätskonstruktion erläutert habe. Denn dieses Prinzip der Kopplung beanspruchen in Ägypten beide Religionen. Und die historisch wie gegenwärtig gut etablierte *Grenzziehung* zwischen Muslimen und Christen wird gerade am wunden Punkt, durch vorkommende *Grenzüberschreitung*, herausgefordert, zum Beispiel durch den Heiratswunsch zwischen einzelnen Muslimen/-innen und Christen/-innen.

Die Grenzüberschreitung zwischen den Religionen im Kontext von Allianzbildung, also im Zuge von Heiratsbeziehungen, ist für beide Seiten prinzipiell ein „rotes Tuch" (vgl. Jacobs 2010: 164), weil damit eine Vermischungskultur verbunden wäre, die die eigene Gemeinschaftsbildung und -reproduktion bedroht, da diese gerade durch Formen des generalisierten Ausschlusses reguliert wird.

Das Interessante und für uns Europäer Befremdliche ist, dass in Ägypten für diese Fragen des Personenstands- und Familienrechts die sogenannte „religi-

---

13 U.a. beziehe ich mich auf folgende Medien-Quellen: BBC online (9.5.2011): „Egypt PM in urgent talks over Muslim-Christian clashes"; Aljazeera.net (8.5.2011): „Scores held in Egypt after sectarian clashes"; Thumann in: Die Zeit (12.5.2011): „Feuer für den Propheten"; Taz.de (15.5.2011): „Gewalt zwischen Muslimen und Christen"; s.a. BAMF (2012: 17).

öse Rechtsspaltung" (Bergmann, Ferid und Henrich 2008: 21) gilt. Das heisst, es gibt *kein* ziviles Personenstandsrecht, sondern für diese elementaren Fragen der Eheschließung ist ausschließlich das jeweilige *religiöse Recht* zuständig, also für koptische Christen das *koptische Kirchenrecht* und für Muslime die *Scharia*. Trotz der in der ägyptischen Verfassung reklamierten Religionsfreiheit haben hier beide Religionen die Rechtshoheit über ihre Mitglieder, und beide Rechtsordnungen sehen weder eine interkonfessionelle Heirat vor noch unterstützen sie die Konversion, um eine ordnungsgemäße Heirat nach jeweiliger religiöser Rechtsordnung zu ermöglichen (Jacobs 2010: 165).

Aus rechtsanthropologischer Perspektive ist somit eine Kollision der religiösen Rechte festzustellen, so dass für den Fall interkonfessioneller Allianz ein Rechtsvakuum bzw. eine sogenannte „gap" herrscht (Benda-Beckmann und Benda-Beckmann 2007: 15f.; Benda-Beckmann 2007: 195f.). Denn nicht nur in der Gerüchteküche der Medien, sondern auch im alltäglichen Leben kommen diese interkonfessionellen Partnerschaften durchaus vor. Im Kontext von Sorgerechtsstreitigkeiten der Familiengerichte lässt sich folglich erschließen (Jacobs 2010: 166-167), welche Regelungen für die Nachkommenschaft aus solchen interkonfessionellen Beziehungen gelten:

- Liiert sich ein Muslim mit einer Christin, so gelten ihre Kinder *automatisch als Muslime*, ob sie zum Islam konvertiert oder nicht.

- Liiert sich ein Christ mit einer Muslima, gelten potenzielle Kinder weiterhin als Muslime, es sei denn, die Frau konvertiert: Konvertiert die Frau zum Christentum, gelten die Kinder als Christen; konvertiert der Mann zum Islam, gelten die Kinder selbstverständlich als Muslime.

Hier wird nun deutlich, dass das potenzielle Rechtsvakuum zwischen den religiösen Rechten durch die Priorisierung der Scharia als Hauptquelle des Rechts (seit 1972) gefüllt wird, weil die dominante Religion Islam prinzipiell Anspruch auf alle Nachkommen aus interkonfessionellen Beziehungen erhebt (s. a. BAMF 2012: 19).

An diesen Regeln zur Nachkommenschaft spiegelt sich aber auch die *patriarchale Logik* beider Religionen, dass durch die Ehe vom Mann Rechte an der Frau und ihren Nachkommen erworben werden und diese nach der Religion des Vaters erzogen werden.

Somit wird wiederum die Logik der *reproduktiven Sicherung* der eigenen Religionsgemeinschaft im Sinne einer *ethnischen Überformung* offenbar: Kinder gelten als jeweilige Ressource der religiösen Nachkommenschaft, und die potenzielle Konversion einer Frau zur anderen Religion bedeutet nicht nur den Verlust eines Mitglieds, sondern auch den Verlust potenzieller Nachkommen für die eigene Religion bzw. Gruppe.

Angesichts des demografischen Verhältnisses zwischen Muslimen und Kopten in Ägypten, also ca. neunzig zu zehn Prozent, erhält dieser Sachverhalt insbesondere für die koptisch-orthodoxe Kirche eine existenzielle Dimension. Es wird nachvollziehbar, warum sie sich nach wie vor durch eine strikt endogame Allianzpolitik vor dem Konversionsdruck schützen will, der potenziell von der muslimischen Mehrheit ausgeht.

6. Konklusion

Abschließend ist zunächst festzuhalten, dass in dieser Frage der interkonfessionellen Allianzbeziehungen beide Religionen ein klares Interesse vertreten, ihre Grenzziehung zu verstärken, statt für potenzielle Grenzüberschreitung zu öffnen. Mit den Begriffen von Alba (2005: 20f.) geht es darum, „bright boundaries" als diese zu verteidigen und gegenüber Tendenzen der Verwischung („blurred boundaries") zu sichern.

Gesellschaftliche Vorstellungen von „klaren" bzw. „reinen" Ordnungsprinzipien (s. o. Douglas 1988) manifestieren sich aber nicht nur an Rechtsordnungen. Im Rahmen der jeweiligen religiösen Moral werden sie theologisch-symbolisch verankert und von den Einzelnen verinnerlicht, so dass sie gerade auch in der *alltäglichen* Kommunikation, also durch „Klatsch und Tratsch", lebendig gehalten und für bestehende Machtbeziehungen genutzt werden. So formulieren Vertreterinnen und Vertreter des narrativen Paradigmas:

> „Die gemeinsame narrative Struktur organisiere die Erfahrung der Einzelnen und versehe sie mit sozialer Bedeutung, das mache nicht nur einige Dinge erzählbar und andere im Gegensatz dazu nicht, sondern versehe bestimmte Narrative auch mit Macht, während andere diskreditiert würden." (Feischmidt 2007: 63)

Insofern reichten *Gerüchte* über eine Konvertitin, um diese narrative Struktur der verstärkenden Grenzziehung im gesamten Stadtteil zu mobilisieren, was im gegenwärtigen Ägypten oft dazu führt, die „Muskeln" zwischen Muslimen und Kopten spielen zu lassen: Eine koptische Christin, die aus Heiratsmotiven zum Islam konvertieren wollte, erfuhr in Imbaba die Solidarisierung von der dominanten Gruppe – und die Minderheit, Mitglieder der koptischen Kirche, wurde öffentlich an den Pranger gestellt, sie unterbinde diesen Wechsel mit gewaltvollen Mitteln. Und schon „brannte", leider nicht nur symbolisch, eine Kirche und ein gesamter Stadtteil.

Übergreifend wird somit die Relevanz dieser religiösen Differenzlinie im Sinne einer strikten Trennung zweier konstituierender Gruppen der ägyptischen Nation deutlich: Es geht nicht nur um verschiedene Glaubenspraxen, sondern in den Worten von Abu-Lughod um das Konzept von „religions as national subcultures" (2005: 179). Diese zwei relevanten, religiösen Subkulturen der ägyptischen Nation konkurrieren potenziell um Ressourcen der gesellschaftlichen Anerkennung, Partizipation und Repräsentation, sei es auf rechtlicher, struktureller und symbolischer Ebene oder aber auf zwischenmenschlicher und alltagskultureller Ebene.

Angesichts der aktuellen Situation von erhöhtem Transformationsdruck, der unter anderem auf striktere Homogenisierung der koexistierenden Rechtssysteme in Ägypten drängt, scheint diese identitätspolitische Haltung beider Gruppen fatal: Statt gemeinsam für tolerante Lösungen der Koexistenz zu kämpfen, das heißt, sich für ein ziviles Eherecht einzusetzen, das Zwischenheirat legalisieren würde ohne die Religionszugehörigkeit anzutasten, wurde in der postrevolutionären Phase eher das „mörderische" Potenzial (Maalouf 2000) exklusiver und polarisierter Identitätsmechanismen freigesetzt. Der Rückgriff auf den historischen Sicherungsmechanismus, sich vor Vermischung mit Angehörigen fremder Religionen durch eine endogame Heiratspolitik zu schützen[14], führt für die Kopten tendenziell zu weiterer sozialer Separation, somit auch zu gesamtgesellschaftlicher Isolation; und er nährt den Boden für zwischenmenschliche Konfliktherde, die im Falle der Eskalation oftmals tragisch für die „Schwächeren", also für die koptische Minderheit, ausgehen.

Insofern zeigt das Beispiel der aktuellen Situation der koptisch-orthodoxen Christen in Ägypten, dass das Festhalten an altbewährten, moralisch-religiös abgesicherten Regeln im Sinne einer *kulturellen Resistenz* gegenüber sich aufdrängenden Transformationen im Kontext von Modernisierung und Säkularisierung langfristig zu einer „Falle" werden kann und nicht unbedingt zum Selbsterhalt beitragen wird. Dennoch sehen viele Koptinnen und Kopten in solch einer dis-

---

14   Interessanterweise führt Mahmood (2012) diese distinkten Heiratspolitiken im Rahmen *religiöser* Ehe- und Familienrechte nicht auf Traditionsbewusstsein, sondern bereits auf Effekte von Säkularisierungsprozessen im 20. Jahrhundert zurück: Die Ausgliederung der Personenstandsfragen aus dem staatlichen Recht spiegele eine scharfe Trennung des Öffentlichen und Privaten, wie sie gerade durch Säkularisierungsideen angestrebt worden sei (vgl. Asad 2003); in Ägypten seien somit alle „privaten" Fragen der Regelung von familiär-verwandtschaftlichen, somit auch intimen und sexuellen Beziehungen den Religionen zugewiesen bzw. von diesen auch als Macht- und Kontrollpotenzial angeeignet worden (s. a. Engelcke 2012) – nicht nur mit fatalen Konsequenzen für das Individuum, sondern auch für den Umgang mit kultureller Pluralität und potenzieller Vermischung in einer komplex strukturierten Nationalgesellschaft.

tinkten Identitätspolitik nach wie vor den Schlüssel ihres jahrtausendealten Überlebens im Kontext einer muslimischen Mehrheitsgesellschaft.

Literatur

Abu-Lughod, L. (1991): Writing against Culture. In: Fox, R. G. (Hrsg.): Recapturing Anthropology. Working in the Present. School of American Research Press, Santa Fe, New Mexico, S. 137-162.

Abu-Lughod, L. (2005): Dramas of Nationhood. The Politics of Television in Egypt. University of Chicago Press, Chicago, London.

Alba, R. (2005): Bright vs. blurred boundaries: Second-generation assimilation and exclusion in France, Germany, and the United States. In: Ethnic and Racial Studies 28(1): 20-49.

Alfejev, H. (2003): Geheimnis des Glaubens. Einführung in die orthodoxe dogmatische Theologie. Universitätsverlag Freiburg Schweiz, Freiburg.

Aljazeera (8.5.2011): Scores held in Egypt after sectarian clashes. At least 230 people injured in violence between Muslims and Christians that has left 12 people dead in Cairo. http://www.aljazeera.com/news/middleeast/2011/05/201157222446186609.html. Zugegriffen: 18. Januar 2013.

Asad, T. (2003): Formations of the Secular. Christianity, Islam, Modernity. Stanford University Press, Stanford, California.

Aziz, E. (2008): Het Ka Pthan. Die Kopten. St. Mina Kirche in München, München.

BAMF (2012): Ägypten. Die Koptische-Orthodoxe Kirche. Reihe „Blickpunkt" des Bundesamts für Migration und Flüchtlinge: Analyse islamischer Herkunftsländer, Nürnberg.

Barth, F. (Hrsg.) (1969): Ethnic groups and boundaries. The social organization of culture difference. Universitetsforlaget, Allan & Unwin, Bergen, London.

Baumann, G. (1999): The multicultural riddle. Rethinking national, ethnic, and religious identities. Routledge, New York, London.

BBC (9.5.2011): Egypt PM in urgent talks over Muslim-Christian clashes. http://www.coptsunited.com/Details.php?I=429&A=3594. Zugegriffen: 18. Januar 2013.

Benda-Beckmann, v. F. (2007): Unterwerfung oder Distanz: Rechtssoziologie, Rechtsanthropologie und Rechtspluralismus aus rechtsanthropologischer Sicht. In: Benda-Beckmann, v. F./Benda-Beckmann, v. K. (Hrsg.): Gesellschaftliche Wirkung von Recht. Rechtsethnologische Perspektiven. Dietrich Reimer Verlag, Berlin, S. 177-202.

Benda-Beckmann, v. F./Benda-Beckmann, v. K. (2007): Einleitung. In: Benda-Beckmann, v. F./Benda-Beckmann, v. K. (Hrsg.): Gesellschaftliche Wirkung von Recht. Rechtsethnologische Perspektiven. Dietrich Reimer Verlag, Berlin, S. 7-19.

Bergmann, A./Ferid, M. (1989): Internationales Ehe- und Kindschaftsrecht. Verlag für Standesamtswesen, Frankfurt a. M.

Bergmann, A./Ferid, M./Henrich, D. (2008): Internationales Ehe- und Kindschaftsrecht. Verlag für Standesamtswesen, Frankfurt a. M., Berlin.

Bhabha, H. K. (1996): Postkoloniale Kritik. Vom Überleben der Kultur. In: Das Argument. Zeitschrift für Philosophie und Sozialwissenschaften 215: 345-360.

Borneman, J. (2004): Introduction: Theorizing Regime Ends. In: Borneman, J. (Hrsg.): Death of the Father. An Anthropology of the End in Political Authority. Berghahn Books, New York, Oxford, S. 1-32.

Brakmann, H. (1994): Die Kopten – Kirche Christi in Ägypten. Ihre Geschichte und Liturgie. In: Brakmann, H./Gerhards, A. (Hrgs.): Die koptische Kirche. Kohlhammer, Stuttgart, Berlin, Köln, S. 9-27.

Büchs, A. (2012): Wahlsieg der Islamisten in Ägypten: Der Aufstieg der Muslimbrüder und der Salafisten. In: GIGA Focus 1: 1-7. http://www.giga-hamburg.de/giga-focus/nahost. Zugegriffen: 15. Juli 2012.

Burnand, F. (2004): Orthodox Copts open church in Switzerland. www.swissinfo.org/eng/swiaainfo.html?sitesect=105&sid=5090250. Zugegriffen: 18. Januar 2013.

Douglas, M. (1988): Reinheit und Gefährdung. Eine Studie zu Vorstellungen von Verunreinigung und Tabu. Suhrkamp, Frankfurt a. M.

Engelcke, D. (2012): Konflikte des Familienrechts in Marokko und Ägypten. In: GIGA Focus 5: 1-8. http://www.giga-hamburg.de/giga-focus/nahost. Zugegriffen: 25. Juli 2012.

Feischmidt, M. (2007): Ethnizität – Perspektiven und Konzepte der ethnologischen Forschung. In: Schmidt-Lauber, B. (Hrsg.): Ethnizität und Migration. Reimer, Berlin, S. 51-68.

Freitag, U./von Oppen, A. (2010): Introduction: „Translocality": An Approach to Connection and Transfer in Area Studies. In: Freitag, U./von Oppen, A. (Hrsg.): Translocality. The Study of Globalising Processes from a Southern Perspective. Brill, Leiden, Boston, S. 1-21.

Gabra, G./Eaton-Krauss, M. (2007): The Illustrated Guide to the Coptic Museum and Churches of Old Cairo. The American University in Cairo Press, Cairo, New York.

Girgis, S. F. (2004): Die Geschichte der koptisch-orthodoxen Kirche in der Schweiz. www.coptic-churches.ch/Geschichte_Deutsch_Schweiz/GeschichteSchweiz.htm. Zugegriffen 18. Januar 2013.

Ibrahim, F. N. (1996): Ägypten. Eine geographische Landeskunde. Wissenschaftliche Buchgesellschaft, Darmstadt.

Ibrahim, F. N. (2001): Ägypten. In: Mabe, J. E. (Hrsg.): Das Afrika- Lexikon. Peter Hammer und Metzler, Wuppertal, Stuttgart, S. 15-18.

Jacobs, A. (2010): Die rechtliche und politische Situation der ägyptischen Christen. In: Wort und Antwort 51: 162 169.

Krämer, G. (1998): Dhimmi or Citizen? Muslim-Christian Relations in Egypt. In: Nielsen, J. S. (Hrsg.): The Christian-Muslim Frontier. I.B.Tauris Publishers, London, New York, S. 33-50.

Lauser, A./Weißköppel, C. (2008): Einleitung: die neue Aufmerksamkeit für Religion in der Migrations- und Transnationalismusforschung. Ein Plädoyer für die ethnografische Mikro- und Kontextanalyse. In: Lauser, A./Weißköppel C. (Hrsg.): Migration und religiöse Dynamik. Ethnologische Religionsforschung im transnationalen Kontext. Transcript, Bielefeld, S. 7-34.

Maalouf, A. (2000): Mörderische Identitäten. Suhrkamp, Frankfurt a. M.

Mahmood, S. (2012): Sectarian conflict and family law in contemporary Egypt. In: Special issue in American ethnologist. Journal of the American Ethnological Society, 39: 54-62. DOI: 10.1111/j.1548-1425.2011.01347.x. Zugegriffen: 30. Mai 2012.

Meinardus, O. F. A. (2003): Zu den „übernatürlichen" Begleiterscheinungen der zeitgenössischen koptischen Erneuerung. In: Tamcke, M. (Hrsg.): Koexistenz und Konfrontation. Lit.Verlag, Münster, S. 97-108.

Müller, C. P. (2008): Die Kopten von Brenkhausen. In: Frankfurter Allgemeine Zeitung am 11.08.2008.

Probst, P./Spittler, G. (2004): From an Anthropology of Astonishment to a Critique of Anthropology's Common Sense: An exploration of the Notion of Local Vitality in Africa. In: Probst, P./Spittler, G. (Hrsg.): Between Resistance and Expansion. Explorations of Local Vitality in Africa. Lit.Verlag Münster, S. 7-34.

Reiss, W. (1998): Erneuerung in der koptisch-orthodoxen Kirche. Die Geschichte der koptisch-orthodoxen Sonntagsschulbewegung und die Aufnahme ihrer Reformbewegung in den Erneuerungsbewegungen der koptisch-orthodoxen Kirche der Gegenwart. Lit. Verlag, Münster.

Riedl, C. (2009): Ägyptische Wurzeln, im Westen daheim: Junge Kopten zu Gast in Österreich. http:// religionv1.orf.at/projekt03/tvradio/orientierung/or_090906.htm#3. Zugegriffen: 18. Januar 2013.

Rosiny, S. (2011): Ein Jahr „Arabischer Frühling": Auslöser, Dynamiken und Perspektiven. In: GIGA Focus 12: 1-8. http://www.giga-hamburg.de/giga-focus/nahost. Zugegriffen: 15. Juni 2012.

Rosiny, S. (2012): Islamismus und die Krise der autoritären arabischen Regime. In: GIGA Focus 2: 1-8. http://www.giga-hamburg.de/giga-focus/nahost. Zugegriffen: 15. Juli 2012.

Safran, W. (1991): Diasporas in Modern Societies: Myths of Homeland and Return. In: Diaspora 1(1): 83-99.

Siliotti, A. (2007): Coptic Egypt. Egypt Pocket Guide. American University in Cairo Press, Cairo

Sökefeld, M. (2007): Problematische Begriffe: „Ethnizität", „Rasse", „Kultur", „Minderheit". In: Schmidt-Lauber, B. (Hrsg.): Ethnizität und Migration. Reimer, Berlin, S. 31-50.

Tadros, Y. M. (2010): Introduction to the Coptic Orthodox Church. Eigenverlag, Alexandria, St. Girgis.

Tamcke, M. (2008): Christen in der islamischen Welt. Von Mohammed bis zur Gegenwart. Beck, München.

Taz.de (2011): Erneut religiöse Unruhen in Ägypten. Gewalt zwischen Muslimen und Christen. http:// www.taz.de/!70741/. Zugegriffen: 18. Januar 2013.

Thumann, M. (2011): Feuer für den Propheten. Ägypten nach Mubarak: Wer sind die radikalen Muslime, die Kirchen anzünden? In: Die Zeit, 12.05.2011: S. 9.

Turner, V. (1967): The Forest of Symbols. Aspects of Ndembu Ritual. Cornell University Press, Ithaka, New York.

Turner, V. (1969): The ritual process. Structure and antistructure. Routledge, London.

Weißköppel, C. (2010): Transnationale Praxis im religiösen Kontext. Ethnografische Analysen unter Sudanesen in Deutschland. Unveröffentl. Habilitationsschrift, Universität Bremen.

Weißköppel, C. (2011): Die Kultur der Väter verstehen. Ethnoreligiöse Sozialisation von Jugendlichen im transnationalen Beziehungsgefüge der koptisch-orthodoxen Kirche in der Schweiz. In: Allenbach, B./Hummrich, M./Goel, U./Weißköppel, C. (Hrsg.): Jugend, Migration, Religion. Nomos, Baden Baden, S. 159-195.

Winkel, H. (2009): Geschlechtercodes und religiöse Praxis. Arabische Christinnen zwischen patriarchaler Leitkultur und Selbst-Autorisierung. Würzburg: Ergon.

Transformationen religiöser Kultur: Islam in transkultureller Perspektive

Gritt Klinkhammer

1. Einleitung

Längst als gesellschaftlich überwunden gedacht, ist der Islam erst zum Ende des 20. Jahrhunderts als religiös-kulturelle Kraft wieder neu entdeckt worden. Die neue öffentliche Wahrnehmung hatte unterschiedliche politische Umwälzungen und Ereignisse zur Ursache. Hier ist die iranische Revolution 1979, aber auch die Präsidentschaftswahl in den USA von 1980, die weiteren Nahostkonflikte um Israel und der Widerstand der Palästinenser zu nennen. Hatte sich bis dahin eine Sichtweise des ,Westens' auf die Moderne als weitgehender und vor allem irreversibel fortschreitender Prozess der Säkularisierung gesellschaftlicher Verhältnisse durchgesetzt, wurde nun die „Rückkehr der Religion" (Riesebrodt 1990/2000), insbesondere die des Islams als „politischer Faktor" (Antes 1991) öffentlich diskutiert und löste politisch nach 1990 über die Dichotomisierung der Weltordnung in einen ,jüdisch-christlichen Westen' und einen ,islamischen Osten' die Rhetorik des ,kalten Krieges' ab.

Parallel dazu etablierten sich wissenschaftliche Theorien im Westen, die von konfliktiven essentialistischen Unterschieden zwischen in sich nahezu homogenen National-Kulturen ausgingen.[1] Kulminiert ist diese Vorstellung in der Theorie des amerikanischen Politikwissenschaftlers Samuel Huntington (1996) vom „Clash of Civilizations", mit der ein Kampf der großen Weltkulturen prognostiziert wurde. Befördert wurden solche Theorien nicht allein durch internationale politische Spannungen und Auseinandersetzungen, sondern auch durch die neue Dichte von Flucht- und Arbeitsmigrationsbewegungen nach Europa in der zweiten Hälfte des 20. Jahrhunderts, die regelmäßig zu innerstaatlichen Auseinandersetzungen um Fragen von ,Kulturhoheit' führen sollten.[2]

---

[1]   Insbesondere in der Erziehungswissenschaft wurde in den 1980ern der Islam als ein integrationshemmender Faktor entdeckt und daraus die „Kulturkonflikthypothese" in diversen Studien entwickelt. Zum Beispiel Papalekas (1989) oder Thomä-Venske (1981).

[2]   So spricht zum Beispiel Bassam Tibi in seinem 1998 erstmals erschienen Buch „Europa ohne Identität?" von einer „europäischen Leitkultur" (Tibi 1998: XVII), im gleichen Jahr verwendet

Obwohl dieses essentialisierende Kulturverständnis insbesondere durch die kritischen Einsprüche der Cultural und Postcolonial Studies längst überwunden zu sein scheint und Kultur heute selbstverständlich als ein dynamischer und diskursiver Austauschprozess verstanden wird, gilt diese sozialkonstruktivistische Perspektive in Bezug auf Religion und insbesondere in Bezug auf den Islam nicht gleichermaßen selbstverständlich. Der Islam wird auch heute noch vor dem Hintergrund der internationalen wie innerstaatlichen Konflikte meist als eine religiöse Idee wahrgenommen, die gesellschaftliche und politische Prozesse grundsätzlich in spezifische antimoderne Bahnen leite.[3] Explizit oder implizit knüpfen solche Diagnosen am Ansatz Max Webers an, idealtypische Leitmotive von religiösen Ideen anzunehmen, die dann gleichzeitig als der essentielle fixe Kern dieser ausgemacht wird. Allerdings wird hierdurch die Komplexität der Weber'schen Theoriekonstruktion verkannt, die ja durchaus von einem Wandel der Motivlage bei Veränderung der Interessenlage, ausgelöst zum Beispiel durch einen Wechsel der Trägerschichten der religiösen Tradition, ausgeht (vgl. Weber 1920: 285-313).

Im Folgenden möchte ich die These verfolgen, dass die religiöse Tradition des Islams in Europa aufgrund des gesellschaftsstrukturellen Wandels, der sich durch eine gesteigerte technisch beschleunigte Globalisierung und zunehmend auch durch eine neue Trägerschicht auszeichnet, nicht mehr als kulturelle Einheit zu beschreiben ist. Dabei stimme ich mit der These des Wissenssoziologen Hubert Knoblauch (2009) überein, dass der Wandel unter anderem durch eine „doppelte Subjektivierung" (ebd.: 272-273) gekennzeichnet ist, die die Akzeptanz von Religion an die subjektive Rezeption und Erfahrbarkeit bindet und nicht allein an äußere Autoritäten. Ich werde im Folgenden darüber hinaus die These verfolgen, dass sich neuere religiöse Rezeptionen des Islams in Europa nicht nur durch eine solche „doppelte Subjektivierung" auszeichnen, sondern insbesondere als diskursiv zu charakterisieren sind. Zwar sind religiöse Traditionen bereits in ihrer historischen Entstehung immer schon als diskursiv zu bezeichnen – religionshistorische Forschung setzt gerade hier methodisch an, indem sie die sozialen und ideellen diskursiven Zusammenhänge verschiedener Religionskulturen

---

der Herausgeber der „Die Zeit", Theo Sommer den Begriff als „deutsche Leitkultur" (30/1998), um ihn im Zusammenhang der Debatten um Einwanderung und Integration zu nutzen. Weitere Übernahmen des Begriffs folgten dann in politischen Debatten verschiedener Bundesländer.

3   Man knüpfte damit implizit oder auch explizit an die These Max Webers an, dass der Islam durch seine ideelle Verfasstheit die Modernisierung der Gesellschaft hemme. Hinzu kam nun vor allem die Analyse, dass der Islam auch antidemokratisch und antisäkular sei. Bis heute vertreten dies noch Islamwissenschaftler wie Tilman Nagel (2001), Schirmacher und Spuler-Stegemann (2004) und andere.

aufdeckt.[4] Allerdings vertrete ich in diesem Beitrag die These, dass sich rezente Religionskulturen durch die mediale Verdichtung der Kommunikation, auch die der islamischen Tradition – insofern durch eine spezifische gesteigerte Diskursivität auszeichnen – als sie diese in ihr Selbstverständnis integrieren. Dieser grundlegende Wandel religiöser Kultur erfordert auch den Wandel wissenschaftlicher Forschungsperspektiven – was ich im Folgenden ebenfalls darlegen möchte.

Die Subjektivität und Diskursivität wie auch die Verschiebung der Forschungsperspektiven lässt sich am Konzept der ‚Transkulturalität' des Philosophen Wolfgang Welsch aufzeigen. Im Folgenden werde ich darum dieses Konzept im Rahmen seiner Relevanz für den religionswissenschaftlichen Blick auf den gegenwärtigen Islam in Europa darlegen, um anschließend auszuführen, welche neuen Fragestellungen für die Erforschung des Islams in Europa in transkultureller Perspektive generiert werden und welche Phänomene islamischer Kultur hierdurch neu in den Blick kommen.

2. Zur Relevanz des Konzepts der „Transkulturalität" für die Religionswissenschaft

„Im Alter von 40 Jahren, also als reifer Mann (im Jahre 610), erlebte er [Muhammad] die erste einer Reihe göttlicher Offenbarungen, die ihn zunächst in Schrecken versetzen und zweifeln ließen. Sie bestanden aus Versen, die Muhammad – der Analphabet war – diktiert wurden, die er sich einprägen und weitergeben sollte. Die früheste Verkündigung liegt wohl in Sure 96 des Koran (qur'an) vor: ‚Rezitiere (trag vor) im Namen Deines Herrn, der erschaffen hat, den Menschen erschaffen hat aus einem Embryo! Rezitiere (trag vor)!'" (Bihl 2003: 9).

So oder ähnlich wird der Islam in allgemeinen wissenschaftlichen Einführungen beschrieben: Muhammad, der ansässig auf der arabischen Halbinsel war, erhielt etwa im Jahre 610 eine Offenbarung, die später als ‚Qur'an' niedergeschrieben wurde. Als zentrale Fixpunkte umreißen sie das, was den Islam vom Christentum und anderen Religionen unterscheidet: die Zentralität der Figur Muhammads und die Entstehung des als Offenbarungsbuch verstandenen Korans. In den folgenden Kapiteln solcher Einführungsbände werden dann die Inhalte des Offenbarungsbuches wie auch die Eckpunkte der Hagiographie Muhammads widergegeben.

Im Oktober 2008 erschütterte der erste islamische Theologieprofessor an einer deutschen Universität, Muhammed Sven Kalisch, diese Gewissheit. Kalisch bekannte:

---

4   Auch entgegen deren eigene interne Traditionsvermittlung möglicherweise als reine oder gänzlich neue Lehre o. ä.

„Sicher bin ich mir nur, dass die islamische Geschichtsschreibung Heilsgeschichte ist, die gar nichts oder kaum etwas mit der wirklichen historischen Entwicklung zu tun hat, und dass die Geschichtlichkeit Mohammeds zweifelhaft ist. [...] Es bleibt der Koran als ein interessanter spiritueller Text, mit dem man weiterhin Theologie betreiben kann. Ich halte jedoch nichts mehr von der Vorstellung, dass Gott diesen Text direkt formuliert hat. Weiterhin bleibt der Islam als religiöse Lebensform und als eine geistige Tradition, die aber schon in der Geschichte immer vielfältige Ausprägungen hatte. Jeder Mensch muss durch seine eigene Vernunft entscheiden, was er aus der Tradition übernehmen möchte. [...] Die Idee eines einheitlichen Islams ist eine Fiktion, die sowohl die religiösen Fundamentalisten als auch die Islamfeinde pflegen" (Interview mit Martin Spiewak, Die Zeit 1.10.2008, Nr. 41).

Kalisch ist nicht der erste, der die Existenz Muhammads in Frage stellte. Dazu haben in den letzten Jahren eine Gruppe von kritischen Islamwissenschaftlern Stellung bezogen.[5] Kalisch war allerdings der einzige bekennende Muslim unter ihnen, der diese Überzeugung öffentlich machte.

Muss man nun als ReligionswissenschaftlerIn zu dem Schluss kommen, dass Herr Kalisch kein Muslim mehr ist, weil er eine bislang als zentral geltende Aussage zum Islam infrage stellt? Muhammed Sven Kalisch, in Deutschland aufgewachsen und mit 15 Jahren 1981 zum Islam konvertiert, hat in Darmstadt am Fachbereich für Rechts- und Wirtschaftswissenschaft promoviert und sich in Hamburg in der Islamwissenschaft habilitiert.[6] 2005-2010 hatte er die Professur für islamische Theologie an der Universität Münster inne und war für die Ausbildung der Islamkundelehrer verantwortlich. Die islamischen Verbände in Deutschland sind aufgrund seiner Aussagen zu ihm in Distanz gegangen.[7] 2008 zogen sich die muslimischen Mitglieder des religiösen Beirats des „Centrums für Religiöse Studien" der Universität Münster aus der Zusammenarbeit zurück und setzten sich dafür ein, Kalisch die Lehrerlaubnis für die Ausbildung islamischer Theologen und Theologinnen zu entziehen. Unter den islamischen Verbänden und auch unter unabhängigeren muslimischen Gelehrten fand sich kaum jemand, der ihm öffentlich beipflichtete oder ihn gewähren lassen wollte.[8] 2010 hat sich Kalisch dann selbst von der Zugehörigkeit zum Islam distanziert.

---

5   So zum Beispiel Karl-Heinz Ohlig und Gerd-Rüdiger Puin in ihrem Buch „Die dunklen Anfänge" (2005). Die These des Buches, dass es sich beim Koran um ein christliches Buch handele und Muhammad nie gelebt habe, geht auf ältere kritische Studien des US-amerikanischen Historikers John Wansbourgh (zum Beispiel Oxford 1978) zurück.

6   Vgl. http://www.uni-muenster.de/GGVO/MitarbeiterInnen/index.html. Er bekannte sich zur schiitischen Richtung der Zaiditen.

7   Der Koordinierungsrat der Muslime (KRM), dem alle islamischen Verbände in Deutschland angehören, hat sich durch seinen damaligen Sprecher Ali Kizilkaya hat sich kritisch zu Kalisch Position geäußert und die Zusammenarbeit mit ihm aufgekündigt (vgl. Pascal Beucker: taz 8.9.2008).

8   Im September 2008 hat sich eine Gruppe von 80 Wissenschaftlerinnen und Wissenschaftler sowie Vertretern verschiedener Religionsgemeinschaften, darunter auch solche der aleviti-

Der Muslim Kalisch ist im Rahmen traditioneller islamischer Repräsentationen von Identität als ein ‚Grenzüberschreiter' zu beschreiben: als erster islamischer Theologe im deutschen Wissenschaftsbetrieb, der insbesondere Muslime und Musliminnen türkischer Herkunft ausbildet und der zudem als Konvertit einer kleinen schiitischen Minderheitsrichtung im Islam angehörte. Er hat damit sowohl die Grenzen der Verbandszugehörigkeit, der ethnischen Zuordnung und der Orientierung an der Mehrheitskonfession, dem sunnitischen Islam türkischer Herkunft, überschritten.

‚Grenzüberschreiter' werden zwar konzeptionell im Zusammenhang von Kulturationsprozessen als besonders produktiv vorgestellt, allerdings bilden sie real oftmals zunächst nur eine punktuelle virtuose oder intellektuelle Gegenstimme oder Irritation zu den dominanten großen Traditionslinien – so ist letztlich auch der Beitrag von Kalisch zu einer Neubestimmung islamischer Identität in Deutschland zu bewerten. Sein Vorstoß, als gläubiger Muslim die Frage der realen Existenz Muhammads nicht als Richtmaß islamischen Glaubens bewerten zu wollen, wird wenig Einfluss auf derzeitige islamische Transformationsprozesse haben, zumal er dem selbst ein Ende gesetzt hat, als er sich 2010 selbst vom Islam distanziert hat.

Es wäre als ReligionswissenschaftlerIn methodisch aber nicht zu rechtfertigen, die emische Perspektive der Muslime, die Kalisch Position als nicht mehr islamisch beurteilt haben, nun einfach zu übernehmen und damit identitäre Selbstbeschreibungen als analytische Perspektive zu deklarieren. Vielmehr müsste zum Beispiel die Motiv- wie auch Interessenlage von Kalischs islamischer Virtuosen- oder Intellektuellenreligiosität weiter untersucht werden, um sie gegebenenfalls in ihrer neuen idealtypischen wie auch kulturüberschreitenden Dynamik zu verstehen. Das kann und soll im Weiteren in diesem Rahmen nicht erfolgen. Ich möchte vielmehr an dieser Stelle das Beispiel Kalisch verlassen und mich dem Ansatz der Transkulturalität, wie ihn der Philosoph Wolfgang Welsch (1992/2005/2010) im Anschluss an die kritischen Debatten um Multikulturalität eingeführt hat, zuwenden. Denn in seiner Konzeption wird deutlich, dass die nationale und kulturelle Vermischung und Grenzüberschreitung in der Rezeption und Gestaltung personaler Identitäten, wie sie sich in einer Facette bei Kalisch gezeigt hat, heute längst nicht mehr nur bei Intellektuellen und Künstlern oder Reisenden und reli-

schen Gemeinden in Deutschland oder auch der schiitische Imam Mehdi Razvi aus Hamburg, eine Resolution zur Unterstützung von Muhammed Sven Kalisch und seinem Fortwirken als islamischer Theologe an der Universität Münster ausgesprochen (vgl. Spiegel-online.de am 22.9.2008: http://www.spiegel.de/unispiegel/studium/ 0,1518,579379,00.html. Zugegriffen: 18. Januar 2013).

giösen Virtuosen zu finden ist. Der exzeptionelle Einzelfall Kalisch wird in dieser Perspektive durchaus zu einem zeitgemäßen.

Mit dem Konzept der „Transkulturalität" will Wolfgang Welsch (2010: 40-41) das alte Kulturkonzept, das sich noch im Bild von Kugeln[9], die sich in der Regel gegenseitig abstoßen, bewegt hat, ablösen. „Transkulturalität" verstehe Kulturen vielmehr als „Geflechte" (ebd.: 42), deren Grenzen sich ineinanderschieben und miteinander verbinden.

Welsch geht davon aus, dass auf der gesellschaftlichen Makroebene

> „zeitgenössische Kulturen weithin durch Hybridität gekennzeichnet [sind]. Für jedes Land sind die kulturellen Gehalte anderer Länder tendenziell zu Binnengehalten geworden. Das gilt auf der Ebene der Bevölkerung, der Waren und der Information [...]. Die elektronischen Kommunikationstechniken [machen] quasi alle Informationen von jedem Punkt aus verfügbar." (ebd.: 43).

Derlei Transkulturalisierung durch ökonomische, migrationsbezogene und medial vorangetriebene Globalisierung betreffe prinzipiell alle Menschen, auch diejenigen, die sich dem nicht positiv zuwenden wollen. Transkulturalität manifestiere sich zudem zunehmend nicht nur auf der Makro-, sondern auch der Mikroebene und das nicht nur bei Menschen mit Migrationshintergrund, sondern bei allen Heranwachsenden, die auf Identitätssuche sind:

> „Die Alternativen zum [Identitäts-]Standard von einst liegen heute nicht mehr außer Reichweite, sondern sind Bestandteil des Alltags geworden. Heutige Menschen werden zunehmend *in sich* transkulturell" (ebd.: 46).

Die prinzipielle Homologie makro- und mikrogesellschaftlicher Transkulturalisierung steigert ihre eigene Basis, indem sie es ermöglicht, eine Wahl für sein Leben auch jenseits vorgegebener oder doch zumindest aus einer Vielzahl von Schemata zu treffen (ebd.: 48). Diese Lage berührt selbstverständlich auch die Wahl und Ausgestaltung von Religion als gestaltender wie gestalteter Teil von Kultur.

Durch die Diagnose von Transkulturalität gesellschaftlicher Prozesse verschiebt sich nicht nur graduell, sondern auch qualitativ die Perspektive auf Religion, nun als ein Kulturgeflecht verstanden, das selbstverständlich und gegebenenfalls auch unfreiwillig in ständigen Austauschbeziehungen mit anderen Religionskulturen steht. Religionskulturen können nicht mehr isoliert und unter der Hinsicht eines religionsgeschichtlich abgeschlossenen Traditionsprozesses betrachtet werden, sondern müssen als fortwährende diskursive Dynamik verstanden werden. Diese Dynamik gilt dann nicht mehr nur für die Anfänge der islamischen wie der jüdischen oder christlichen Religionskulturen, sondern umso

---

9   Welsch (2010: 40-41) führt dieses Konzept auf J. G. Herder (1774) zurück.

mehr für die zeitgenössischen Transformationsprozesse. Religionen müssen unter dieser Perspektive also als ein Diskursfeld begriffen werden, in denen das, was als Islam, Christentum etc. gültig ist beziehungsweise gelten kann, in ständigem Fluss ist. Religiöse wie gesellschaftliche Diskurse wirken auf das Selbstverständnis von Religionen (zum Beispiel Heiligsprechungen, Säkularisierung, Missbrauch) wie auch auf gesellschaftliche Wahrnehmungen und politische Debatten (zum Beispiel Gentechnik). In öffentlichen Arenen um Diskurshoheit wird Religion je nach Motiv- und Interessenlage sowie Machtverhältnis unter Umständen neu definiert, Gruppenidentitäten in- oder exkludiert.

Durch eine transkulturelle Betrachtung kommen solche Diskurse und öffentliche Arenen in den Blick – Fragen, wie die nach der Zugehörigkeit zum Islam, werden in die emische Perspektive der religiösen und politischen Diskurse zurückverwiesen. Die Frage also, ob Aleviten, Ahmadis, deutsche Sufis oder Herr Kalisch echte Muslime sind, ist nicht mehr religionswissenschaftlich zu beantworten, sondern nur durch die emischen Grenzziehungen, Inklusionen und Exklusionen religionswissenschaftlich aufzudecken und in ihrem diskursiven Sinn zu analysieren.

Transkulturalität ist also nicht nur als eine Erscheinung der besonders pluralisierten Moderne zu begreifen, bei der sich institutionalisierte, soziale und personale Kulturen nun besonders verflochten haben, sondern kann auch als ein methodologisches Konzept zur Analyse historischer wie auch gegenwärtiger religionsbezogener wie allgemein kultureller Prozesse dienen. Die Gegenwart hat neuartige „doppelt subjektive" (Knoblauch 2009: 272-273) und diskursive Religions- und Religiositätsformen hervorgebracht, für deren Entdeckung und Analyse eine transkulturelle Perspektive auf gesellschaftliche Pluralität dringend erforderlich ist.

3. Forschungsansätze unter der Perspektive von Transkulturalität

Die spezifischen Veränderungen, die sich durch die transkulturelle Perspektive für religionswissenschaftliche Forschung ergeben, möchte ich im Folgenden beispielhaft aufzeigen.

3.1 Auflösung der Raumstruktur von Zentrum und Peripherie

Die Hierarchie und das machtvolle Abhängigkeitsverhältnis im Raumkonzept von Zentrum und Peripherie ist vor allem im Bereich der internationalen Politikwissenschaft und der Friedensforschung behandelt worden. Dieses Konzept wurde in durchaus kritischer Absicht in andere Bereiche übertragen und auch für die Religions- und Islamwissenschaft und im Paradigma von ‚Interkulturalität' implizit übernommen: Die Welt wird in bestimmte Kultur- beziehungsweise Religionsräume aufgeteilt (Christentum, Islam, Judentum, Buddhismus etc.), an deren Peripherie der Kulturkontakt häufiger wird und die Veränderung der Lehre umso wahrscheinlicher, während im Zentrum, das oftmals gleichfalls den Anfangspunkt der Religion darstellt, die Religion als reine Lehre existiert – das Zentrum konnte sich dabei durchaus auch über Jahrzehnte des Wandels einmal geographisch verschieben, aber die Idee einer hierarchischen oder konzentrischen Struktur des Religionsraums blieb bestehen.[10]

Die Aufnahme des Paradigmas der „Transkulturalität" in der Religionswissenschaft zieht eine deutliche Verschiebung der Religionsraumstruktur von Zentrum und Peripherie nach sich. Aus dieser Perspektive wird der Blick dafür frei, dass zum Beispiel die Frage danach, was der Islam ist und sein darf, längst nicht mehr allein in den Zentren der arabischen Welt entschieden wird. Diese Situation ist einerseits Folge der Entstehung großer muslimischer Gemeinschaften in Europa und Amerika, die heute aktiv und weltweit auf islamische Identitätsbildung Einfluss nehmen. Andererseits sind die geopolitischen Interessen des Westens für die Identitätsbildung wie auch für die Identitätspolitik unter westlichen wie arabischen Muslimen und Musliminnen von Bedeutung. Die Rushdie-Affäre um das Buch „The Satanic Verses" (1988) wie auch der Streit um die dänischen Muhammad-Karikaturen (2005) schürten im Kern nicht einfach religiöse, sondern vor allem die bestehenden politischen Konflikte zwischen Westen und Nahost. Dennoch haben sie das Bild vom Islam in Europa nachhaltig beeinflusst (ein guter Muslim ist einer, der sich durch Muhammad-Karikaturen beleidigt fühlt). Aber auch die sogenannte ‚Islamische Welt' kann sich den europäischen Diskursen zum Islam nicht entziehen. So wird beispielsweise das französische Burka-Verbot in Marokko und Ägypten inzwischen kontrovers diskutiert. Dabei sprechen sich selbst manche Gegner der Vollverschleierung (*niqab*) gegen die Zwangsenthüllung aus, weil sie hinter den europäischen Initiativen antiislamisches Sentiment vermuten. Am Ende könnte dies sogar dazu führen, dass immer mehr Muslime und Musliminnen den *niqab* als Identitätssymbol akzeptieren – nach dem Motto: Was den Europäern unrecht ist, sollte uns billig sein. Was heute Islam und Muslimisch-Sein bedeuten, kann daher nicht mehr diskutiert werden, ohne westliche Positionen beziehungsweise die globale Verflochtenheit der Diskurse mitzudenken.

---

10 Eine solche Vorgehensweise spiegelt sich insbesondere in den klassischen, religionsphänomenologisch orientierten Einführungshandbüchern der Religionsgeschichte wider, zum Beispiel Eliade und Culiano (1990) oder die religionsgeschichtliche Reihe „Die Religionen der Menschheit" (Schröder: 1961-1994).

Der derzeitige Boom orientalisierender Malerei in den Golfstaaten wie auch unter einigen jungen westlichen Muslimen und Musliminnen weist ebenfalls auf die Diskursivität islamischer Identitätsbildung unter – wenn auch in zum Teil spielerischer – Aufnahme (westlicher) Fremdbilder hin. Nicht nur Ali Khameni, der im Iran als Stellvertreter des verborgenen Imams herrscht, oder Yusuf al-Qaradawi, der arabische Gelehrte und Fernsehpredigerstar von Al-Jasirah, sondern auch Amina Wadud, die in New York als Imamin Freitagsgebete leitet, oder Ahmed Khaled, der mittlerweile von London aus muslimische Jugendliche auch in Europa für einen frommen und karitativen Islam begeistert, sind Teil des globalen Prozesses der transkulturellen islamischen Identitätsbildung. „Was Muslime sind und was sie zu glauben haben, wird heute ebenso sehr in Europa entschieden wie in Mekka, ebenso sehr auf *IslamOnline* wie in der Koranschule in Bangladesch", konstatiert der Islamwissenschaftler Christian Meier in der jungen Zeitschrift für den Orient „zenith (3/2010, 45). Es ist darum an der Zeit zu realisieren, dass es sich kaum mehr nur um eine Verschiebung von Peripherie und Zentrum zu handeln scheint, sondern um deren Auflösung angesichts der weltweiten Kommunikationsmöglichkeiten. Die Religionsgeschichte des Islams in Europa oder der Türkei ist unter diesen Voraussetzungen nicht mehr weniger zentral als diejenige Saudi Arabiens oder Ägyptens.

3.2 Auflösung der zweiwertigen Relation von Eigenheit und Fremdheit

Die transkulturelle Perspektive geht außerdem mit der Wahrnehmung der Verschiebung von Eigenheit und Fremdheit einher. Zwar ist auch schon in den Konzepten der Interkulturalität das dialogische und relationale zwischen dem ‚Eigenen' und dem ‚Anderen' konstatiert worden. Unter Aufnahme der klassischen hermeneutischen Figur des (historischen) Verstehens als „Horizontverschmelzung" im Sinne des ‚sich selbst Erkennen im Anderen'" beschreibt Gadamer (1960: 116-132 u. a.) den Prozess des Verstehens als eine dialogische zirkuläre Auseinandersetzung, die vor allem durch Sprache vermittelt wird. Die Auflösung der Zirkularität wird in die Zukunft gelegt – über die Idee eines teleologischen Prozesses der Wahrheitsfindung. Letztlich wird aber in der hermeneutischen Figur des Dialogs wie auch in der Begrifflichkeit des ‚Inter'-Kulturellen das ‚Eigene' und das ‚Andere' als das Fremde überhaupt erst konstituiert. Zwar postulieren Konzepte der Interkulturalität oder des Dialogs gerade die Relationalität und den Austausch zwischen dem ‚Fremden' und dem ‚Eigenen', aber sie fixieren gleichzeitig den Blick auf die Zweiwertigkeit der Formationen. Das Konzept von Transkulturalität ist demgegenüber radikaler pluralistisch und konstruktivistisch orientiert, indem es

Zuschreibungs- wie Aneignungsprozesse als plurale Positionen versteht, die es als gleichzeitig und prinzipiell gleichwertig zu berücksichtigen gilt.

Insbesondere der geistige Gründungsvater der Postcolonial Studies, der Literaturwissenschaftler Edward Said (1978), hat aufgedeckt, welche machtpolitischen Interessen mit der Erforschung des Islams als dem stilisierten ‚Anderen/Fremden‘ einhergingen: Said (1978) prägte den Begriff des „Orientalismus" als einen Diskurs des europäischen Abendlandes über den Orient, der durch die zumeist diskreditierende Darstellung des Anderen die eigene Identität als privilegiert und normativ höherstehend konstruiert. Das Phänomen des „Orientalismus" ist heute längst nicht mehr als ein allein historisches Phänomen begriffen: „Orientalisierung" oder „Othering" finde auch heute überall dort statt, wo man sich selbst ein positives soziales Image über die negative Stilisierung des ‚Anderen‘ und als des ‚Fremden‘ zuschreibt (Spivak 1985).

Für eine Religionsgeschichte des Islams in Europa führt diese Erkenntnis zu einer gewichtigen Konsequenz insoweit, als dass Religionsgeschichte des Islams dadurch zu einem anerkannten Teil der Europäischen Religionsgeschichte – und nicht mehr nur als Randgebiet – erhoben würde.

Als Beispiel für diese Herangehensweise möchte ich meine Untersuchung (zum Beispiel 2009) der deutschen Rezeptionsgeschichte des islamischen Sufismus anführen. Gemeinhin wird Sufismus als die Mystik des Islams bezeichnet – insbesondere aber diese Zuordnung zum Phänomen Mystik muss als eine Erfindung christlicher Theologen des ausgehenden 18. und beginnenden 19. Jahrhunderts zur Revitalisierung der im Verfallsprozess gewähnten eigenen Religion begriffen werden. Beispielhaft für ein solches Vorgehen ist die Arbeit des einflussreichen pietistischen Theologen Friedrich August Gottreu Tholuck. Er übersetzte, angeregt durch Schleiermachers „Reden", arabische, persische und türkische Handschriften und verfasste 1821 einer erste umfassende lateinische Schrift über Sufismus („Sufismus sine Theosophia Persarum Pantheistica") und besorgte gleich darauf die Übersetzung einer Kurzfassung für die allgemeine Leserschaft („Blüthensammlung aus der morgenländischen Mystik" 1825) mit dem Ziel, „dass diese Auszüge die Frucht tragen mögen, träge flache Geister zu erregen und zu etwas Höherem hinzuführen als Hausmoral und Brauchverstand" (Tholuck 1825: 21). In dieser Schrift sind aber nicht nur Auszüge aus (vermeintlichen) Texten früher Sufis und Dichter enthalten, Tholuck hat ihnen auch eine eigene Abhandlung zum Thema Mystik und Sufismus vorangestellt, in der er Sufismus als zügellose orgiastische Mystik beschreibt, an der sich der allzu rationale aufgeklärte christliche Geist erfrischen solle.[11]

---

11   Vgl. hierzu eingehender Klinkhammer (2009).

Hier wird deutlich, wie das ‚Fremde' durch ‚Othering' erzeugt und damit die Aufwertung der eigenen (hier) religiösen Identität betrieben wird. Transkulturelle Religionsgeschichte hat insofern immer auch die emische Konstitution von Eigenheit und Fremdheit zu dekonstruieren und ihre komplexen Zusammenhänge und Funktionen aufzudecken.

3.3 Verlagerung des Blicks von Pluralität auf Medialität

Eine der zentralen Veränderungen, die mit der Perspektive der Transkulturaltät einhergehen, ist die der Verschiebung des Blicks von Pluralität auf Medialität. Während ‚Pluralität' berechtigterweise auf die Verschiedenheit von Phänomenen aufmerksam macht – beispielsweise, dass es nicht ‚den Islam' gibt –, so fokussiert Medialität auf den Konstruktionsprozess von Pluralität und damit insbesondere auf den Prozess der Erzeugung von Differenz(en). Es geht bei einer solchen Analyse aber nicht nur um den Repräsentations- oder Abbildungsprozess durch Medien[12], sondern um neue Medien als Welterzeugungsgeneratoren.[13]

Der Religionssoziologe Hubert Knoblauch konstatiert in seinem 2009 erschienen Buch „Populäre Religion" eine tiefgreifende Transformation moderner Religion und Religiosität hin zu einer neuen Subjektivierung, die vor allem über die Möglichkeiten als religiöse Kommunikationsteilnehmer und -teilnehmerinnen als Konsumenten und Anbieter auf dem Markt der neuen Medien (Internet) gegeben sei. Diese Prägung der Medialität im Feld von Religion, das heißt der Konstruktion der religiösen Wirklichkeit durch das Internet wird in der Regel als Medialisierung beziehungsweise Mediatisierung bezeichnet. Der Medienbegriff fließt hier also in doppelter Bedeutung ein: als konstitutionstheoretischer Begriff wie als substantielle Bezeichnung für die grundlegende Bedeutung von Medien – und heute von neuen Medien – für das Handeln.

Während Knoblauch in seinem Buch vor allem neue Religiosität christlicher Provenienz in den Blick genommen hat, um seine These der Transformation zu belegen, möchte ich betonen, dass sich die Mediatisierung längst auch auf ‚islamische Religiosität' und ‚islamische Gemeinschaftsbildung' in der jungen Generation ausgeweitet hat. Grundlegend für diesen Wandel der Herstellung von Islamischer Identität sind zum einen neue Autoritätsstrukturen, die sich eher über Popularisierung im Rahmen der Massenmedien (wie zum Beispiel bei Qarada-

---

12 Als Medien kommen sowohl technische Apparaturen wie Fernsehen, Telefon/Handy oder das Internet in den Blick, als auch spezifische kulturelle Techniken beziehungsweise Praktiken und körperliche Ausdrucksformen. Gleichwohl werden solche Ausdrucks- und Kulturtechniken natürlich entscheidend über die zur Verfügung stehenden technischen Medien geprägt.

13 Vgl. hierzu zum Beispiel Blumentrath et al. (2007: 46-49).

wi oder Ahmed Khaled) als über die Anerkennung von klassischen islamischen Gelehrten aus den Kernländern des Islams herstellt. Zum anderen ermöglichen die neuen Medien neue individualisierte, globalisierte wie auch lockere Formen der religiösen Vergemeinschaftung, die sich beispielsweise über die Bildung von Szenen herstellen (vgl. Hitzler 2008).

Durch diese Fokussierung auf Medialität und Mediatisierung des Islams kommen neue junge religiöse Bewegungen in den Blick, die sich – jenseits von traditionell parochialer Gemeindebildung – im Netz ihre soziale wie symbolische Basis schaffen. In den letzten zehn Jahren sind diverse islamische Labels, Internetforen und Blogs entstanden, die ihr eigenes meist junges und akademisches muslimisches Klientel pflegen.[14] Weit über Deutschland hinaus hat sich zum Beispiel mittlerweile das Label *Styleislam* als extrem erfolgreich etabliert, das mit markigen Sprüchen auf T-Shirts, Hoodies und Kappen den Träger zum Islam bekennen lässt, aber auch Taschen aus Gebetsteppichen, Schlüsselanhänger und orientalisierte Wandgemälde und ähnliches herstellt. Über sein Selbstverständnis schreibt *Styleislam*:

> „Unser Label Styleislam steht für zeitgemäße Lifestyle-Produkte im Streetstyle und Casualwear-Bereich, stets mit einem Touch Orient, denn hier liegen unsere Wurzeln. Wir entwerfen Klamotten und bieten darüber hinaus auch Musiktitel und Videos von und für unsere Brüder, Schwestern und alle Interessierten. Ein multimediales Produktpaket mit Style und Charakter – passgenau für die junge islamische Community. Die Skizzen, Motive und Slogans auf unseren Produkten sind nicht nur funky, sondern haben auch Inhalt. Wir kommunizieren den Islam in der Sprache der Jugend, ohne dabei unsere Werte zu verlieren. Checkt unsere Produkte und zeigt, wer wir sind. Styleislam – go spread the world" (styleislam.de, abgerufen am 13.4.2010).

Das Label spielt mit vorhandenen Symbolen, Zeichen und Stilen und erzeugt durch einen Remix von bekannten Motiven und islamischen Inhalten erst auf den zweiten Blick Differenz: Es nutzt den Stil der Streetart, die an die Protestkultur von schwarzen Rappern anknüpft, um auf Ungerechtigkeiten, Unterdrückung und ähnliches aufmerksam zu machen. Aber auch Sprüche wie „Make Cay not War" (vormals „Make Love not War") erzeugen nicht einfach Differenz, sondern verweisen humorvoll auf eine Geschichte von (gewaltfreier, kreativer) Jugendkultur als Alternativkultur – als welche hier der Islam verstanden werden soll. Styleislam ist nur eines unter vielen verschiedenen islamischen Labeln und Projekten im Netz. Bislang blieb diese Form islamischer Identitätsbildung noch weitgehend unbeachtet. Zwar werden solche marktförmigen Vergemeinschaftungsformen nicht die parochialen und ethnischen Verbandsformen des gegenwärtigen Islams in Europa ersetzen – dennoch setzen sie dem eher konservativ und differenzori-

---

14   Eingehender dazu Klinkhammer (2012).

entierten Verbandsislam etwas entgegen, das bereits jetzt auch in der verbandlichen Jugendkultur rezipiert wird.[15] Das wird auf Dauer auch inhaltliche Konsequenzen zur Folge haben: eine zunehmende Anerkennung von Subjektivität und Diskursivität islamischer Identitätsentwürfe wird stärker als bislang in das Selbstverständnis der Verbandsarbeit einziehen.

4. Fazit

Bislang gehören die Themen, die ich vorgestellt habe, in der Islamwissenschaft wie der Religionswissenschaft zu Randthemen, da sie Phänomene im pluralen Spektrum des Islams darstellen, die scheinbar nur Minderheiten betreffen und darum als peripher und randständig oder ‚unislamisch‘ wahrgenommen werden.[16] Unter der Perspektive der Transkulturalität wird deutlich, dass diese Phänomene im Prozess ihrer Generierung wie in ihrer Markierung von Differenz für die Wahrnehmung auch des Mainstreams oder der Mehrheit zentral sind, weil es sich hier immer um einen Prozess der Auseinandersetzung handelt. Die Kommunikation eines islamischen Verbandsislams in Deutschland ist beispielsweise nicht mehr verständlich ohne seine jugendkulturellen ‚Gegenentwürfe‘ wahrzunehmen.

Im Anschluss an die Ergebnisse zu neuen Forschungsperspektiven durch das Konzept der Transkulturalität stellt sich zudem die Frage, wie vor diesem Hintergrund Islam überhaupt noch bestimmbar ist. Diese Frage ist nicht nur für die Forschung zentral, sondern auch für die Lehre. Kann es vor diesem Hintergrund überhaupt noch Einführungen in ‚den Islam‘ geben? Sicherlich ist das möglich. Die Anerkennung von Transkulturalität sollte nicht die Leugnung von mehrheitlichen oder dominanten Traditionen zur Folge haben. Allerdings stellt es eine jede Einführung vor die Herausforderung zu konkretisieren, wer was und zu welchem Zeitpunkt vertritt. ‚Der Islam‘ erhält Sprecher und wird zu einer Bewegung von Musliminnen und Muslime zu konkreten Zeiten an konkreten Orten. Längst nicht jede religiöse Bewegung und Gruppierung lässt zudem heute Transkulturalität im Sinne von Subjektivierung, Diskursivierung und Mediatisierung in das eigene Selbstverständnis einfließen. Transkulturalität erzeugt selbstverständlich auch fundamentalisierende Gegenpositionen. Es stellt sich in transkultureller Perspektive für Forschung wie Lehre aber die Aufgabe, die miteinander verwobenen

---

15   So hatte Styleislam unter anderem bereits verschiedene Aufträge für die „Muslimische Jugend" und wird auf der Seite des Zentralrats der Muslime in Deutschland verlinkt (vgl. Klinkhammer 2012).

16   So wie der türkische Islam lange Zeit von Islamwissenschaftlern nur als eine Kopie des authentischen, arabischsprachigen Islam gesehen wurde.

Herstellungsprozesse ins Zentrum der Aufmerksamkeit zu rücken, um die dominante Auslegungstradition einer Religion nicht als statische zu reproduzieren und sie durch diese Reproduktion auf akademischer Ebene zu essentialisieren.

Literatur

Antes, P. (1991): Islam als politischer Faktor. Niedersächsische Landeszentrale für Politische Bildung, Hannover.

Bihl, W. (2003): Islam. Historisches Phänomen und politische Herausforderung für das 21. Jahrhundert. Böhlau, Wien.

Blumentrath, H. et al. (2007): Transkulturalität. Türkisch-deutsche Konstellationen in Literatur und Film. Aschendorf, Münster.

Eliade, M./Culiano, I. (1990): Das Handbuch der Religionen. Verlag der Weltreligionen, Mannheim.

Gadamer, H.-G. (1960): Wahrheit und Methode. Grundzüge einer philosophischen Hermeneutik. Mohr, Tübingen.

Hitzler, R. (2008): Brutstätten posttraditionaler Vergemeinschaftung. Über Jugendszenen. In: Hitzler, R./Honer, A./Pfadenhauer, M. (Hrsg.): Posttraditionale Gemeinschaften: theoretische und ethnographische Erkundungen. VS Verlag, Wiesbaden, S. 55-72.

Huntington, S. (1996): Clash of Civilizations and the Remarking of World Order. Simon & Schuster, New York.

Klinkhammer, G. (2009) The Emergence of Transethnic Sufism in Germany: From Mysticism to Authenticity. In: Dressler, M./Geaves, R./Klinkhammer, G. (Hrsg.): Global networking and locality: Sufis in Western Societies. New York, Routledge, S. 130-147.

Klinkhammer, G. (2012): Islamic Style: Zur Sichtbarkeit „unsichtbaren" Islams. In: Lüddeckens, D./ Uehlinger, C. (Hrsg.): Die Sichtbarkeit religiöser Identität. Repräsentation, Differenz, Konflikt. Pano Verlag, Zürich (im Druck).

Knoblauch, H. (2009): Populäre Religion. Auf dem Weg in eine spirituelle Gesellschaft. Campus Verlag, Frankfurt am Main.

Nagel, T. (2001): Islam: Die Heilsbotschaft des Korans und ihre Konsequenzen. WVA-Verlag Skulima, Westhofen.

Ohlig, K.-H./Puin, G.-R. (Hrsg.) (2005): Die dunklen Anfänge. Neue Forschungen zur Entstehung und zur frühen Geschichte des Islam. Verlag Hans Schiler, Berlin.

Papalekas, J. (Hrsg.) (1989): Kulturelle Integration und Kulturkonflikt in der technischen Zivilisation. Campus Verlag, Frankfurt am Main.

Riesebrodt, M. (1990): Fundamentalismus als patriarchalische Protestbewegung. Amerikanische Protestanten (1910-28) und iranische Schiiten (1961-79) im Vergleich. Mohr, Tübingen.

Riesebrodt, M. (2000): Die Rückkehr der Religionen. Fundamentalismus und der „Kampf der Kulturen". Beck, München.

Said, E. (1978): Orientalism. Random House, New York.

Schirmacher, C./Spuler-Stegemann, U. (2004): Frauen und die Scharia. Die Menschenrechte im Islam. Hugendubel, München.

Schröder, C. M. et al. (1961-1994): Die Religionen der Menschheit. Bde. 1-27. Kohlhammer, Stuttgart.

Sommer, T. (1998): Der Kopf zählt, nicht das Tuch. Ausländer in Deutschland. Integration kann keine Einbahnstraße sein. Die Zeit, 16.07.1998.

Spivak, G. C. (1985): Subaltern Studies: Deconstructing Historiography. In: Guha, R. (Hrsg.): *Subaltern Studies IV*. Oxford University Press India, New Delhi, S. 330-363.

Tholuck, F. A. G. (1825): Blüthensammlung aus der Morgenländischen Mystik. Nebst einer Einleitung über Mystik überhaupt und Morgenländische insbesondere. F. Dümmler, Berlin.

Thomä-Venske, H. (1981): Islam und Integration. Zur Bedeutung des Islam im Prozess der Integration türkischer Arbeiterfamilien in die Gesellschaft der Bundesrepublik. Rissen, Hamburg.

Tibi, B. (1998): Europa ohne Identität? Die Krise der multikulturellen Gesellschaft. Siedler, München.

Weber, M. (1920): Religionssoziologie Bd. 2. Mohr-Siebeck, Tübingen.

Welsch, W. (2010): Was ist eigentlich Transkulturalität? In: Darowska, L. (Hrsg.): Hochschule als transkultureller Raum? Kultur, Bildung und Differenz in der Universität. transcript-Verlag, Bielefeld, S. 39-66.

Welsch, W. (2005): Transkulturelle Gesellschaften. In: Merz-Benz, P.-U./Wagner, G. (Hrsg.): Kultur in Zeiten der Globalisierung. Neue Aspekte einer soziologischen Kategorie. Humanities Online, Frankfurt am Main, S. 39-67.

Welsch, W. (1992): Transkulturalität – Lebensform nach Auflösung der Kulturen. Information Philosophie 2: 5-20.

Transformationen der Sportkultur: Das Beispiel Doping im Spiegel gesellschaftlicher Veränderungen

Elk Franke

> „An den Ruderer Georg von Opel muß ich denken, der, erfahren nach langer Erfolgsbahn, bei einer großen Regatta gegen einen Nachwuchsskuller, den späteren deutschen Meister Wilke [...] antreten sollte. Opel hatte an seinem Boot eine Verbesserung angebracht, die der Gegner noch nicht besaß. Der alte Sportsmann [...] sorgte dafür, daß das Boot des anderen ebenso ausgerüstet war, wie seines. Dann erst hatte er das Gefühl, daß die Würfel der Entscheidung richtig fallen würden" (Der Rasensport, Mühlheim 26.09.1949 zitiert nach Pilz und Wewer 1987: 42).

> „Es ist geradezu unmenschlich, einem Sportler nach jahrelangem Training im entscheidenden Augenblick die Hilfe zu verweigern und damit seine Niederlage gegen die hormongeladene Ostkonkurrenz vorweg zu besiegeln" (Prof. Dr. Keul, Olympiaarzt der Bundesrepublik Deutschland 1979 zitiert nach Pilz und Wewer 1987: 45).

1. Einführung

Zwischen diesen beiden Aussagen liegen dreißig Jahre. Auch wenn sie sich auf individuelle Situationen beziehen und nicht vorschnell generalisiert werden sollten, spiegeln sie doch eine gravierende Einstellungsänderung wider, aus der Leistungssport betrieben und von der Gesellschaft honoriert wird. Waren die Nachkriegsjahre noch vom naiven Bemühen geprägt, die Zeit zwischen 1933-1945 zu verdrängen und einen ‚reinen', ‚unpolitischen' unabhängigen Sportbetrieb zu entwickeln, der sich offiziell traditionellen Werten des Fairplays und dem Amateurismus verpflichtet fühlte, stellen die siebziger und achtziger Jahre des vergangenen Jahrhunderts den Höhepunkt des Wettstreites der Ost-West-Systeme im und durch den Leistungssport dar, wobei – wie neuere Forschungen und das obige Zitat zeigen – nicht nur der sogenannte Ostblock mit Anabolika ‚aufrüstete', sondern auch viele ihrer westdeutschen Betreuer darin eine Kriegserklärung sahen, der man glaubte mit gleichen „Waffen" begegnen zu müssen. „Man muss im Sport-Krieg ja sagen, will man nicht im Hochleistungssport von den Ländern des Ostblocks lächerlich gemacht werden" (Dr. Philippi, ärztlicher Betreuer bundesdeutscher Athleten an der Sporthochschule Köln zitiert nach Pilz und Wewer 1987: 45-46).

Wer nach der politischen Wende der neunziger Jahre glaubte, dass die Neigung zur Instrumentalisierung sportlicher Erfolge und die Bereitschaft zum Dopen geringer werden würden, sah sich schnell getäuscht. Scheinbar unabhängig von politischen Rahmenbedingungen gehört das Doping weiterhin zum Sport der Moderne. Da jedoch nicht alle dopen, die Sport treiben, wurde es zunächst eher als ein psychisches Problem Einzelner angesehen und entsprechend sah man in seiner systematischen Erforschung zunächst auch vorrangig eine Aufgabe der (Sport-) Psychologie. Die dabei erkennbaren Zwänge und daraus sich ergebenden gleichartigen Dilemmata in Einzeluntersuchungen zeigten jedoch, dass die Bereitschaft zum Doping und damit zum Betrug gegenüber den anderen Teilnehmern nicht nur auf individuelle Disposition zurückzuführen ist, sondern in besonderer Weise von ‚systematischen‘ Bedingungen des medienrelevanten, kommerzialisierten Sportbetriebs beeinflusst wird. Gleichzeitig wurde durch die erweiterte Gegenstandsanalyse deutlich, dass es nicht ausreicht, die Dopingproblematik im modernen Wettkampfsport um eine soziologische Forschungsperspektive zu ergänzen. Vielmehr ist durch die komplexe Prozesshaftigkeit eine kulturwissenschaftliche Erforschung notwendig, wie sie unter anderem Bernhard Boschert (2003) skizziert hat. So stellt im Sport der *Körper* nicht nur eine wichtige ‚unhintergehbare‘ Ressource dar, sondern die durch spezifische Regeln vorgegebene Handlungspraxis ist auch nur durch eine bestimmte Form von Körper-*Wissen* optimierbar, und seine ambivalente Sinnhaftigkeit ist nur verstehbar, wenn der Wettkampfsport mit seinen vielfältigen Ausdifferenzierungen als ein nicht zufällig entwickeltes *Kulturphänomen* analysiert wird. Wobei unter *Kultur*, in Abgrenzung zu traditionellen dichotomen Deutungsmustern (Hochkultur, Alltagskultur)[1] *gesellschaftliche Praxisformen* und *Artefakte* verstanden werden, wie sie unter anderem Hartmut Böhme expliziert:

> „Unter *Kultur* wird das in sich plurale (ebenso integrale wie konflikthafte) und historisch dynamische Ensemble symbolischer Ordnungen und materieller Praktiken verstanden, das eine Gesellschaft zu ihrer Selbstpositionierung im Zusammenhang ihrer Geschichte und im Kontext anderer Gesellschaften zum Zweck ihrer normativen (werthaften, moralischen), kognitiven und politischen Orientierung ‚konstruiert‘‘ ‚aushandelt‘ und mit Verbindlichkeit versteht“ (Böhme 2007: 37).

In dieser Explikation wird der Begriff ‚Kultur‘ um normativ und werthaft geprägte Praktiken erweitert und gleichzeitig von jenen gesellschaftlichen Bereichen der Gesellschaft unterschieden, die vorrangig der Reproduktion und Entwicklung dienen.

---

1   Vgl. dazu unter anderem Müller (2003: 16-17) sowie Soeffner (2003: 171-172).

Wettkampfsportliche Praktiken können aus dieser Sicht als eine spezifische Form von *Kulturtechniken* bezeichnet werden, die nur in Bezug zu einem spezifischen Wissen realisiert werden können und dabei besondere *regelkonforme Stile* sowie typische materiale, mediale und *performative Verfahren* entwickeln. Eine Sportwissenschaft, die sich aus diesem Gegenstandsverständnis als Kulturwissenschaft versteht, hat es trotz der vordergründigen Realität des sportiven Handlungsablaufes daher immer im Sinne Böhmes mit *Kulturkonstruktionen*[2] im und durch Sport zu tun. „Kulturkonstruktionen stellen ästhetische oder kognitive Komplexe (dar), die aus einer Vielzahl kultureller Praktiken hervorgehen und in diese zurückwirken. Darum sind [...] ‚Kulturkonstruktionen' energiegesättigte, symbolische Gebilde mit hoher performativer Potenzialität" (ebd.: 40).

Wird der mediengeprägte Wettkampfsport aus einer solchen Perspektive als ein nicht zufälliges Konstrukt der Moderne analysiert, ergeben sich auch differenzierte Deutungsmöglichkeiten für ein Phänomen wie das Doping. In der Permanenz seiner Versuchung und gleichzeitiger Veränderung sportiver Praxis, zeigt sich unter anderem die *Transformation* der Kulturtechnik Wettkampfsport. Entsprechend ist eine systematische Dopingforschung immer auch ein Beispiel für die darin erkennbar werdenden Transformationsprozesse im Sport. Brennglasartig werden Diskurs-, Wissens- und Rezeptionspraktiken von Aktiven und Rezipienten erkennbar und zwar in einem doppelten Sinne: *Transformationen* als *Prozess* und als *Resultat*. Dadurch können aus einer Untersuchung des Resultats Rückschlüsse auf den Prozess gezogen werden, durch den der moderne Leistungssport seine gegenstandsspezifische Legitimität erhält.

2. Problemstellung[3]

Was ist Doping? Die Definition der Welt-Anti-Doping-Agentur

Nach der Definition der *Welt-Anti-Doping-Agentur* (WADA) versteht man unter Doping grundsätzlich die Verwendung von Substanzen aus verbotenen Wirkstoffgruppen und die Anwendung verbotener Methoden im Wettkampfsport, was in den folgenden Beiträgen im Detail diskutiert wird. Das Vorliegen eines Dopingverstoßes wird nachgewiesen durch das Vorhandensein eines verbotenen Wirkstoffes, seiner Metaboliten oder Marker in den Körpergewebs- oder Flüssigkeitsproben eines Athleten. Die Anti-Doping-Liste der WADA (die sogenannte „Prohibited List") führt die verbotenen Substanzen und Methoden auf und defi-

---

2 Vgl. dazu Böhme (2007: 37-38).
3 Teile des Textes sind übernommen aus: Spitzer und Franke (2010: 9-93).

niert sie für bestimmte Sportarten. Die Doping-Definition der WADA orientiert sich damit an einem negativ ausgelegten Katalog von Substanzen und Handlungen und ist pragmatisch ausgerichtet. Kontrollen im Leistungssport werden auf Basis medizinischer Untersuchungen beurteilt, wobei Grenzwerte eine zentrale Rolle spielen. Werden sie über- oder unterschritten ist das nicht nur ein Hinweis auf Doping, sondern der straf- und sportrechtliche Beweis für eine entsprechende Verurteilung des Sportlers.

Doping ist also zurzeit anhand einer rechtlichen Grundlage definiert, die sich auf einen biomedizinischen Wissensstand stützt.

Obwohl Doping als gesundheitsschädlich und sportethisch als Verstoß gegen *Fairness* angesehen wird, werden medizinethische Fragen sowie gesellschaftliche Aspekte der Dopingpraxis in der Dopingdiskussion insgesamt nur marginal behandelt. Im Vordergrund stehen die Umsetzung medizinischen Wissens und die Anwendung der neuesten Biotechnologien unter naturwissenschaftlichen Gesichtspunkten. Dabei sind Dopinguntersuchungen zwar immer personengebunden, die Bewertung der ermittelten Messwerte orientiert sich jedoch weitgehend an personenunabhängigen, bewusst etwas höher angesetzten Grenzwerten. Eine Entscheidung, die einerseits zu relativ klaren, generalisierbaren, justiziablen Bewertungs- und Beurteilungspraxen geführt hat, die jedoch andererseits auch dazu verleitet, das so genannte ‚Heran-Dopen' an den Grenzwert als legitime Verhaltensweise zu etablieren oder zumindest zu tolerieren, um damit Doping als eine erlaubte, kalkulierte Verhaltensweise innerhalb von Grenzwerten erscheinen zu lassen. Anbei stellt sich die Frage, ob solche scheinbaren ‚Lösungen' des Kontrolldilemmas durch Grenzwertdosierung von Dopingmitteln der Tradition der Auseinandersetzung mit dem Phänomen des ‚Sportbetruges' entsprechen. Schließlich generiert erst das Erreichen oder Überschreiten des ‚Grenzwertes' einen Dopingfall, woraus sich die Frage ergibt: Ist unterhalb des Grenzwertes diese Verhaltensweise (unter anderem die Zuführung von körperfremdem EPO) kein Doping?

Ideal auf dem aktuellen, durch die WADA-Vorgaben gekennzeichneten Weg wäre es dagegen, wenn es gelänge, individuelle, natürliche (genetisch-bestimmbare) Voraussetzungen eines Athleten so zu bestimmen, dass dies dopinganalytisch möglich und juristisch legitimierbar sowie ethisch verantwortbar ist.

Im Folgenden wird gezeigt, dass ein solcher Transformationsprozess möglich ist und es gute Gründe gibt, das viel beklagte Hase-Igel-Spiel in der Dopingbekämpfung nicht nur resignierend zu kommentieren, sondern an weiterführenden Bedingungen einer zeitgemäßen, verantwortungsbewussten, die Würde des Athleten achtenden Kontrollkultur des Wettkampfsports aktiv mitzuwirken.

Dazu dient der unternommene Versuch einer Vermittlung zwischen zum Teil widerstreitenden Interessen wie den Freiheits- und Persönlichkeitsrechten mit der ‚Welt des Sports', die anders als viele gesellschaftliche Subsysteme von spezifischen *Wertvorstellungen im Wettkampf der konkurrierenden Subjekte* geprägt ist.

3. Doping – ein Wort mit Karriere

„Wer über Sport redet, darf über Doping nicht schweigen". Diese provokativ erscheinende Forderung hat längst ihren Appellcharakter verloren. Berichte über mögliche Dopingpraxen gehören nicht nur zur selbstverständlichen Hintergrundinformation bei fast allen sportlichen Großereignissen, sondern werden auch zum Schatten für jeden – insbesondere überraschend erfolgreichen – Leistungssportler. Doping erscheint dabei kaum noch als das ‚Krebsgeschwür', das mit seinen Professionalisierungs- und Kommerzialisierungsbestrebungen den eigentlich gesunden Sport erfasst hat, sondern ist in den „Strukturdynamiken" des modernen Sports wie Bette und Schimank (1995: 21-22) seit der ersten Veröffentlichung betonen, als mögliches Handeln immer schon angelegt. Ihre umfangreichen systemtheoretisch entwickelten Analysen konnten zeigen, in welcher Weise der Wettkampfsport durch seine Maxime des Höher, Weiter, Schneller nicht nur zum Spiegelbild der Leistungsgesellschaft werden konnte, sondern auch Auswirkungen auf seine eigene Entwicklung hatte.[4]

Durch die ‚Verschränkung' von sportlicher Leistung und gesellschaftlichem Nutzen verlor der Sport in den letzten Jahrzehnten seinen traditionellen Anspruch auf einen Sonderstatus als besondere Spiel-/Sport-Welt mit eigenen Regeln in der ihn umgebenden Alltags-Welt. Diese Trennung in zwei unterschiedliche Handlungswelten gilt vielen inzwischen als antiquiert. Naheliegender ist es, wenn man nicht mehr versucht, Unterschiede oder Besonderheiten zwischen sportlichen Handeln in einer sogenannten ‚Eigenweltlichkeit des Sports' gegenüber der Alltagswelt zu betonen, sondern eher auf die vielfältigen Übereinstimmungen zur Berufswelt zu verweisen. Leistungssport, insbesondere als Profisport betrieben, ist aus dieser Perspektive Arbeit! Eine oft sehr gut bezahlte Arbeit, die trotz ihrer Besonderheiten vergleichbar ist mit vielen anderen anstrengenden Tätigkeiten im Berufsleben. Die Gemeinsamkeit ergibt sich danach aus den Handlungsprinzipien Leistung, Optimierung, Maximierung, die kennzeichnend geworden sind für moderne Gesellschaften. Der moderne Hochleistungssport erscheint damit als Weg-

---

4 Am Beispiel der DDR Spitzer (2004/2005), sowie die Ausformungen von Dopingpraxen und der Gegenbewegung in sieben europäischen Staaten in den Sammelbänden Spitzer (2006), sowie Knörzer et al. (2006).

bereiter, als das überschaubare, transparente Modell für jenes Überbietungsden-
ken, das inzwischen viele Bereiche unseres Lebens bestimmt.

Entsprechend ist es auch nicht verwunderlich, wenn ein ursprünglich sportspe-
zifischer Begriff wie der des Dopings zunehmend eine allgemeinere Anwendungs-
bedeutung erhält und seine Semantik eine erkennbare Transformation erfährt.
‚Gehirn-Doping‘, ‚Neuro-Doping‘, ‚Lifestyle-Doping‘ oder allgemein ‚Berufs-
doping‘ sind nur Beispiele für die Bandbreite, über die sich der ursprünglich moralisch gekennzeichnete Begriff zu einem deskriptiven Begriff veränderte. Anders als im ursprünglichen Anwendungsfeld des Sports wird dabei nicht mehr ein
Vorgang oder Verhalten bewertet, sondern ein Zustand oder Prozess nur noch beschrieben. ‚Gehirn-Doping‘ bezeichnet in einer solchen Sprachverwendung ohne
erkennbare Wertung die Zuführung beziehungsweise Einnahme von in der Regel
pharmazeutisch hergestellten Medikamenten, die eine Leistungssteigerung des
Gehirns bewirken sollen. Das Neuartige an dieser Entwicklung ist, dass die ein-
gesetzten Mittel, die aus der medizinischen Therapie stammen, deren Aufgabe
die Wiederherstellung von Gesundheit bei Krankheitsfällen ist, von gesunden,
leistungsbereiten Menschen mit dem Ziel eingenommen werden, eine Verbesserung kognitiver und emotionaler Fähigkeiten bei Tätigkeiten zu erreichen, die
Konzentration, Erinnerungsvermögen oder Kreativität verlangen.

Unter dem Schlagwort *Enhancement* zeigt sich eine Transformation gesellschaftlicher Praktiken im Rahmen zunehmend wertneutralem funktionalem Op-
timierungsdenken.

> „Wir vertreten die Ansicht, dass es keine überzeugenden grundsätzlichen Einwände gegen
> eine pharmazeutische Verbesserung des Gehirns oder der Psyche gibt. Vielmehr sehen wir
> im pharmazeutischen Neuro-Enhancement die Fortsetzung eines zum Menschen gehörenden
> geistigen Optimierungsstrebens mit anderen Mitteln. [...]
>
> Es gibt gute Gründe, das offenbar schon heute vorhandene Bedürfnis nach pharmakologischer
> Unterstützung der Psyche zu enttabuisieren: Pharmaunternehmen müssten gesunde Menschen
> nicht länger krankreden, um deren Bedürfnis nach NEP's bedienen zu dürfen. Enhancement-
> Interessen müssten sich nicht länger krank stellen ... Das solidarische Gesundheitswesen müss-
> te nicht länger für solche scheinbaren Heilbehandlungen bezahlen" (Galert et al. 2009: 47).

Auch wenn in dem Text auf einige einschränkende Bedingungen verwiesen wird,
ist die Tendenz sichtbar: die Leistungssteigerung von Gesunden unter Verwendung pharmazeutischer Mittel! Gleichzeitig wird aber auch deutlich, warum es immer schwerer wird, Dopingkontrollen an 365 Tagen im Jahr, Urinuntersuchungen
unter zum Teil bedenklichen Umständen, Blutuntersuchungen unter Umgehung
des dazu grundsätzlich notwendigen freiwilligen Einverständnisses von Athleten zu rechtfertigen – bei gleichzeitiger wachsender Unsicherheit gegenüber der

Wirksamkeit von Doping-Untersuchungen. Das heißt, die Anerkennung von leistungssteigernden Mitteln zur Erfolgsmaximierung in der Konkurrenzgesellschaft sowie die zunehmende Verwendung des ‚moralfreien' Dopingbegriffs in der Alltagswelt hat nicht nur zu einem neuen Legitimationsdiskurs über die Rechtmäßigkeit und Nützlichkeit von Dopingkontrollverfahren geführt, sondern auch das Dopingverbot generell in Frage gestellt.

Im Folgenden wird in vier Schritten skizziert, warum ein Dopingverbot im Wettkampfsport nicht nur wünschenswert und sinnvoll ist, sondern – trotz der einleitend skizzierten Umstände – auch gut begründet werden kann. Dabei werden weniger die vielfältigen Anwendungsbereiche, konkreten Umstände und Widersprüchlichkeiten klassifiziert und interpretiert, sondern die in der aktuellen Diskussion kaum oder nur begrenzt berücksichtigten *strukturellen Voraussetzungen* wettkampfsportlichen Handelns mit ihren nicht-zufälligen ethischen Implikationen analysiert sowie auf die daraus sich ergebenden Konsequenzen für zukünftige Dopingkontrollen verwiesen.

4. Das ‚Wesen' des Sports – abgeleitet aus der Moral seiner Akteure

Fragt man, wodurch sich eine sportliche Handlung von anderen Tätigkeiten unterscheidet, lässt sich auf eine traditionsreiche Deutungsgeschichte verweisen. Ihr zentrales Kennzeichen ist das Bemühen, die Besonderheit des Sports beziehungsweise des ‚sportlichen Wettkampfes' und seiner Leistungsermittlung über die moralische Einstellung, die *sportive Handlung* der Athleten zu bestimmen.

„‚Olympismus' ist kein System, sondern eine geistige Haltung" schrieb Coubertin (1967: 65) zum Neubeginn der Olympischen Bewegung vor über einhundert Jahren. Auch für Carl Diem (1960: 17) galt der sportliche Wettkampf noch vor 50 Jahren als die „Veredlung menschlicher Beziehung untereinander", wobei für ihn ein Wert, das Prinzip des Fair play, von besonderer Bedeutung war. Und noch vor 20 Jahren, schon im Wissen um die Gefährdungen eines einvernehmlichen Sportverständnisses, betonte der damalige Bundespräsident von Weizsäcker:

„Es kommt nicht darauf an, ein idealistisches Mäntelchen um die ernsten Probleme zu hängen, sondern aus einem einheitlichen Geist und Ethos des Sports heraus konkrete Lösungsmöglichkeiten zu finden. Wie immer solche Regelungen ausfallen mögen, sie sollten von einem Geiste getragen sein, in dem Wert und Würde des Sports beschlossen sind und bleiben: dem Geist ‚Fair play'. Er trifft den unzerstörbaren Sinn der Jugend aller Völker für menschlichen Anstand [...] nie werden geschriebene Regeln die menschliche Haltung des ‚Fair play' ersetzen können" (von Weizsäcker 1986: 107).

Der Sport und speziell der Wettkampfsport ist nach dieser traditionellen Auffassung nicht nur eine besondere Art menschlicher Tätigkeit (vom Angeln bis hin zum Wasserspringen), sondern ist auch durch eine spezifische *Einstellung* gekennzeichnet. Sportliche Handlungen erhalten ihre Besonderheit weniger über die oft skurrilen Abweichungen von alltagsweltlichen Tätigkeiten, als vielmehr über ein bestimmtes Merkmal: der „Identität von tatsächlichen Handlungsweisen und den sie begründeten Wertschätzungen" (Bockrath 1995: 248).

Die *moralische Einstellung* in und zu einer Handlung wurde damit zum *konstitutiven Merkmal* einer ‚sportlichen' Tätigkeit. Gleichzeitig bot diese prinzipielle ethische Voraussetzung des Sports auch vielfältige Möglichkeiten zu seiner moralischen Instrumentalisierung. Danach galten sportliche Handlungen nicht nur als zweck- und zielgebundene Tätigkeiten vergleichbar mit Holzhacken oder Autofahren, sondern sie erhielten ihren Status des ‚Sportlichen' letztlich nur dann, wenn sie auch aus einem bestimmten Geist, einer besonderen Einstellung und Haltung betrieben wurden. Entsprechend erschien es auch konsequent, dass man dem Ausnahmeathleten Nurmi in der ersten Hälfte des 20. Jahrhunderts seine Medaillen aberkannte als bekannt wurde, dass er mit Bezug auf seinen sportlichen Erfolg Geld erhalten hatte.

Konstitutiv für sportliche Handlungen war also ein bestimmtes Sport-Ethos. Eine Voraussetzung, die in hohem Maße anschlussfähig war für viele Formen pädagogischer Maßnahmen, durch die der Sport oft ungeprüft zur „moralischen Erziehungsanstalt" wurde.

Wie ein Blick in die sogenannte ‚Wirklichkeit' des Sports zeigt, gibt es auch heute noch einerseits diesen ‚Glauben' an ein qualitatives moralische Potential sportlichen Handelns – allerdings zunehmend beschränkt auf normative Sonntagsreden, Lehrplanversprechungen für den Sportunterricht oder Imagekampagnen wie die des Fair play durch den DSB vor einigen Jahren. Andererseits zeigt sich aber auch zunehmend eine ungeschminkte Skepsis und Kritik an einer solchen moralisierenden Sonderstellung des Sports. „Wer fair play spielt, ist dumm" lautet in vielen Umkleidekabinen die Parole und auch breiter angelegte empirische Untersuchungen belegen inzwischen, was Aktive und vertraute Beobachter des Sportbetriebes längst wissen: Je intensiver eine Person sich im Sport engagiert, desto ‚schlitzohriger' (im Sinne einer Doppelmoral) geht sie mit dem Fairness-Postulat um. So erscheint es inzwischen naiv, Optimierungsmöglichkeiten einer Leistungsgesellschaft im Wettkampfsport mit normativen Verweisen auf das Fair play oder anderer, daraus abgeleiteter, wertethischer Handlungsvorgaben steuern zu wollen – was aber auch bedeutet, dass die wertethische Ausgrenzung einer sogenannten Eigenweltlichkeit des Sports über die Handlungsmoral der Akteure ihre Legitimationsbasis verloren hat.

Diese Konsequenzen spiegeln sich auch in den veränderten Dopingdefinitionen wider. Wurde noch in den 1970er Jahren das Dopingverbot global unter Bezugnahme auf zentrale Sportwerte[5] gerechtfertigt, konzentrierten sich die Bestimmungen gegen das Doping anschließend auf die Beschreibung verbotener Vorgänge mit Verweis auf eine Liste von Mitteln und Umständen, bei denen die ‚genuinen' Sportwerte nur noch als Alibi erscheinen.[6] Dies führte dazu, dass es immer unklarer wurde, *warum* bestimmte Handlungen im Wettkampfsport als Doping gelten, die der Alltag problemlos toleriert. Nicht nur die Dopingkontrollen, sondern vor allem deren *ethische und moralische Begründungen* unterliegen inzwischen nicht zufällig einem Legitimationsverlust.

Im folgenden Beitrag soll erkennbar werden, warum beide Positionen, das *Festhalten* an den traditionellen Wertbezügen wettkampfsportlichen Handelns und das *Ignorieren* spezifischer sportrelevanter Moralvorgaben ungeeignet sind, die ethische Rechtfertigungslücke bei Dopingkontrollen zu schließen, da sie im ersten Fall *unrealistisch* und im zweiten Fall *unangemessen* sind.[7]

Beispielhaft für den ersten Fall kann auf den aktuellen WADA-Code (2004) verwiesen werden. Neben seinen „International Standards" und „Models of Best Practice" und den daraus abgeleiteten Details für Kontrollverfahren und verbotene Methoden wird meist übersehen, dass es auch weiterhin Bemühungen gibt, der Kontrollpraxis ein ethisches Fundament zu geben.

> „Anti-Doping-Programme sind darauf ausgerichtet, die wahren, mit dem Sport ursprünglich verbundenen Werte zu erhalten. Dieser wahre Wert wird häufig als ‚Sportsgeist' bezeichnet; er macht das Wesen des Olympischen Gedankens aus; er entspricht unserem Verständnis von Fairness und ethischer sportlicher Gesinnung. Der Sportsgeist ist die Würdigung von Geist, Körper und Verstand der Menschen und zeichnet sich durch folgende Werte aus: Ethik, Fairness und Ehrlichkeit, Gesundheit, Charakter und Erziehung, Spaß und Freude, Teamgeist, Einsatzbereitschaft und Engagement, Anerkennung von Regeln und Gesetzen, Respekt gegenüber der eigenen Person und gegenüber anderen Teilnehmern, Mut, Gemeinschaftssinn und Solidarität. Doping steht im Widerspruch zum Geist des Sports" (Welt-Anti-Doping Code, 1. Januar 2004, 7-8).[8]

Bemerkenswert ist, dass die Beachtung der gesamten Werte-Liste den ‚Sportsgeist' realisieren soll und ihre Missachtung Doping kennzeichnet. Wobei in der additiven Aufstellung von sogenannten Sportwerten unklar bleibt, ob die Zusammenstellung zufällig, ergänzungsbedürftig oder vollständig ist, die Werte eine

---

5   Vgl. dazu unter anderem Diem (1960) und Lenk (1972).
6   Siehe dazu den detaillierten vorhergehenden Beitrag. Dazu auch Gebauer (2002: 242) und Fischer (2001).
7   Vgl. Lenk (1996) und Singler und Treutlein (2000).
8   Vgl. dazu auch die Auffassung von Diel (1997), Kuchler (1969: 156-157) und Grupe (1997), dagegen differenzieren Lenk (1985a), Pilz (1988) und Pilz und Wewer (1987).

Hierarchie darstellen und in welcher Weise ihre Missachtung (zum Beispiel von
‚Freude und Spaß‘, ‚Mut‘ oder ‚Erziehung‘) zwangsläufig zum Doping führt, be-
ziehungsweise ihre Beachtung im konkurrenzorientierten, medienrelevanten
Wettkampfbetrieb eine realistische moralische Handlungsgrundlage sein kann.[9]

Schon ohne eine differenzierte sportethische Analyse lässt sich feststellen:
die (wert)ethischen Fundierungsversuche auch des aktuellen WADA-Codes haben weder handlungsleitende Konsequenzen noch können sie zu seiner Legitimation beitragen.

5. Wettkampf-Welt versus Alltags-Welt – eine Strukturfrage

Häufig übersehen wird bei dieser eher resignierenden Zwischenbilanz[10], dass Be-
fürworter und Gegner einer Berücksichtigung traditioneller Sportwerte von einer
gemeinsamen Position aus urteilen: Sie entwickeln die besonderen Handlungsbedingungen *des* Wettkampfes, also eine *Sport-Ethik* über die moralischen Handlungsvorgaben der Akteure im Wettkampf, also über eine Sport*ler*-Ethik.[11] Erst
das Scheitern solcher Versuche, über die Individualmoral der Akteure die Spezifik einer Sport-Ethik zu begründen, hat in den letzten Jahren zur Entwicklung
einer *gegenstandsspezifischen Sport-Ethik* geführt.[12] Da ihre Besonderheit – einschließlich der Konsequenzen für die Dopingdiskussion – nur verständlich wird,
wenn die *strukturellen Besonderheiten* des Wettkampfsports skizziert werden,
sollen diese zunächst kurz angesprochen werden.[13] Dabei beschränkt sich die Explikation auf zwei *konstitutive* Aspekte des sportlichen Wettkampfes: die ‚*strukturelle Sonderweltlichkeit‘ (1)* und das ‚*agonale Prinzip‘ (2)*.

5.1 Strukturelle Sonderweltlichkeit

In Abgrenzung zur eingangs skizzierten ‚Eigenweltlichkeit‘ des Sports, der die
Spezifik über die moralische Haltung der Akteure zugesprochen wurde, bezieht
sich die folgende Analyse der sogenannten ‚Sonderwelt des Sports‘ auf die *struk-*

---

9   Vgl. dazu Digel (1994), Franke (1995) und Franke (2010).
10   Vgl. dagegen Grupe (1989).
11   Vgl. dazu Digel (1997: 10).
12   Vgl. dazu Suits (1972), de Wachter (1983b), Franke (1989) Gerhardt (1993) Drexel (1994), Court
     (1990/1995/1996) und Pawlenka (2002).
13   Zum Sport als „Sonderwelt" vgl. Gebauer (1971/1983), Franke (1976: 284-285), de Wachter
     (1983a), Lenk (1985b), Heringer (1990: 157), Bockrath und Bahlke (1996: 88-89) und Gülden-
     pfennig (1996: 131-132).

turellen Voraussetzungen, unter denen Menschen handeln, deren Tätigkeit man ‚sportlich' beziehungsweise im engeren Sinne ‚(wettkampf-) sportlich' nennt.

Das Bild vom 400m-Lauf, bei dem der Läufer dort wieder ankommt, wo er losgelaufen ist, wird gern als Einstieg benutzt, um die besondere Sinndimension des Wettkampfsports zu veranschaulichen. Galten lange ‚das Spiel' und seine verschiedenen Deutungsangebote als ein qualitatives, abgrenzendes Interpretationsmuster, hat sich in den letzten Jahren die Argumentationsperspektive verändert.

Ähnlich wie in der modernen Kunst, in der häufig Gegenstände des Alltags zum Kunstobjekt werden, indem sie als Œuvre aus dem Gebrauchskontext raumzeitlich ausgegrenzt werden und in ihrer ‚neuen Sinnlosigkeit' zweckfrei auf sich selbst verweisen[14], ist es auch mit Handlungen in der Wettkampf-Welt. Ihr Handlungssinn ergibt sich zunächst nur aus der grundsätzlichen Anerkennung der ausgrenzenden regelhaften Raum-Zeit-Vorgaben des Wettkampfs, wobei sich eine *zweifache Bedeutungsrelation* ergibt. So verhindert eine zunächst alltagsweltlich gedeutete ‚sinnlose' Gebrauchsinterpretation von Kunstobjekten, abstrakten Kunstwerken und Wettkampfhandlungen nicht, dass sie unter Umständen einen Marktwert erhalten können. Die Sportphilosophie unterscheidet deshalb in *Konstitutions-Bedeutung (a)* und *Verwertungs-Bedeutung (b)* sportlicher Handlungen.

a. Die *Konstitutions-Bedeutung* ergibt sich aus der bewussten Ausgrenzung von Handlungen aus dem nützlichkeitsorientierten Gebrauchskontext des Alltags. Sie ist konstitutiv, wenn eine Handlung als *wettkampfsportliche Handlung* gedeutet wird. Analog zur ‚Zweckmäßigkeit ohne Zweck', die Immanuel Kant dem ästhetischen Œuvre zuschreibt, haben damit Handlungen in der Wettkampf-Welt eine *Sinnhaftigkeit* in der *Sinnlosigkeit* bei gleichzeitiger *Reflexivität* dieser Handlungen, im Sinne einer Rückverweisung des Handlungssinns auf den Handlungsvorgang selbst.

b. Eine *Verwertungs-Bedeutung* ergibt sich dadurch, dass die auf diese Weise konstituierten sinnlosen Wettkampfhandlungen unter alltagsweltlichen Nützlichkeitserwägungen durchaus sinnvoll sein können. Analog zur *‚Zweckfreiheit von Kunstwerken',* die gleichzeitig einen Kunstmarkt schaffen, auf dem sie eine merkantile Verwertungsbedeutung erhalten können, kann dies auch für Wettkampfhandlungen gelten. Entscheidend ist bei dieser doppelten Bedeutungszuweisung, dass beide Perspektiven, wie noch deutlich werden wird, nicht vermischt werden dürfen. Das heißt, die Bedingungen der *konstitutiven Sinnzuweisung* vom ästhetischen und athletischen Œuvre müssen

---

14 Vgl. dazu unter anderem die *readymade*-Kunst von Duchamp (Fahrradfelge, Sanitärbecken etc.).

beachtet werden, damit eine *Verwertungsbedeutung wirksam* werden kann.[15] Wird dagegen die Verwertungsbedeutung handlungsleitend wie beim Plagiat, Wettskandal im Fußball oder gedoptem Wettkampfsieg, verlieren das Kunstobjekt und die Weltkampfleistung ihre konstitutive Spezifik, durch die sie nicht nur ihre besondere (interne) Sinnhaftigkeit, sondern auch ihren (externen) Marktwert erhalten.

5.2 Agonales Prinzip

Wesentlich für die Konstitutions-Bedeutung sind die Wettkampf*regeln*. Ihre Funktion ist immer eine zweifache: Zum einen *konstituieren* sie die spezifischen Handlungsbedingungen mit besonderen Zielvorgaben, zum anderen regulieren sie die Handlungsabläufe innerhalb der auf diese Weise konstituierten Wettkampf-Welt.[16]

Insbesondere durch die erste Funktion erhalten die Wettkampfregeln nicht nur eine *formal-ästhetische* (Ausgrenzungs-)Bedeutung für die durch sie konstituierten Wettkampfhandlungen, sondern sie besitzen immer auch eine strukturell bedingte *ethische* Bedeutung. Sie zeigt sich im sogenannten ,*agonalen Prinzip'*. Es wird erkennbar in dem widersprüchlichem Handlungsauftrag' innerhalb der Wettkampf-Welt an die Akteure, sich einerseits permanent zu bemühen, besser zu sein als die anderen, und ihnen andererseits Gerechtigkeit widerfahren zu lassen. Ein Tatbestand, der den Wettkampfsport als ein *ethisch* relevantes *Handlungssystem* kennzeichnet, das auch unabhängig von der individuellen moralischen Einstellung der Akteure ethische Implikationen besitzt. Denn einerseits schafft das in besonderer Weise geregelte System in weitem Maße Möglichkeiten, persönliche Leistungen zum Nachteil anderer (explizit) herauszustellen und favorisiert damit den Eigennutz, andererseits nimmt es für sich in Anspruch, weitgehend Chancengleichheit und Gerechtigkeit für jeden Teilnehmer garantieren zu können und verlangt damit Sozialverantwortung.[17]

Die Balance zwischen beiden eigentlich widerstreitenden Handlungsprinzipien schafft das agonale Prinzip. Es kann als das wesentliche ethische Konstitutionsmerkmal wettkampfsportlicher Sonderwelt bezeichnet werden. Es zeigt sich als Paradoxon zwischen Überbietungsgebot (mit dem Sieg-Postulat) und Gleichheitsgebot (mit dem Postulat der Chancengleichheit).

---

15   Vgl. dazu vor allem Gebauer (1971), Franke (1978/1994) und Lenk (1985b).
16   Vgl. Digel (1980), Gebauer (1983) und Schwier (1992).
17   Vgl. Herms (1986), Meinberg (1991) und Court (1995).

6. Wettkampf-Ethik als Vertrags-Ethik – die Transformation moralischer Voraussetzungen zu Voraussetzungen der Moral

Bei der Frage, unter welchen Umständen, beziehungsweise aus welchen Motiven, *Wettkampfregeln* beachtet werden, lassen sich in der sportwissenschaftlichen Diskussion zunächst zwei extreme Positionen erkennen:

- Wettkampfregeln lenken und begrenzen nicht nur das Verhalten, sie schulen und setzen auch besondere (innere) Haltungen (Fairness, Mut, Solidarität) voraus (Diem, Kuchler et al. 1996). Wie deutlich wurde, ist dies eine wesentliche Grundlage des traditionellen Sportverständnisses und beeinflusst auch die aktuelle Dopingdiskussion (unter anderem WADA-Code).

- Wettkampfregeln haben nur eine formale verhaltenslenkende Bedeutung analog zu Verkehrsregeln (de Wachter 1983b, Heringer 1990, Bockrath 1996 u. a.). Aus dieser Position erscheint jede weitergehende qualitative beziehungsweise moralisierende Interpretation von Regelvorgaben als eine unangemessene Wertaufladung.

Aus ethischer Sicht ergibt sich daraus die Frage: Impliziert die Beachtung konstitutiver und regulativer Wettkampfregeln im Handlungsvollzug immer auch eine bestimmte Form von Handlungsmoral oder schaffen die Regeln nur einen normativ-formalen Rahmen, innerhalb dessen das Handeln nach externen sozialisierten Wertmustern abläuft und bewertet wird?

Bezugnehmend auf die oben skizzierten Strukturanalysen wettkampfsportlichen Handelns wird deutlich, dass beide Regelinterpretationen in ihrer extremen Positionierung einen wesentlichen Aspekt nicht beachten: die *spezifische Konstituierung der Wettkampf-Welt* in der Alltagswelt über die *Anerkennung eigentlich sinnloser Handlungsbedingungen*. So ist es zwar einerseits richtig, wenn de Wachter und andere darauf verweisen, dass allein durch die Beachtung von Wettkampfregeln keine generalisierbare Handlungsmoral entwickelt werden kann, wie es noch die klassische Sportpädagogik bis in die 70er Jahre unterstellte. Andererseits erscheint es unangemessen, wenn zum Beispiel de Wachter (1983b: 290-291) die Rechtfertigung der Spielregeln als Tautologie bezeichnet und daraus schlussfolgert, das Regelbefolgen habe keine ethische Dimension. Diese Deutung verweist in der Prämisse zu Recht auf die geringe Wirkungsmöglichkeit regelorientierten Wettkampfhandelns in Bezug auf eine *situationsübergreifende moralische* Urteilsbildung, missachtet aber in der Konklusion die *ethischen* Implikationen, die in dem *Akt der Anerkennung* der spezifischen Handlungsbedingungen des institutionalisierten Wettkampfes involviert sind.[18]

---

18 Vgl. Apel (1988).

Wettkampsportliches Handeln ist damit anderes als Tätigkeiten des Alltags wie Einkaufen oder Autofahren, die oft ebenfalls innerhalb bestimmter tradierter Regeln stattfinden. Die Bereitschaft, die im wörtlichen Sinne zum Teil unnützen, sinnlosen Regeln gegenüber den Erwartungen der Alltagswelt als handlungsleitend und prinzipiell verbindlich für das eigene Handeln anzuerkennen, ist damit eine werthafte Wahlentscheidung für und gegen sehr spezifische Handlungsbedingungen unter Anerkennung der damit verbundenen Folgen.

Die Tatsache, dass man die Wettkampfregeln nicht immer wieder neu erschaffen, sondern sie nur beachten muss beziehungsweise dies schon tut, wenn man aktiv an einem Wettkampf teilnimmt, verdeckt den dabei implizit involvierten *‚Vertrags-Akt'*, den jeder vornimmt, der bereit ist, einen als ‚Aus' gegebenen Ball oder einen *‚dritten Fehlstart'* für sich in Hinsicht auf diese Handlungen als sinnvoll zu akzeptieren.[19]

Daraus folgt, dass Athleten sich mit der Einhaltung der Regeln nicht nur innerhalb einer Art Leitplanke, die der Wettkampf vorgibt, ‚richtig' oder ‚falsch' verhalten, sondern die Bereitschaft, die Bedingungen einer Tätigkeit *als sportliche Handlung* anzuerkennen, stellt immer auch den Abschluss einer Art ‚Sozialvertrag' dar. Er gilt immer dann, wenn die spezifische Sinnhaftigkeit der konstitutiven Regel-Normen-Vorgaben grundsätzlich akzeptiert wird, und damit eine Sinnhaftigkeit in der Sinnlosigkeit eines Wettkampfes als gegeben angenommen wird, und die daraus erwachsenen Handlungsauflagen vom Akteur und Rezipient als berechtigt angesehen und respektiert werden. Kennzeichnend für diesen ‚Vertrag' ist, dass er die einzelne Person nicht nur über bestimmte Normenvorgaben an die Institution Wettkampfsport bindet, sondern dass diese Normen erst auf dem Hintergrund von *allgemeinen Vertrags-Werten* und *wettkampfrelevanten Werten* ihren Sinn erhalten.[20] Dabei erscheint die Tatsache wichtig, dass durch die prinzipielle (konstitutive), ‚sinnlose Sinnhaftigkeit' des geregelten Wettkampfsports aus alltagsweltlicher Sicht, jede Beachtung von Wettkampfvorgaben durch einen Akteur auch immer dessen *de facto-Zustimmung* zu dieser speziellen Handlungswelt impliziert – sie also einen freiwilligen Vertragsakt darstellt. Entscheidend ist in diesem Zusammenhang die Annahme, dass die *Implementierung einer Norm* – insbesondere durch die Anerkennung der eigentlichen Sinnlosigkeit des Tuns – *auf die Geltung wesentlicher Wertimplikationen dieser Normen* durchschlägt, das heißt den wettkampfsportlichen Handlungen nicht „von außen" moralische Geltung zugesprochen wird, sondern sie grundsätzlich einen immanenten moralischen Gehalt haben – allerdings nicht in der spezifisch inhalt-

---

19   Vgl. dazu Searle (1971: 2, 7-8).
20   Vgl. Drexel (1990) und Bourdieu (1993: 123-124).

lich-wertethischen Form, wie es die traditionellen Sportvorstellungen zum Beispiel zum Fair play suggerieren. Vielmehr bedeutet das, bezogen auf die Ethik-Frage im Wettkampfsport, gleichsam eine Umkehrung traditioneller Interpretationen. Gleichzeitig ist es Beleg für den einleitend skizzierten Transformationsbegriff. Nicht das Einklagen einer gesinnungsethischen Sportler-Gemeinschaft mit bestimmten wertethischen Idealen im Sinne von moralischen Entitäten wie Ritterlichkeit, Fairness und Toleranz garantiert auch Gerechtigkeitsvorstellungen in der ausgegrenzten Lebensform des modernen Wettkampfbetriebs. Vielmehr unterliegt der Gegenstand der Transformation einer permanenten Ambivalenz. Das heißt, dass erst wenn die Institution keine gesinnungsethischen Gemeinschaftsrituale einklagt, der Eintritt in die Sonderweltlichkeit des Wettkampfes und damit die Akzeptanz der Sinnhaftigkeit der Sinnlosigkeit des eigenen Handelns als ein subjektiv freiwilliger, prinzipiell korrigierbarer Akt angesehen wird, können sich auch wettkampfspezifische Gerechtigkeitsvorstellungen entwickeln. Dadurch kann das Paradoxon des Wettkampfsports, die Spezifik der separaten Lebensform, in besonderer Weise in unterschiedlichen performativen Verfahren sichtbar werden:

Tabelle 1

SUBJEKTIVE SINNHAFTIGKEIT ↔	OBJEKTIVE SINNLOSIGKEIT
HOHER VERPFLICHTUNGSGRAD ↔	PRINZIPIELLE FREIWILLIGKEIT
STRENGE MITTELKONTROLLE ↔	OFFENE ZIELPROJEKTION
FIXIERTE KODIFIZIERTE HANDLUNGSREGELN ↔	OFFENE INDIVIDUELLE WERT-, SINN-, MOTIVZUSCHREIBUNG
KONKURRENZORIENTIERTES ÜBERBIETUNGSGEBOT ↔	AKZEPTANZ PRINZIPIELLER CHANCENGLEICHHEIT

Für die Institutionen, die diese teilweise Umkehrung alltagsweltlicher Sinnhaftigkeit organisieren, wie Fach- und Dachverbände des Sports, ergeben sich daraus weiterreichende Konsequenzen als systemtheoretische oder organisationssoziologische Deutungsangebote erkennen lassen. So stellt zum Beispiel der DOSB auf der Ebene der (politischen) Organisationen einerseits eine Institution dar, die – ähnlich wie der ADAC Autofahrer und ihre Interessen im politisch-gesellschaftlichem Leben vertritt – die besonderen Belange „des Sports" wahrnimmt. Andererseits ergeben sich durch die verschiedenen Gegenstände „Autofahren" im Gegensatz zum Kulturkonstrukt ‚sportliche Handlung' (als formal-ästhetisch, konstituiertes Ereignis mit vertragsethischen Implikationen) aber auch weiterreichende Möglichkeiten und Verpflichtungen für Institutionen, die für die Konstituierungsmöglichkeiten des Ereignisses ‚sportlicher Handlung' die Verantwortung tragen.[21] Dies ist ein Aspekt, auf den abschließend noch einmal eingegangen wird.

Erst die konstitutiven Bedingungen der ‚spezifischen Lebensform' des Wettkampfes ermöglichen durch die Tatsache, dass die Sinnhaftigkeit der Sinnlosigkeit nicht erzwungen werden kann, sondern einen subjektbestimmten Vertragsakt darstellt, die Erfahrung von spezifischen Gerechtigkeitsvorstellungen.

7. Handlungsprinzipien als Prüfinstanzen

Kennzeichnend für den ‚wettkampfsportlichen Sozialvertrag' ist, dass er nicht nur ein handlungseinschränkendes Zugeständnis an ein Regelwerk darstellt, sondern immer auch an die zunächst prinzipielle Anerkennung von mindestens drei konstitutiven Bedingungen des Kulturkonstrukts ‚Wettkampfsport' gebunden ist: *die Sieg-Niederlage Perspektive (1), die Leistungs-Erfolgs-Dialektik (2)* und *die Natürlichkeit als Echtheitszertifikat (3).*

Bei dieser Beurteilung der Handlungsbedingungen handelt es sich – zur Vermeidung von Missverständnissen – nicht um (essentialistische) Wesensaussagen zum Sport, sondern um Beurteilungskriterien von Akteuren und Rezipienten gegenüber der im letzten Kapitel skizzierten konstitutiven Sonderwelt des Sports. Kriterien, von denen davon ausgegangen wird, dass sie vorliegen müssen beziehungsweise sollten, um die Sonderwelt des Sports in der Welt, mit ihnen daraus abgeleiteten Rechten und Pflichten, akzeptieren zu können. Das heißt aber auch, die drei genannten Beurteilungskriterien sind keine essentialistischen ‚Seinsaussagen', sondern stellen Voraussetzungen dar, aus denen sich die *Glaubwürdigkeit* als konstitutives Anerkennungsmerkmal der Kulturtechnik moderner Wettkampfsport ergibt.

7.1 Sieg-Niederlage-Prinzip

Im Überbietungsgebot verankert, stellt das *Sieg-Niederlage-Prinzip* ein zentrales Merkmal der Wettkampf-Welt dar.[22] Es schafft anschauliche Ordnung, garantiert eine klare Geometrie des Wettbewerbs für eine überschaubare Anzahl von Ak-

---

21 Das Beispiel verdanke ich meinem Kollegen G. Spitzer.
22 Vgl. unter anderem Becker (1987), Stichweh (1990: 22) und Lenk (1983).

tiven und erlaubt eine relativ eindeutige Wertbestimmung im Wettkampf. Dabei können sich Akteur und Rezipient mit dem Handlungsgeschehen in archetypischer Weise, also unter Bezug auf sehr ursprüngliche, dichotome Lebensbedingungen identifizieren, wie Anstrengen – Versagen, Freude – Trauer, Hoffen – Resignieren etc. mit der Folge, dass über die qualitative Ausgestaltung jener ‚zweiwertigen' Handlungslogik des Wettkampfsystems eigene Lebensdramen vom Akteur und Zuschauer in das aktuelle Wettkampfgeschehen gleichsam eingewoben werden können. Dies ergibt sich daraus, dass der Wettkampf-Sport durch seine besonderen Raum-, Zeit- und Handlungsregeln auf den ersten Blick mit jenen anderen Sonderwelten wie zum Beispiel der Kunst oder dem Theater verwandt ist – jedoch mit einem wesentlichen Unterschied: Sportliche Handlungen „transportieren" während des Wettkampfablaufes keine spezifische Botschaft, wie zum Beispiel ein Theaterstück oder Bild, sondern die Dramatik des Geschehens ist quasi ‚inhaltsfrei'. Konkret bedeutet dies zweierlei:

- Der Wettkampfsport erfüllt die wesentlichen Bedingungen eines Dramas, erhält seine Dramatik jedoch nicht über einen spezifischen Inhalt, sondern über die Form der durch die Regeln geschaffenen Bedingungen.

- Die Dramatik der Handlungen im Wettkampfsport ist nicht fiktiv, sie ist keine gespielte Präsentation von Wirklichkeit wie in einem Theaterstück, sondern sie ist real und beansprucht, nicht nur vorgetäuscht, sondern wirklich zu sein.

Die bedeutet: Die prinzipielle Doppelfunktion wettkampfsportlichen Geschehens, die *Inhaltsfreiheit* bei gleichzeitiger *Realitätsgarantie* in einer *œuvrehaften Sonderweltlichkeit*,[23] ist die Basis dafür, dass der Wettkampfsport zu einer besonderen Art von Imageträger werden kann. Da die Bedingungen der Dramatisierung allein durch die Ausführungsformen garantiert werden und der Inhalt des ‚Dramas Wettkampfsport' frei ist, können individuelle Wünsche und Hoffnungen des eigentlich passiven Zuschauers in das Wettkampfgeschehen verlagert werden, ohne dass sich dieses dadurch verändert oder fehlgedeutet werden würde mit der Folge: Jeder einzelne kann selbst zum Teilnehmer innerhalb des formaldramatischen binär strukturierten Geschehens werden.

7.2 Leistungs-Erfolgs-Dialektik

Der Sieg in einem Wettkampf gilt offiziell als der Lohn für eine *authentische* Leistung in der *Sonderwelt* des Sports. Dabei müssen beziehungsweise sollten Kri-

---

23 Trotz ihrer situativen Prozesshaftigkeit können auch sportliche Ereignisse einen tradierbaren „Werkcharakter" erhalten, der durch Legendendiskurse stabilisiert wird, wie zum Beispiel das Endspiel der Fußball-WM 1954.

terien vorliegen, um die Spezifik des Sports in der Alltagswelt, mit ihren daraus abgeleiteten Rechten und Pflichten, akzeptieren zu können. Das heißt aber auch, die zwei genannten Beurteilungskriterien sind keine ‚Seinsaussagen', sondern stellen Merkmale dar, aus denen sich die Glaubwürdigkeit der Sonderweltlichkeit ergibt. Anders als in der Alltagswelt, in der oft nicht getrennt werden kann zwischen populärem Erfolg und selbsterbrachter Leistung, wird der Wettkampfsport gedeutet als ein System, das gekennzeichnet ist durch Eigenleistungen hinsichtlich des physischen und psychischen Gesamteinsatzes. Entsprechend gibt es für Akteure deshalb auch kein „Stellvertreterhandeln" (Lenk 1983: 68). In einer Gesellschaft, in der oft nur der Erfolg zählt. wird es immer schwerer, individuelle Leistungen in komplexen Handlungszusammenhängen kenntlich zu machen, woraus sich der besondere Reiz eines solchen Leistungssystems ergibt. Wobei diese Zuschreibung, insbesondere in technologisch vorbestimmten Geräte-Sportarten (Formel 1, Motorsport, Bobsport etc.) immer davon abhängig ist, wie viel Eigenleistung einem Akteur im Gesamtgeschehen dieser Sportart (noch) zugeschrieben werden kann. Besteht die Gefahr, dass der Aktive wie der Jockey im Pferderennsport nur noch als Beiwerk des Wettkampfpferdes erscheint, wird meistens versucht, über Regeländerungen den Anteil des Menschen an der Gesamtleistung wieder zu erhöhen. Wie weit dies gelungen ist, zeigt dann in der Regel die öffentliche Diskussion. Ein Anschauungsbeispiel sind die ständigen Regeländerungen im Formel 1-Rennsport.

7.3 Natürlichkeit als Echtheitszertifikat

Obwohl das moderne Wettkampfsystem in vielen Bereichen längst durch ein differenziertes medizinisch-technisches Trainingssystem gestützt und über ein ausgefeiltes Mediensystem nicht nur präsentiert, sondern auch inszeniert wird, gilt ein Merkmal weiterhin als Maßstab der Glaubwürdigkeit des agonalen Wettkampfes in Abgrenzung zur inszenierten Show: das *Natürlichkeitsversprechen* des Sports.[24] Es wird bisher (noch) als Garant für den Realitätscharakter des Wettkampfes angesehen und ermöglicht die Umsetzung der moralischen Vorstellung von Chancengleichheit – bei gleichzeitiger Anerkennung der individuellen Ungleichheit der Teilnehmer. Nur wenn allgemein davon ausgegangen werden kann, dass im Wettkampf letztlich die natürlichen Veranlagungen das Handeln bestimmen, ist auch jene sinnstiftende Identifizierung mit dem Athleten möglich. Anders als in der Kunst und im Theater, die über den fiktionalen Inhalt die Dramatisierung des Œuvre entwickeln, benötigt das Wettkampfsystem zur Stabilisierung seiner drama-

---

24   Vgl. dazu Birnbacher (2006), Pawlenka (2010/2008) und Bayertz (2005).

tischen Form den Glauben an die ‚Wirklichkeit' und damit an die ‚Natürlichkeit' der Handlungen.[25] Die Diskussion um Doping und unerlaubte Mittel ist deshalb nicht nur eine Frage der Gesundheit oder Chancengleichheit der Athleten, sondern tangiert vor allem zentrale Strukturbedingungen des Systems Wettkampfsport.[26]

Entscheidend für weiterführende Diskussionen ist, dass diese drei konstitutiven Prinzipien ihre Wirksamkeit nur solange er- beziehungsweise behalten, wie alle Beteiligten auch von ihrer Gültigkeit ausgehen können. Sie müssen als normativ richtig und inhaltlich wahr angesehen werden können, sowie von allen wahrhaftig vertreten werden, was bedeutet: Sie müssen glaubwürdig sein!

Damit zeigt sich, dass die systemrelevante Sonderwelt des Sports in der Alltagswelt auch eine spezifische Wissensfrage ist, die sich auf Glaubwürdigkeitsannahmen bezieht.[27]

Fakten wie Bestechungsgelder im Fußball oder Dopingvorwürfe im Radsport gelten solange als Ausnahmen, wie Akteure und Zuschauer an die prinzipiellen Ausgrenzungsbedingungen glauben. Erst wenn den Fakten eine generalisierende Bedeutung zugestanden wird, werden sie zum Beleg dafür, dass an die besondere Welt des Sports in der Welt mit ‚ergebnis-offenem Ausgang' und einer ‚natürlichen Leistungssteigerung' nicht mehr geglaubt wird. Wann in diesem Beurteilungsprozess eine Umdeutung stattfindet, lässt sich nur selten vorhersagen. Es kann nur festgestellt werden, dass es unterschiedliche, nicht prognostizierbare Schwellenwerte gibt, bei denen eine Deutungsperspektive ‚umkippt'. Danach würde dann grundsätzlich bezweifelt werden, dass es zum Beispiel noch einen Olympiasieg im Gewichtheben oder einen Sieg bei der Tour de France geben kann, der nicht auf manipulierte Weise erreicht worden ist.

Zusammenfassend lässt sich feststellen: Doping ist keine einfache Regelverletzung, sondern eine Vertragsverletzung. Doping verändert nicht nur die Art des Wettkampfes schafft ein anderes Spiel, sondern dieses andere Spiel ist kein Wettkampfsport mehr – definiert unter Beachtung jener konstitutiven Bedingungen, die die Voraussetzung sind für den Versprechensakt, der der Sinnlosigkeit der Sonderwelt des Sports ihre Sinnhaftigkeit gibt.

---

25 Das heißt, beide Begriffe sind keine ‚Seinsaussagen', sondern Begriffe in einem konstitutiven Zuschreibungsprozess.

26 Dazu auch Gebauer (2002: 239-240).

27 Dass dies auch in anderen ‚harten' konkurrenzorientierten Systemen ein wichtiger Faktor sein kann, belegt die Börsen- und Wirtschaftswelt.

8. Resümee und Ausblick

Der Beitrag sollte zeigen, dass das Doping im Sport, in der Öffentlichkeit zunächst meist als individueller Betrugsakt gebrandmarkt, nicht nur als ein besonderes Sozialverhalten im modernen Sportbetrieb angesehen werden kann, sondern durch die ethischen Voraussetzungen sportlicher Wettkämpfe auch das System ‚Leistungssport' generell in Frage stellt. Denn eine Freigabe von Dopingpraxen würde nicht nur die spezifischen Handlungsumstände des agonalen Wettbewerbs verändern, sondern diesem auch die Legitimationsgrundlage als *sportlichem* Ereignis entziehen und die ergebnisoffene Auseinandersetzung zu einer Show werden lassen, in der der Akteur weitgehend zum Gutachter pharmakologischer Möglichkeiten werden würde. Was also notwendig erscheint sind systematische Untersuchungen, die die komplexe Transformation von Erfolgserwartung und traditionellen Moralvorstellungen im medienvermittelten professionalisierten und kommerziellen Sportbetrieb situationsrelevant analysieren und zeitgemäße Antworten entwickeln, die über moralisch konnotierte Presseinformationen hinausgehen. Eine Sportwissenschaft, die sich unter anderem auch als Kulturwissenschaft versteht, bietet dafür besonders gute Voraussetzungen, da sie nicht nur die ethisch-ästhetischen, kognitiven und performativen Handlungsumstände berücksichtigt, sondern das vordergründig reale Handlungsereignis auch als ein nicht zufälliges, kulturell geprägtes Konstrukt analysieren kann.

Die Veränderung von Dopingpraxen, ihre zeitgeschichtlich unterschiedlichen Bewertungen und daran gebundenen Kontrollversuche, einschließlich daraus sich ergebender ethischer und juristischer Konsequenzen, erweisen sich als ein besonders geeignetes Untersuchungsfeld, um die Transformation von Kulturtechniken in modernen Gesellschaften dokumentieren zu können. Der vorliegende Beitrag, unter anderem Ergebnis eines größeren Forschungsprojekts, das von 2009-2012 durch das BMBF im Rahmen der Initiative „Geisteswissenschaften übersetzen" gefördert wurde[28], ist ein Versuch, dies transparent zu machen. Gleichzeitig ist es auch ein Beleg dafür, wie eine kulturwissenschaftlich ausgerichtete Sportwissenschaft nicht nur angewandte Fragen beantworten kann, sondern durch Untersuchungen des spezifischen Gegenstands ‚sportliche Handlung' als Kulturkonstrukt und der dabei erkennbaren laborartigen Fokussierung allgemeiner gesellschaftlicher Veränderungen zum Wegbereiter kulturwissenschaftlicher Forschungen werden kann – allerdings unter der Voraussetzung, dass ihr dafür die materiellen und personellen Ressourcen zur Verfügung stehen.

---

28   Vgl. dazu: Spitzer, L./Franke, E. (2010-2013).

Literatur

Apel, K. O. (1988): Die ethische Bedeutung des Sports in der Sicht einer universalistischen Diskursethik. In: Franke, E. (Hrsg.): Ethische Aspekte des Leistungssports. dvs, Clausthal-Zellerfeld, S. 105-134.

Bayertz, K. (Hrsg.) (2005): Die menschliche Natur. Welchen und wieviel Wert hat sie? Mentis, Paderborn.

Becker, P. (1987): Steigerung und Knappheit. Zur Kontingenzformel des Sportsystems und ihre Folgen. In: Becker, P. (Hrsg.): Sport und Höchstleistung. Rowohlt, Reinbek, S. 17-37.

Bette, K.-H./Schimank, U. (1995): Doping im Hochleistungssport. Anpassung durch Abweichung. Suhrkamp, Frankfurt am Main.

Birnbacher, D. (2006): Natürlichkeit. de Gruyter, Berlin, New York.

Bockrath, F./Bahlke, S. (1996): Moral und Sport im Wertbewußtsein Jugendlicher. Über den Zusammenhang von leistungsbezogenen Freizeitaktivitäten mit moralrelevanten Einstellungs- und Urteilsformen. Köln.

Böhme, H. (2007): Aufgaben und Perspektiven der Kulturwissenschaft. In: Därmann, I./Jamme, C. (Hrsg.): Kulturwissenschaften. Konzepte, Theorien, Autoren. Fink, München, S. 35-52.

Boschert, B. (2003): Körpergewissheit und performative Wende. In: Alkemeyer, T./Boschert, B./ Schmidt, R./Gebauer, G. (Hrsg.): Aufs Spiel gesetzte Körper. Aufführungen des Sozialen in Sport und populärer Kultur. UvK, Konstanz, S. 281-294.

Bourdieu, P. (1993): Soziologische Fragen. Suhrkamp, Frankfurt am Main.

Court, J. (1990): Pragmatisierte Ethik zwischen Gesinnungs- und. Verantwortungsethik. Theorie und Praxis der Körperkultur 39(6): 368-376.

Court, J. (1995): Kritik ethischer Modelle des Leistungssports. Sportverlag Strauß, Köln.

Court, J. (1996): Sport und Ethik. In: Haag, H. (Hrsg.): Sportphilosophie. Ein Handbuch. Hofmann, Schorndorf, S. 230-250.

de Wachter, F. (1983a): Are Sports a factor for peace? In: Lenk, H. (Hrsg.): Aktuelle Probleme der Sportphilosophie. Kongreßbericht des Workshop über Sportphilosophie in Verbindung mit der 8. Jahrestagung der Philosophic Society for the Study of Sport. Hofmann, Schorndorf, S. 255-268.

de Wachter, F. (1983b): Spielregeln und ethische Problematik. In: Lenk, H. (Hrsg.): Aktuelle Probleme der Sportphilosophie. Kongreßbericht des Workshop über Sportphilosophie in Verbindung mit der 8. Jahrestagung der Philosophic Society for the Study of Sport. Hofmann, Schorndorf, S. 278-294.

Diem, C. (1960): Wesen und Lehre des Sports. 2. Aufl. Weidmannsche Verlagsbuchhandlung, Berlin.

Digel, H. (1980): Regeln im Sport. In: Gruppe, O. (Hrsg.): Sport. Theorie in der gymnasialen Oberstufe. Hofmann, Schorndorf, S. 305-349.

Digel, H. (1994): Doping als Verbandsproblem. In: Bette, K.-H. (Hrsg.): Doping im Leistungssport – sozialwissenschaftlich beobachtet. Naglschmid, Stuttgart, S. 131-152.

Digel, H. (1997): Citius, altius, fortius – wohin treibt der olympische Spitzensport? In: Gruppe, O. (Hrsg.): Olympischer Sport. Rückblick und Perspektiven. Hofmann, Schorndorf, S. 85-98.

Drexel, G. (1990): Bewegung im Wettkampfsport als „performative" Handlung – ein Rahmenkonzept zur Erzeugung realer sowie moralisch perfekter beziehungsweise moralisch defekter Bewegungs-Welten im Wettkampfsport. In: Cachay, K./Drexel, G./Franke, E. (Hrsg.): Ethik im Sportspiel. dvs, Clausthal-Zellerfeld, S. 127-166.

Drexel, G. (1994): „Sportiver Egoismus". Zur Ethik wettkampfsportlichen Handelns. In: Heck, T. L. (Hrsg.): Das Prinzip Egoismus. Noûs-Verlag, Tübingen, S. 505-528.

Franke, E. (1976): Imagebildung und Sozialisation im Wettkampfsport. Ein idealtypischer oder extremer Vorgang zur Alltagswelt? Sportwissenschaft 6(3): 277-290.

Franke, E. (1978): Theorie und Bedeutung sportlicher Handlungen. Voraussetzungen und Möglichkeiten einer Sporttheorie aus handlungstheoretischer Sicht. Hofmann, Schorndorf.

Franke, E. (1989): Sportler-Ethik als „Charakter-Ethik" oder „Handlungs-Folgen-Ethik"? Eine programmatische Skizze für den medienrelevanten Hochleistungssport. In: Allmer, H./Schulz, N. (Hrsg.): Sport und Ethik – Grundpositionen. Academia Verlag, Sankt Augustin, S. 34-53.

Franke, E. (1994): Dopingdiskurse: Eine Herausforderung für die Sportwissenschaft. In: Bette, K.-H. (Hrsg.): Doping im Leistungssport – sozialwissenschaftlich beobachtet. Naglschmid, Stuttgart, S. 67-99.

Franke, E. (1995): Sportverbände – Relikt oder Voraussetzung für einen Sport der Moderne? Betrachtungen aus institutionenethischer Sicht. In: Hinsching, J./Borkenhagen, F. (Hrsg.): Modernisierung und Sport. Jahrestagung der dvs-Sektion Sportsoziologie vom 14.-16.9.1994 in Greifswald. Academia Verlag, Sankt Augustin, S. 207-223.

Franke, E. (2010): Doping im Wettkampfsport. Eine sportethische Herausforderung. Zeitschrift für Kulturphilosophie 1: 17-27.

Galert, T. et al. (2009): Das optimierte Gehirn. Gehirn & Geist 11: 40-48.

Gebauer, G. (1971): Der Sport in der Kunst – die Kunst im Sport. (Zu: Pierre Frayssinet, Le Sport parmi les Beaux-Arts). Sportwissenschaft 1(1): 75-84.

Gebauer, G. (1983): Wie regeln Spielregeln das Spiel? In: Gruppe, O./Gabler, H./Göhner, U. (Hrsg.): Spiel, Spiele, Spielen. Hofmann, Schorndorf, S. 154-161.

Gebauer, G. (2002): Sport in der Gesellschaft des Spektakels. Academia Verlag, Sankt Augustin.

Gerhardt, V. (1993): Fairneß – Die Tugend des Sports. In: Gerhardt, V./Lämmer, M. (Hrsg.): Fairneß und Fair play. Eine Ringvorlesung an der Deutschen Sporthochschule Köln. Academia Verlag, Sankt Augustin, S. 5-24.

Gruppe, O. (1989): Doping und Leistungsmanipulation: Zehn Gründe für konsequente Kontrollen. Olympisches Feuer 39(1): 10-13.

Gruppe, O. (1997): Olympismus und olympische Erziehung. Abschied von einer großen Idee? In: Gruppe, O. (Hrsg.): Olympischer Sport. Rückblick und Perspektiven. Hofmann, Schorndorf, S. 223-243.

Güldenpfennig, S. (1996): Sport Autonomie und Krise. Soziologie der Texte und Kontexte des Sports. Academia Verlag, Sankt Augustin.

Heringer, H. J. (1990): Regeln und Fairneß. Sportwissenschaft 20(1): 27-42.

Herms, E. (1986): Ist Sportethik möglich? In: Deutscher Sportbund (Hrsg.): Die Zukunft des Sports. Materialien zum Kongress „Menschen im Sport 2000". Hofmann, Schorndorf, S. 84-110.

Knörzer, W. et al. (2006): Dopingprävention in Europa. Erstes Internationales Expertengespräch 2005 in Heidelberg. Meyer & Meyer Sport, Aachen.

Kuchler, W. (1969): Sportethos. Eine moraltheologische Untersuchung des im Lebensbereich Sport lebendigen Ethos als Beitrag zu einer Phänomenologie der Ethosformen. Barth: München.

Lenk, H. (1972): Leistungssport: Ideologie oder Mythos? Kohlhammer, Stuttgart.

Lenk, H. (1983): Eigenleistung. Plädoyer für eine positive Leistungskultur. Edition Interfrom, Zürich.

Lenk, H. (1985a): Aspekte einer Pragmatisierung der Ethik – auch für die Sportethik. In: Cachay, K./Digel, H./Drexel, G. (Hrsg.): Sport und Ethik. dvs, Clausthal-Zellerfeld, S. 1-20.

Lenk, H. (1985b): Die achte Kunst. Leistungssport – Breitensport. Edition Interfrom, Zürich.

Lenk, H. (1996): Auf der Suche nach dem verlorenen olympischen Geist. In: Gebauer, G. (Hrsg.): Olympische Spiele – die andere Utopie der Moderne. Olympia zwischen Kult und Droge. Suhrkamp, Frankfurt am Main, S. 101-130.

Meinberg, E. (1991): Die Moral im Sport. Bausteine einer neuen Sportethik. Meyer & Meyer, Aachen.

Müller, K. E. (2003): Das Unbehagen mit der Kultur. In: Müller, K. E. (Hrsg.): Phänomen Kultur. Perspektiven und Aufgaben der Kulturwissenschaften. transcript-Verlag, Bielefeld, S. 13-49.

Pawlenka, C. (2002): Utilitarismus und Sportethik. Mentis: Paderborn.

Pawlenka, C. (2008): Leistungssteigerung im Sport – ethisch indifferent? Eine Grenzerkundung zwischen ‚Natürlichkeit' und ‚Künstlichkeit'. In: Maio, G./Clausen, J./Müller, O. (Hrsg.): Mensch ohne Maß? Reichweite und Grenzen anthropologischer Argumente in der biomedizinischen Ethik. Alber, Freiburg, S. 271-287.

Pawlenka, C. (2010): Ethik, Natur und Doping im Sport. Mentis: Paderborn.

Pilz, G. A./Wewer, W. (1987): Erfolg oder Fair play? Sport als Spiegel der Gesellschaft. Copress, München.

Pilz, G. A. (1988): Fairness – im Sport – eine fiktive oder reale Handlungsmoral? In: Franke, E. (Hrsg.): Ethische Aspekte des Leistungssports. dvs, Clausthal-Zellerfeld, S. 23-34.

Schwier, J. (1992): Regeln, Moral und informelle Fairness. Sportwissenschaft 22(2): 215-218.

Searle, J. R. (1971): Sprechakte. Ein sprachphilosophischer Essay. Suhrkamp, Frankfurt am Main.

Singler, A./Treutlein, G. (Hrsg.) (2000): Doping im Spitzensport. Sportwissenschaftliche Analysen zur nationalen und internationalen Leistungsentwicklung (Teil 1). Meyer & Meyer, Aachen.

Soeffner, H. G. (2003): Die Perspektive der Kultursoziologie. In: Müller, K. E. (Hrsg.): Phänomen Kultur. Perspektiven und Aufgaben der Kulturwissenschaften. transcript-Verlag, Bielefeld, S. 171-194.

Spitzer, G. (2004): Doping in der DDR. Ein historischer Überblick zu einer konspirativen Praxis. Genese – Verantwortung – Gefahren. 3. Aufl. Sportverlag Strauß, Köln.

Spitzer, G. (2005): East Germany. In: Bartlett, R./Gratton, C./Rolf, C. G./Rolf, C. (Hrsg.): Encyclopedia of international sports studies. Routledge, London.

Spitzer, G. (2006): Doping und Dopingprävention in offenen und geschlossenen Systemen: Erkenntnisgewinn des DDR Systems für die Prävention. In: Knörzer, W./Spitzer, G./Treitlein, G. (Hrsg.): Dopingprävention in Europa. Erstes internationales Expertengespräch 2005 in Heidelberg. Meyer & Meyer, Aachen, S. 92-106.

Spitzer, G./Franke, E. (Hrsg.) (2010-2013): Sport, Doping und Enhancement-Transdisziplinäre Perspektiven. Sportverlag Strauß, Köln. Bd. 1 - Bd. 6.

Stichweh, R. (1990): Sport – Ausdifferenzierung, Funktion, Code. Sportwissenschaft 20(4): 373-389.

Suits, B. (1972): What is a game? In: Gerber, E. W./Morgan, W. J. (Hrsg.): Sport and the body. A philosophical symposium. Lea & Febiger, Philadelphia, S. 16-22.

von Weizsäcker, R. (1986): Grundsätze und Grenzen des Sports. Ansprache des Bundespräsidenten Richard von Weizsäcker vor der Hauptversammlung des Nationalen Olympischen Komitees am 16. November 1985. In: Deutscher Sportbund (Hrsg.): Deutscher Sportbund 1982-1986. Bericht des Präsidiums, S. 101-107.

Verräumlichung von Kultur.
wohnen+/–ausstellen Kontinuitäten und Transformationen eines kulturellen Beziehungsgefüges

Irene Nierhaus / Kathrin Heinz / Christiane Keim

1. Einleitung

Nach wie vor gilt das Wohnen als Ort des Privaten, der dem Bereich des Öffentlichen gegenübergestellt wird. Dieses auch wissenschaftliche Debatten einschließende Beharren auf einer Dichotomisierung von Privatheit, die sich am vermeintlich intimen Rückzugsort entfaltet, und Öffentlichkeit, die außerhalb der Wohnung situiert wird, negiert die Einbindung des Wohnens in gesellschaftliche Strukturierungs- und Formierungsprozesse. Indem Wohnen als politische, soziale und kulturelle An-Ordnung Zuschreibungen an Geschlechter, Ethnien, Körper und Nation vornimmt, erweist es sich als gesellschaftlicher Schauplatz. Im Wohnen wird moderne Subjektivität handlungsorientiert in einem fortwährenden Prozess des Sich-Einrichtens und Sich-Ausstellens konstituiert. Auch Ausstellen ist eine gesellschaftliche Formation, die über Akte des Zeigens Wissen, Vorstellungen und Bedeutungen produziert.

Im November 2009 wurde mit dem Aufbau des eigenständigen und spezifischen Forschungsfeldes *wohnen+/-ausstellen* begonnen.[1] Das Forschungsfeld setzt sich mit den Beziehungen und Verflechtungen der Schauplätze Wohnen und Ausstellen auseinander. Diese Beziehungen und Verflechtungen sind nicht stabil, sondern erweisen sich vielmehr als prozesshaft, historisch, sozial und kulturell verortet: Sie werden neu gebildet, wieder verändert und an wechselnde Situationen und Bedingungen angepasst; ebenso werden aber auch vorhandene Muster übernommen und weitergeführt. Für die Erkenntnisinteressen des Untersuchungsfeldes ist Transformation entsprechend ein wichtiger Parameter, erlaubt er es doch, die Komplexitäten und Heterogenitäten des Beziehungsgefüges zu bestimmen und darzustellen. Der Begriff des Wandels wird im vorliegenden Text als kon-

---

[1] Das Forschungsfeld wird in Kooperation des Instituts für Kunstwissenschaft und Kunstpädagogik und des Mariann Steegmann Instituts. Kunst & Gender durchgeführt.

stitutiver Faktor in einem Forschungskontext verstanden, der mit Wohnen und Ausstellen zwei Kernbereiche kultureller Produktion und Formation untersucht. Die Forschungsarbeit ist innerhalb einer transdisziplinär ausgerichteten Diskursformation zu verorten, in der sich Theorieansätze der Kunstwissenschaft, der Visual Culture Studies, kultur- und sozialwissenschaftliche Beiträge zum Verständnis des Raumes sowie Fragehorizonte der Genderforschung zum Komplex Bild-Raum-Subjekt überkreuzen.

2. Vom Raum zur Räumlichkeit

Aus der Sicht der Sozial- und Kulturwissenschaften auf den Raum hat sich in den letzten Jahrzehnten ein grundlegender Wandel vollzogen. Die traditionelle, auf die Newton'sche Naturphilosophie zurückgehende Vorstellung vom Raum als einem präexistierenden Behälter, in den Subjekte und Objekte hineinversetzt werden, ist im Zuge dieser Perspektivverschiebung in Frage gestellt worden. Maßgebliche Impulse und Richtungsvorgaben für ein Um- und Neudenken des Raumes, das an die Stelle des physischen Raumbegriffs ein relationales Konzept von Räumlichkeit, besser: Räumlichkeiten, setzt, gingen dabei vor allem von (post-)strukturalistischen und diskursanalytischen Theoriebildungen aus. So steht im Zentrum des kultursoziologischen Ansatzes von Pierre Bourdieu die Vorstellung eines sozialen Raumes der, als „Ensemble objektiver Kräfteverhältnisse" definiert, soziale Positionen und Handlungsoptionen der gesellschaftlichen Akteur/innen in Relation zueinander bestimmt (Bourdieu 1991). Der Raum, insbesondere seine symbolische Kennzeichnung hat, folgt man Bourdieu, großen Anteil daran festzulegen, wer sich in einer Klassengesellschaft „oben und unten oder auch zwischen bzw. in der Mitte usw." befindet (Bourdieu 1992: 38). Auch in Michel Foucaults Ausführungen zu Wissens- und Diskursordnungen ist die Sichtweise auf den Raum topologisch und relational angelegt. Soziale und kulturelle Ordnungen entstehen nach Foucault durch die Herstellung von Beziehungen und die Ausgrenzung des Anderen. „Wir leben nicht innerhalb einer Leere, die nachträglich mit bunten Farben eingefärbt ist", schreibt er in seinem Aufsatz *Des espaces autres*. Und diesen Punkt näher ausführend: „Wir leben innerhalb einer Gemengelage von Beziehungen, die Platzierungen definieren, die nicht aufeinander zurückzuführen und nicht miteinander zu vereinbaren sind" (Foucault [1967] 1998: 25). Weitere wichtige Referenzen in Hinsicht auf die neue Perspektivierung des Raumes stellen die raumtheoretischen Schriften des Soziologen Henri Lefebvres dar. Da unterschiedliche soziale Gruppen und Körper den Raum besetzen können, sei er in einem fortlaufenden Prozess der Produktion begriffen, konstatiert

Lefebvre in seinem Buch *La production de l'espace*. Die Entstehung von Räumen lasse sich zum einen als Effekt sozialer Praxen beschreiben, zum anderen erzeugten Raumkonstellationen Wirkungen, die soziale Praktiken strukturieren und dadurch Handlungsweisen ermöglichen, einschränken oder auch ausschließen (Lefebvre [1974] 1991).

Die Auffassung vom Raum, so könnte man das konzeptuelle Umdenken in Bezug auf Raumfragen noch einmal zusammenfassen, verlagert sich von der Idee des Raumes als raumzeitlicher Ganzheit zu einer relativistischen Verhältnisstruktur.

Seit den 1990er Jahren intensivierte sich die Debatte zum Raum, vorwiegend von der Architekturtheorie (Colomina 1992; Vidler 1992; Wigley 1994; Graafland 1996) sowie der Soziologie (Häußermann 1999; Sturm 2000; Löw 2001) ausgehend. In der Kunstwissenschaft wurde die Auseinandersetzung mit Räumlichkeiten zunächst vereinzelt in kulturwissenschaftlich orientierten Arbeiten aufgegriffen (Müller 1994; Asendorf 1997; Nierhaus 1999), um sich dann ab dem ersten Jahrzehnt dieses Jahrhunderts als Thema zu etablieren (Demuth 2002; Jöchner 2003, 2004; Lammert et al. 2005; Lange 2006).

3. Räumlichkeit und Bildlichkeit

Um Raumanordnungen und die Implikationen der Herstellung und Wirkung von Raum genauer analysieren zu können, müssen die Kategorien des Blicks und des Bildes miteinbezogen werden. Der Blick bzw. das Sehen sind Handlungsformen, die Raum erschließen, ihn aneignen und mitkonstruieren. Über Positionierungen von Betrachterschaft (spectatorship) werden visuelle und räumliche Kommunikation geregelt sowie Verfügbarkeiten über den Raum definiert. Der Bildbegriff, vordem erkenntnistheoretisch vom Bild als Mittler zwischen selbstidentischem Subjekt und feststehendem Objekt ausgehend, wird in poststrukturalistischer und repräsentationskritischer Sicht neu bestimmt: Der Begriff vom Bild ,verzweigt' sich (Foucault [1966] 1988), das heißt, das Bild wird nicht mehr als einfache Wiedergabe gesehener oder vorgestellter Gegenstände verstanden, sondern als Teil eines Netzes sozial und kulturell geprägter Bildlichkeiten, die jeweils Wahrnehmung vorstrukturieren. Das Repertoire dessen, was in einer historischen Situation zu-sehen-gegeben werden kann[2], formiert sich zu einem ideologisch determinierten Feld von Signaturen; dieses Feld bezeichnet die Screen-Theorie anknüpfend

---

2 Der von Merleau-Ponty und Lacan übernommene Begriff Zu-Sehen-Geben bezeichnet das in einer historischen Situation jeweils Sichtbare oder – nach Kaja Silverman – das „Vorgesehene" des kulturellen Bilderrepertoires. Zur Verwendung des Begriffs in geschlechterkritischer Perspektive vgl. Schade/Wenk 2005.

an Lacan als Bildschirm (Lacan [1964] 1987). Der Bildschirm ordnet den Blick, er legt fest, wie was gesehen und mit welchen Bedeutungen das Gesehene ausgestattet wird (Silverman [1996] 1997).

Dieses veränderte Verständnis zentraler Kategorien visueller Kultur voraussetzend richtet sich das Interesse der Forschung heute auf die Wechselbeziehungen, das komplexe Interagieren zwischen Blick-, Bild- und Raumformen; insbesondere jedoch auf deren Verbindungsstellen, die Einfluss nehmen auf Beziehungsstrukturen, Identitätsbildungen und Wissensordnungen und damit sozialen Sinn anstreben. Es geht nicht um einzelne Objekte, das heißt, um spezifische Bilder, Räume oder Medien, sondern um die Figurierung von Wahrnehmung, die sich als soziales Auswahlverfahren darstellt, anders ausgedrückt: um die in den Objekten sichtbar werdenden diskursiven Zonen der Gesellschaft.[3]

4. Geschlechterstrukturen

Der breitgefächerte Diskurs über Verräumlichung und Visualisierung als sozial determiniertes Beziehungsgefüge hatte die Kategorie Geschlecht zunächst nur am Rande berücksichtigt. Erst durch die Einsprüche von Genderforscherinnen aus den Kunst- und Kulturwissenschaften begann sich die Erkenntnis durchzusetzen, dass soziale Strukturen und Darstellungssysteme auch Geschlecht bzw. Geschlechterdifferenz herstellen und repräsentieren. So haben Wissenschaftler/innen aus den Disziplinen Anthropologie, Ethnologie oder Geografie grundlegende Studien zum Verhältnis von Geschlecht und Raum vorgelegt und darin aufzeigen können, dass einerseits Räume und Raumordnungen geschlechtlich strukturiert sind, andererseits Geschlecht und Geschlechtsidentität als verräumlichte Phänomene aufgefasst werden müssen (Spain 1992; Massey 1994; Rendell/Penner/Borden 2000). Untersuchungen in den Kunstwissenschaften, vor allem solche zum Interieur, richteten ihr Augenmerk schon früh auf die Doktrin der Trennung zwischen einem gesellschaftlichen Außen und einem ‚privaten‘ Innen, die auf dem scheinbar naturgegebenen und durch die Polarität der Geschlechter bestimmten Antagonismus zwischen Öffentlichkeit und Privatheit basierte (Spickernagel 1985; Pollock 1989; Nierhaus 1999). Auch das Verhältnis von Blick und Bild ist in zahlreichen Untersuchungen der kunst- und kulturwissenschaftlichen Gender Studies zum Gegenstand eines kritischen Gegenlesens bestehender Wissenschaftspositionen gemacht worden: Vor allem im Zusammenhang mit dem Körper bzw. dem Körperbild ist hier nach der Geschlechterstruktur kultureller Blickregimes ge-

---

3   Die Darstellung des Verhältnisses von Räumlichkeit und Bildlichkeit bezieht sich auf die
     Ausführungen in Nierhaus 2006: 55-73.

fragt worden (Schade 1987; Eiblmayr 1993; Härtel 1999; Sykora 2001; Hentschel 2001). In diesen Kontext gehören weiterhin Beiträge aus den Forschungsdisziplinen Filmtheorie (Mulvey 1989; Silverman [1996] 1997), Visuelle Kultur (Rogoff 1997, 2000; Schade/Wenk 2011), die sich – jeweils von der Kategorie Geschlecht ausgehend – mit dem Dispositiv der Betrachterschaft (spectatorship) in Kunst, Film und Architektur auseinandersetzten. Zu den wichtigsten Feldern der genderorientierten Kunstwissenschaft, die es im vorliegenden Zusammenhang zu berücksichtigten gilt, zählen außerdem die Analysen zu den Definitionen und Bedingungen von Autorschaft in den Künsten (Hoffmann-Curtius/Wenk 1997; Schade/Wenk 2005). Alle genannten Forschungsbeiträge hatten und haben entscheidenden Anteil daran, dass das Wohnen, in einschlägigen Wissenschaftsdiskursen ein immer noch vernachlässigtes Gebiet, zu einem zentralen Bereich der Geschlechterstudien vor allem auch in der Kunstwissenschaft geworden ist.[4]

5. Raumbilder und Bildräume: Die Wohnung als ‚Projekt des Privaten'

Die Wohnung kann, zugespitzt formuliert, eine Erfindung des 19. Jahrhunderts genannt werden. Die moderne Industriegesellschaft entwickelte den Grundsatz separater Sphären, demzufolge der Raum des Öffentlichen von dem des Privaten getrennt zu denken sei. Das Private wurde zu einer zentralen gesellschaftlichen Formation von Wertekategorien, in deren Mitte das Wohnen angesiedelt ist. Wie eingangs bereits angedeutet, bezeichnete die Wohnung den Ort, an dem Privatheit bzw. das Subjekt als Privates mit all seinen Gefühlsbindungen und Wertevorstellungen geformt werden sollte (Nierhaus 2006: 58-59; Sparke 2010: 9).

Damit Wohnen und Privatheit als Projekt der Verbürgerlichung Wirksamkeit entfalten konnten, galt es, seitens der Wohntheoretiker und Innengestalter räumliche und bildliche Anordnungen zu entwickeln, *in* denen und *mit* denen die erforderlichen Kompetenzen des Wahrnehmens und Agierens für die Erlangung eines bürgerlichen Selbstverständnisses und Weltverhältnisses eingeübt werden konnten. Wie waren diese Anordnungen aber jeweils konfiguriert? Wie sollten die Orte des Privaten im Einzelnen aussehen?

---

4   Bei der kurzgefassten Darstellung und ihren Referenzen beschränken wir uns auf wichtige Positionen der wissenschaftlichen Debatte über Geschlecht, Raum und Subjekt. Eine ausführliche Dokumentation dieses Diskurses, vor allem auch seiner Entwicklungslinien und Verzweigungen seit den 1980er Jahren, bieten jeweils die Themenhefte der Halbjahreszeitschrift *FKW//Zeitschrift für Geschlechterforschung und visuelle Kultur* sowie die Publikationen der Kunsthistorikerinnentagungen.

Das Idealkonzept der bürgerlichen Wohnung nach 1850[5] erweist sich als ein formal und funktional differenziertes Gebilde, in dem die Räume definierten Zwecken zugeordnet und in unterschiedlichen Stilen ausgestattet wurden. Über den Weg symbolischer Besetzungen und assoziativer Verbindungen riefen die aufeinander bezogenen Teile der Ausstattung eine gleichnishafte Bilderwelt hervor, die an die Bewohner/innen appellierten, sie in einen Dialog einbanden (Nierhaus 1999: 100ff.). Zusätzlich sorgten textile Hüllen, die Oberflächen der Möbel und Wände überzogen, für eine Abschließung von der Welt, die Walter Benjamin von der historistischen Wohnung als ‚Futteral' der Bewohner sprechen ließ (Benjamin 1982: 292). Die hier bereits angelegte Sensibilisierung gegenüber Texturen, Farben, Licht und Gerüchen verstärkte sich im letzten Viertel des Jahrhunderts; die Wiederholung und Vervielfältigung der auf die Sinne wirkenden Materialitäten begründete das Wohnen als sensuelle Welt, die zwischen Bewohner/innen und Erscheinungen der Wohnraumausstattung Ereignisse entfaltete. In der Zusammenführung und Verschneidung all dieser Elemente zeigen sich Anordnungen des Wohnens als Kontinuen von Bild- und Raumeinheiten oder, um noch einmal auf die Screen-Theorie zurückzukommen, als kulturell geprägte Bildschirme, die Objekte, Objektbeziehungen und Wahrnehmungen assoziativ miteinander verbinden. So gruppieren sich um den Raum etwa des Speisezimmers, seiner Möblage, den Ausstattungselementen, der Zentrierung des Tisches für die Versammlung der Bewohner/innen als Familie Images, die sich bis in die Küche oder ins Wohnzimmer fortsetzen und das Speisezimmer zur Schnittstelle in einem Konvolut von Bildern und Figuren machen (Nierhaus 2004: 123, 2006: 60).

Das auf dem Screen fixierte Beziehungsgeflecht aus Verräumlichung und Verbildlichung erhielt seine besondere Ausprägung durch die Codices der Geschlechterordnung. Mit der Differenzierung nach Funktionen ging eine Markierung männlicher und weiblicher Orte einher; Stilcharaktere wurden mit Geschlechtscharakteren korreliert. So stand etwa – um ein Beispiel herauszugreifen – das im altdeutschen Stil gehaltene Arbeitszimmer nach Maßgabe dieses Übertragungsschemas für die ‚Tatkraft' des Mannes, während der in Rokokoformen gestaltete Salon die ‚Zerstreutheit' der Frau repräsentierte (Nierhaus 1999: 106; Rossberg 1999).

Damit nicht genug, wurde die Wohnung entsprechend der geschlechtsspezifischen Aufspaltung gesellschaftlicher Räume in öffentlich/männliche und privat/ weibliche auch als Ganze dem Weiblichen zugeordnet. Dies äußerte sich, indem Figurationen von Weiblichkeit oder Anverwandlungen zwischen weiblichen Körpern

---

5   Die Rede ist im Folgenden von Modellen, die Vorstellungen vom Wohnen zum Ausdruck
     bringen. Formen des sozialen Gebrauchs, die Auskünfte über jeweils konkrete Aneignungen
     zu geben vermögen, müssen hier unberücksichtigt bleiben.

Abbildung 1: Herren-Zimmer, 1879

Aus: Um-Ordnung. Angewandte Künste und Geschlecht in der Moderne. Hrsg. v. Cordula Bischoff/
Christina Threuter. Marburg: Jonas Verlag 1999, S. 61.

Abbildung 2: Damen-Zimmer, 1879

Aus: Um-Ordnung. Angewandte Künste und Geschlecht in der Moderne. Hrsg. v. Cordula Bischoff/
Christina Threuter. Marburg: Jonas Verlag 1999, S. 59.

und Materialien für die Anmutungsqualitäten des Interieurs zu sorgen hatten oder aber die (Haus-) Frauen auf der Grundlage der von männlichen Protagonisten entwickelten Idealkonzepte als Gestalterinnen und Geschmackbildnerinnen in Dienst genommen wurden (Nierhaus 1999: 88-89).

Um die Wende zum 20. Jahrhunderts kündigte sich ein radikaler Umbruch in den Vorstellungen über die Wohnung und das Wohnen an. Wohnreformer wie Adolf Loos oder Henry van de Velde und ihre Nachfolger in den Reihen des ‚Neuen Bauens' sagten dem feminisierten Stimmungsgehäuse mit seiner Dingfülle den Kampf an. An die Stelle der ‚trügerischen' und daher zu verwerfenden Bilder, wie sie von den Dingen evoziert wurden, setzten sie antithetisch und mit moralisierendem Gestus den neutralen und repräsentationsfreien, den ‚wahren' Raum. (Oechslin 1994; Threuter 2001). Die von der Kunst- und Architekturmoderne etablierte Differenz zwischen Bild und Raum hat Eingang in die Architekturgeschichtsschreibung (der Moderne) gefunden, ebenso wie der Anspruch der Architekt/innen und Gestalter/innen, die Wende eingeleitet und den transparenten Raum geschaffen zu haben.

Tatsächlich darf jedoch bezweifelt werden, ob alle Elemente, die das historistische Interieur auszeichneten, und das hieße, insbesondere die mit Images der Geschlechter aufgeladene Bildhaftigkeit, aus der modernen Wohnung verbannt wurden. Analysen der Raum- und Genderforschung konnten in diesem Zusammenhang aufzeigen, dass sich in den Wohnhäusern der 1920er Jahre eher ein Bild-Wechsel als eine Bild-Tilgung vollzog. So erlaubte das auf der Doktrin des ‚gereinigten', vom Ornament ‚befreiten' Raumes basierende Konzept für das Haus Tugendhat (1928-31) zwar kein einziges Bild an der Wand; gleichwohl entfalteten die für die Ausstattung verwendeten Materialien durch ihre fein strukturierten, Naturmetaphern evozierenden Oberflächen eine optische Präsenz, die sie für die Betrachter zum visuellen Ereignis werden ließen. Bildhaftigkeit prägte nicht nur das mit Weiblichkeitsvorstellungen assoziierte Material, sondern nach wie vor die Disposition des gesamten Wohnraumes. An die Stelle des narrativen Redeflusses im historistischen Interieur trat nun eine Koexistenz von Bild- und Raumensembles, die durch den Blick und die Bewegung der Bewohner/innen verbunden wurden (Nierhaus 2004: 125ff.). Die Bewohner/innen der modernen Architektur blieben damit in das Gefüge von Bild- und Raumeinheiten ‚eingehüllt', wenn auch in anderer Art und Weise als zuvor: Als Betrachter/innen montieren sie Blicke, Bild- und Raumeinheiten zu einer Handlung, in der sie sich – in geschlechtsspezifischer Differenz – als Protagonist/innen beobachten und gleichermaßen als (immer schon) Beobachtete wahrnehmen (ebd.).

Auch beim Meisterhaus Gropius in Dessau bzw. seinen medialen Repräsentationen unter anderem in der Reihe Bauhausbücher (1930) erweist sich die Kontinuität in der Korrelierung von Wohnen und Weiblichkeit. Nicht nur zeigen die Fotografien ausschließlich Bewohnerinnen; die Frauenfiguren auf den Bildern sind es auch, die das moderne Wohnen à la Bauhaus ,in Gang setzen' und damit der Propaganda für die funktionalistische Ästhetik als einem von Männern getragenen Projekt dienen (Keim 1997).

Selbst noch neueste Entwicklungen in der Konzeption des Wohnens wie die der digitalisierten Wohnung sind hinsichtlich der dort in Erscheinung tretenden Subjektentwürfe und Geschlechtereinschreibungen kritisch zu untersuchen und zu bewerten. Bei einer genaueren Betrachtung der Entwürfe für digitalisierte Wohnungen – von den Gestalter/innen als Revolutionierung der Lebenswelt propagiert – erkennt man, dass auch beim Zuhause-Sein in virtuellen Welten weder die Wohnung als Projekt des Privaten grundsätzlich in Frage gestellt noch auf geschlechtlich definierte Ortsmarkierungen verzichtet wird. So übernimmt auf den Darstellungen des Digital House des Architekturbüros Hariri & Hariri (1998) zwar der virtuelle Chef die Vorbereitung des Dinners, die Zuständigkeit für Belange der häuslichen Reproduktionsarbeit ist aber nach wie vor Sache der (Haus-)Frau (Keim 2002).

Abbildung 3: Haus Tugendhat in Brünn, Wohn- und Arbeitsbereich, 1930

Aus: Das Haus Tugendhat. Ludwig Mies van der Rohe. Brünn 1930. Hrsg. v. Adolph Stiller. Salzburg: Pustet Verlag, 1999, S. 40.

Abbildung 4: Digital House (Projekt 1998, Hariri & Hariri),
              Computeranimation der Küche

Aus: Terence Riley: The Un-Private House. New York: Museum of Modern Art 1999, S. 58.

6. Gesellschaftliche Schauplätze: Einblicke in das Forschungsfeld *wohnen+/-ausstellen*

Das Forschungsfeld *wohnen+/-ausstellen* greift die oben dargestellten Ansätze auf und denkt sie in Richtung einer Einbeziehung des Themenkomplexes Ausstellen weiter. Gegenüber einer mehrheitlich auf Objekte fokussierten deutschsprachigen Wohnforschung ist es das Ziel, einen an virulenten Diskursen um Wohnen und Privatheit sowie um Autorschaftsfragen und Institutionskritik ausgerichteten und diese Diskurse produktiv fortschreibenden Forschungszweig zu etablieren. So können etwa Positionen des Raumdiskurses, der Visual Culture Studies sowie der Gender Studies überprüft, ihre Erkenntnisse schärfer konturiert oder gegebenenfalls modifiziert werden. Damit soll Tendenzen zur Reessentialisierung des Bildbegriffs und zur erneuten Aktualisierung von Künstlermythen dezidiert ein Ansatz entgegengestellt werden, der Produktionen von Bild, Raum und Geschlecht im Kontext kulturpolitischer und sozioökonomischer Prozesse liest.

Gegenstand der Untersuchungen sind (Re-)Präsentationen des Wohnens und Ausstellens in verschiedenen Formaten und Medien des Zu-sehen-Gebens (z.B. Wohn- und Kunstausstellungen, Interieur(bilder), Fotografie, Film, Zeitschriften, Internet). Die konzeptionelle Fundierung des Forschungsfeldes in den Konstellationen von Räumlichkeiten, Bildlichkeiten und Subjektivitäten eröffnet eine breite Fächerung des thematischen Spektrums. Das Forschungsfeld ist als produktives Gefüge angelegt, dessen Struktur selbst Teil des Erkenntnisprozesses ist. Das heißt, auch und gerade das Zusammendenken ‚disparater' Phänomene, Zugangsweisen und Perspektiven findet Eingang in die Diskussionen und Forschungsprozesse. Entsprechend konzentriert und diversifiziert sich die Arbeit in unterschiedlichen Formaten wie Forschungsgruppe, Vortragsreihe, Workshops und Lehrveranstaltungen.

In den Jahren 2011 bis 2013 konzentrier(t)en sich die Forschungsaktivitäten insbesondere auf folgende Themenschwerpunkte:

Bau- und Wohnausstellungen, die seit dem späten 19. Jahrhundert Vorstellungen über gesellschaftliche Raumverteilungen und Raumgestaltungen sowie über Verhaltensnormen und Geschmacksfragen konzipiert und kommuniziert haben, werden daraufhin untersucht, welche Modelle vom Wohnen und seinen Bewohner/innen zur Schau gestellt werden. Im November 2012 wurde in Kooperation mit dem Wien Museum die Tagung „Wie wohnen?" durchgeführt, die Beziehungen zwischen modellhaftem Wohnen, seinen medialen Bilden und Vorstellungen von Bewohnerschaft thematisierte. Ein weiteres Projekt setzt sich mit Wohnausstellungen im Westdeutschland der Nachkriegszeit (1949-58) auseinander.

Ein prominenter Schauplatz des Zu-sehen-Gebens von Wohnen und Wohnbildungsprozessen sind gleichfalls Zeitschriften. Im Rahmen des Projektes *Wohnseiten* werden mediale Repräsentationen des Wohnens in deutschen Fach- und Publikumszeitschriften von Beginn des 19. Jahrhunderts bis zur Gegenwart sowie Diskurse zum Wohnen in Architektur-, Design- und Kunstzeitschriften in den Blick genommen.

Am Beispiel aktueller filmischer Kunstpositionen werden Dimensionen und Artikulationen des Privaten untersucht. Nachgegangen wird der Frage, auf welche Art und Weise ‚Privates' repräsentiert wird und in welche neuen und alten hegemonialen Operationen diese Repräsentationen eingebunden sind.

Ferner ist das ‚Prinzip' Pavillon Gegenstand der Auseinandersetzung. Ob als Experimentierbühne für die Entwicklung von Bautechnologien und Wohnkonzepten oder als Ausstellungsraum für nationale Repräsentationsansprüche entwickelt, erweist sich der Pavillon als konzeptueller Referenzort, an dem sich beispielhaft die komplexen Beziehungen zwischen Architektur/Raum, ihren Gestalter/innen und Akteur/innen darstellen lassen.

Eine weitere Schnittstelle im Feld des Wohnens und Ausstellens erfährt die Untersuchung des Raummodells des Ateliers und des Künstler- und Architektenwohnens in Verknüpfung mit einer Schwerpunktbildung zu Künstlermythen/Autorschaft unter geschlechterdifferenter Perspektive. Betrachtet werden künstlerische Produktions- und Wohnstätten, jene in der Moderne mythisch aufgeladenen

Kultstätten, als paradigmatische Orte, an denen Vorstellungen von Künstlerschaft sowie Images des Kreativen modelliert und inszeniert werden.

Eine andere Untersuchung zu Interieur- und Wohnraum-Anordnungen widmet sich panoramatischen Bildtapeten um 1800, wie sie als modische Wanddekore in adeligen und bürgerlichen Wohnungen anzutreffen waren. Geforscht wird über spezifische Narrative und Erzählweisen von Bildtapeten sowie über das Verhältnis von Bildentwürfen, Raumordnungen und Bewohner/innen- und Betrachter/innenschaft.

7. Fazit

Konzeptionen des Wohnens und Ausstellens unterliegen, wie gezeigt wurde, anhaltenden Prozessen der Veränderung. Bei diesen Prozessen werden Wissensstände transformiert und Um-Ordnungen von Subjekt- und Geschlechtsidentitäten sowie von Raumdefinitionen vorgenommen. Bei der wissenschaftlichen Auseinandersetzung mit diesen Vorgängen, darauf verweisen die Beispiele im Text, ist die Aufmerksamkeit darauf zu richten, in welchem Verhältnis Phänomene des Wandels zu Tradiertem stehen bzw. unter welchen Voraussetzungen und in welchen Formen sich Transformationen überhaupt vollziehen bzw. vollziehen können:

Was genau verändert sich am konkreten Ort innerhalb eines bestimmten Zeitrahmens, was wiederum bleibt konstant und warum? Welche Auswirkungen haben Verschiebungen einzelner Konstellationen für die Verhältnisstruktur Wohnen/Ausstellen als Ganze?

Literatur

Asendorf, C. (1997): Super-Constellation. Flugzeug und Raumrevolution. Die Wirkung der Luftfahrt auf Kunst und Kultur der Moderne. Springer, Wien.

Benjamin, W. (1982): Das Passagen-Werk (1927-1940). Suhrkamp Verlag, Frankfurt a. M.

Bourdieu, P. (1991): Physischer, sozialer und angeeigneter Raum. In: Wentz, M. (Hrsg.): Die Zukunft des Städtischen, Bd. 2 Stadträume. Campus Verlag, Frankfurt a. M./New York, S. 25-34.

Bourdieu, P. (1992): Rede und Antwort. Suhrkamp, Frankfurt a. M.

Colomina, B. (1992): Sexuality and Space. Princeton Papers of Architecture, Princeton.

Demuth, V. (2002): Topische Ästhetik. Körperwelten, Kunsträume, Cyberspace. Königshausen und Neumann, Würzburg.

Eiblmayr, S. (1993): Die Frau als Bild. Der weibliche Körper in der Kunst des 20. Jahrhunderts. Reimer, Berlin.

Foucault, M. ([1966] 1988): Die Ordnung der Dinge. Eine Archäologie der Humanwissenschaften. Suhrkamp, Frankfurt a. M.

Foucault, M. ([1967] 1998): Andere Räume. In: Ritter, R./Knaller-Vlay, B. (Hrsg.): Other Spaces. The Affair of Heterotopia. Haus der Architektur, Graz, S. 22-37.

Graafland, A. (1996): Architectural Bodies. 010 Publishers, Rotterdam.

Härtel, I. (1999): Zur Produktion des Mütterlichen (in) der Architektur. Eine psychologische Textanalyse. Turia & Kant, Wien.

Häußermann, H. (1999): Stadt und Raum. Soziologische Analysen. Centaurus, Herbolzheim.

Hentschel, L. (2001): Pornotopische Techniken des Betrachtens. Raumwahrnehmung und Geschlechterordnung in visuellen Apparaten der Moderne [Studien zur visuellen Kultur]. Jonas Verlag, Marburg.

Hoffmann-Curtius, K./Wenk, S. (Hrsg.) (1997): Mythen von Autorschaft und Weiblichkeit im 20. Jahrhundert. Jonas Verlag, Marburg.

Jöchner, C. (Hrsg.) (2003): Politische Räume: Stadt und Land in der Frühneuzeit (Hamburger Forschungen zur Kunstgeschichte. Studien, Theorien, Quellen, 2). Akademie Verlag, Berlin.

Jöchner, C. (2004): Wie kommt Bewegung in die Architekturtheorie? Zur Raumdebatte am Beginn der Moderne. In: Jöchner, C./Wagner, K. (Hrsg.): Gebaute Räume. Zur kulturellen Formung von Architektur und Stadt. Themenheft von Wolkenkuckucksheim 9/1.

Keim, C. (1997): Der Bauhausmeister, das Meisterhaus und die Frauen. Das Haus Gropius in Dessau als Selbstporträt des Architekten. In: Hoffmann-Curtius, K./Wenk, S. (Hrsg.): Mythen von Autorschaft und Weiblichkeit im 20. Jahrhundert. Jonas Verlag, Marburg, S. 146-158.

Keim, C. (2002): Die intelligente Schürze oder Digitalization Takes Command. In: Nierhaus, I./Konecny, F. (Hrsg.): räumen. Baupläne zwischen Raum, Visualität, Geschlecht und Architektur. edition selene, Wien, S. 161-181.

Lacan, J. ([1964]1987): Die vier Grundbegriffe der Psychoanalyse. Das Seminar von Jacques Lacan. Buch XI. Quadriga, Berlin.

Lammert, A. et al. (Hrsg.) (2005): Topos Raum: Die Aktualität des Raumes in den Künsten der Gegenwart. Verlag für Moderne Kunst, Nürnberg.

Lange, B. (2006): Konzepte von Bild und Raum: Malerei, Bildhauerkunst, Graphik und Performance. In: Lange, B. (Hrsg.) Geschichte der Kunst in Deutschland, Bd. 8. Vom Expressionismus bis heute. Prestel, München, S. 9-37.

Lefebvre, H. ([1974] 1991): The Production of Space. Basil Blackwell, Oxford.

Löw, M. (2001): Raumsoziologie. Suhrkamp, Frankfurt a. M.

Massey, D. (1994): Space, Place and Gender. Polity Press, Cambridge/Oxford.

Müller, M. (1994): Die Ästhetisierung des Raums. In: Meurer, B. (Hrsg.): Die Zukunft des Raums. Campus, Frankfurt a. M./New York, S. 173-185.

Mulvey, L. (1989): Visual Pleasure and Other Pleasures. Indiana University Press, Bloomington, Indianapolis.

Nierhaus, I. (1999): Arch⁶. Raum, Geschlecht, Architektur. Sonderzahl, Wien.

Nierhaus, I. (2004): Wand-Bild-Schirm: Zur Bildräumlichkeit der Moderne. In: von Falkenhausen, S./Förschler, S./Reiche, I./Uppenkamp, B. (Hrsg.): Medien der Kunst: Geschlecht, Metapher, Code. Beiträge der 7. Kunsthistorikerinnen-Tagung in Berlin 2002. Jonas Verlag, Marburg, S. 119-125.

Nierhaus, I. (2006): Rahmenhandlungen. Zuhause gelernt. Anordnungen von Bild, Raum und Be-
   trachter. In: Kittlausz, V./Pauleit, W. (Hrsg.): Kunst, Museum, Kontexte: Perspektiven der
   Kunst und Kulturvermittlung. transcript, Bielefeld, S. 55-73.
Oechslin, W. (1994): Stilhülse und Kern. Otto Wagner, Adolf Loos und der evolutionäre Weg zur
   modernen Architektur. gta Verlag, Zürich.
Pollock, G. (1989): Moderne und die Räume der Weiblichkeit. In: Lindner, I. et al. (Hrsg.): Blick-
   Wechsel. Konstruktionen von Männlichkeit und Weiblichkeit in Kunst und Kunstgeschich-
   te. Reimer, S. 313-332.
Rendell, J./Penner, B./Borden, I. (Hrsg.) (2000): Gender Space Architecture. An interdisciplinary
   introduction. Routledge, London/New York.
Rogoff, I. (1997): Deep Space. In: Friedrich, A. et al. (Hrsg.): Projektionen. Rassismus und Sexis-
   mus in der visuellen Kultur. Jonas Verlag, Marburg, S. 52-60.
Rogoff, I. (2000): Terra infirma. Geography's Visual Culture. Routledge, London/New York.
Rossberg, A.-K. (1999): Zur Kennzeichnung von Männlichkeit und Weiblichkeit im Interieur. In:
   Bischoff, C./Threuter, C. (Hrsg.): Um-Ordnung. Angewandte Künste und Geschlecht in der
   Moderne. Jonas Verlag, Marburg, S. 58-68.
Schade S (1987) Der Mythos des „ganzen Körpers". Das Fragmentarische in der Kunst des 20. Jahr-
   hunderts als Dekonstruktion bürgerlicher Totalitätskonzepte. In: Barta I et al. (Hrsg) Frau-
   en.Bilder.Männer.Mythen. Kunsthistorische Beiträge (3. Kunsthistorikerinnentagung Wien,
   1986). Reimer, Berlin, S 239-260
Schade S, Wenk S (2005) Strategien des ‚Zu-Sehen-Gebens': Geschlechterpositionen in Kunst und
   Kunstgeschichte. In: Bußmann H, Hof R (Hrsg) GENUS. Geschlechterforschung/Gender Studies
   in den Kultur- und Sozialwissenschaften. Ein Handbuch. Kröner Verlag, Stuttgart, S 145-184
Schade, S./Wenk, S. (2011): Studien zur visuellen Kultur. Einführung in ein transdisziplinäres For-
   schungsfeld. Bielefeld: transcript.
Silverman, K. ([1996]1997): Dem Blickregime begegnen. In: Kravagna, C. (Hrsg.): Privileg Blick.
   Kritik der visuellen Kultur. Edition ID-Archiv, Berlin, S. 41-64.
Spain, D. (1992): Gendered Spaces. University of North Carolina Press, Chapel Hill/London.
Sparke, P. (2010): The Modern Interior: A Space, a Place or a Matter of Taste? Interiors 1-2: 7-18
Spickernagel, E. (1985): Die Macht des Innenraums. Zum Verhältnis von Frauenrolle und Wohnkul-
   tur der Biedermeierzeit. kritische berichte 13: 5-15.
Sturm, G. (2000): Wege zum Raum. Methodologische Annäherungen an ein Basiskonzept raumbe-
   zogener Wissenschaften. Leske und Budrich, Opladen.
Sykora, K. (2001): Verlorene Form – Sprung im Bild. Gender Studies als Bildwissenschaft. kritische berichte 4: 13-19.
Threuter, C. (2001): Künstler machen Kleider – Kleider machen Künstler: Maria Sèthe, Henry van
   de Velde und die Reform der Damenkleidung. In: Keim, C. et al. (Hrsg.): Visuelle Repräsen-
   tanz und soziale Wirklichkeit. Bild, Geschlecht und Raum in der Kunstgeschichte. Centaurus, Herbolzheim, S. 66-81.
Vidler, A. (1992): The Architectural Uncanny: Essays in the Modern Unhomely. MIT Press, Cam-
   bridge/Mass.
Wigley, M. (1994): Architektur und Dekonstruktion. Derridas Phantom. Birkhäuser, Basel u. a.

Aneignung von Kultur.
Wege zu kultureller Teilhabe und zur Musik

Andreas Lehmann-Wermser / Claudia Jessel-Campos

1. Teilhabe – Teilnahme – kulturelle Bildung: Die Vielfalt der Begriffe

Dass sich mit dem Wandel der Kultur auch die Zugänge zu ihr wandeln, ist wenig überraschend – es gilt unabhängig davon, ob man Kultur eher vergegenständlicht begreift (alltagssprachlich: „jemand *hat* Kultur") oder instrumentell, wie es im Begriff des kulturellen Kapitals als Mittel der Aneignung von Welt durchscheint. Alle Erziehung und Bildung ist auch *kulturelle* Erziehung und Bildung. Freilich schimmert in solchen Aussagen bereits das Dilemma durch, dass in diesem Kontext Begrifflichkeiten oft vage gefasst werden; so tritt zum Begriff der Kultur nicht selten der der Kunst hinzu, ohne dass geklärt wird, in welchem Verhältnis die beiden zueinander stehen. Zugleich tritt in diesem Fall eine normative Aussage an die Stelle der bloß deskriptiven, weil „Kunst" im Diskurs als höherwertig angesehen wird. Freilich wird diese Substitution nicht in jedem Fall offengelegt.

Im öffentlichen Diskurs, wie er sich etwa in Debatten um musikalische Förderung in der Schule entfaltet, werden die Bestandteile der Trias Bildung, Kultur und Kunst in unterschiedlicher Weise kombiniert und/oder gleichgesetzt, bis sie an Klarheit verlieren und von Konnotationen verändert werden. Dieses Kapitel beschäftigt sich mit solchen Gleichsetzungen, die im Umfeld der verschiedenen Programme zur musikalischen Förderung in der Grundschule erfolgen und ein Verständnis der Muster kultureller Teilhabe von Kindern erschweren. Anhand der Ergebnisse einer qualitativen Untersuchung von Kinderzeichnungen aus den sogenannten „JeKi-Projekten" in Nordrhein-Westfalen und Hamburg wird dokumentiert, wie vielfältig diese Muster sind und wie wenig die erwähnten Diskurse ihnen gerecht werden.

Als ein Ziel kultureller Bildung wird in den letzten Jahren oft „Teilhabe" genannt. Auch für diesen Begriff gilt, dass er erstaunlich vage ist. In der Politik wird kulturelle Teilhabe beispielsweise im Zusammenhang von Nutzung und Erreichbarkeit des Kulturangebots thematisiert (vgl. Sievers 2008). Manche Definitionen, eher sozialpolitisch und sozialdemokratisch zu verorten, begründen ihn ex negativo und betonen die Notwendigkeit des Abbaus aller Barrieren, die Teilhabe verhindern. So argumentiert zum Beispiel Sievers, dass die soziale Selektivität in der Ausrichtung des deutschen Kulturprogramms auf das klassische Bildungsbürgertum zu einem Ausschluss beitrage, was die Forderung nach einer Umstrukturierung des Kulturangebots nach sich ziehe (vgl. Sievers 2008). In diesem Sinne ist aber auch der abgesenkte Bürgersteig vor dem Opernhaus, der für Rollstuhlfahrer[1] den Zugang zu Kultur im Wortsinn möglich macht, eine Maßnahme zur Förderung von Teilhabe. Für den pädagogischen Kontext interessiert mehr, in welchem Umfang Menschen bei prinzipiell möglichem Zugang *tatsächlich* kulturelle Angebote nutzen. Der Begriff der Teilhabe kann dann durch den der Teilnahme ersetzt werden.

In den vergangenen Jahren hat ein Programm viel Aufmerksamkeit erregt, das unter dem Kürzel *JeKi* („Jedem Kind ein Instrument")[2] firmiert und mit Fördergeldern in zweistelliger Millionenhöhe unterstützt wird, auch im Landtagswahlkampf 2010 in NRW eine gewisse Rolle gespielt hat. Es will den allgemeinen Musikunterricht an Grundschulen und den instrumentalen Gruppenunterricht, angeboten und organisiert von den Musikschulen, miteinander verschränken. Ähnliche Modelle werden bundesweit in vielen Kommunen erprobt; so hat die Hansestadt Hamburg ein vergleichbares Modell mit anderer sozialpolitischer Stoßrichtung aufgelegt.

Von der Bildungsforschung wird zunehmend verlangt, über die Evaluation von Schule Steuerungswissen bereitzustellen, bestehende Leistungen des Bildungssystems zu überprüfen und das Potential neuer Modelle auszuloten. Deshalb hat das BMBF 2009 ein Forschungsprogramm aufgelegt, in dem insgesamt 13 Projekte verbunden sind. Der Forschungsverbund SIGrun an den Universitäten Hamburg und Bremen umfasst insgesamt vier Teilprojekte, von denen sich eins der Frage kultureller Teilhabe bei „JeKi-Kindern" widmet. Welche Muster kultureller Teilhabe lassen sich beschreiben? Wie entwickeln sie sich? Lassen sich Einflüsse des Kontextes und des Programmes identifizieren?

Die oben beschriebene Vagheit in der Begrifflichkeit ist für die empirische Begleitung der JeKi-Programme problematisch. Welche „Kultur" soll den Kindern beispielsweise nahegebracht werden? Was bedeutet „Teilhabe"? Lässt sich „Teilhabe" von „Teilnahme" so abgrenzen, dass sie für eine empirische Erfassung zugänglich sind? Unterschiedliche Definitionen würden sehr unterschiedliche Er-

---

1   Aufgrund der besseren Lesbarkeit haben wir uns entschieden, in vielen Fällen nur die männliche
     Form zu verwenden; stets aber sind beide Formen damit gemeint.
2   Aufgrund der hohen Aufmerksamkeit des nordrhein-westfälischen Projektes werden inzwi-
     schen solche Projekte generell als „JeKi-Unterricht" bezeichnet. Zum ursprünglichen Modell
     weitere Informationen unter www.jedemkind.de.

gebnisse zeitigen. Dieses Kapitel, das einen Beitrag zur theoretischen Rahmung in einem sich wandelnden Feld zu leisten versucht, skizziert deshalb zunächst den gegenwärtigen Diskurs über kulturelle Teilhabe, versucht dann die Begriffe zu fassen, indem das gegenwärtige Projekt mit einem Beispiel aus der historischen Musikpädagogik kontrastiert wird. Unsere Perspektive als Fachdidaktiker erklärt, warum musikalische Bildung im Zentrum steht, auch wenn es allgemeiner um kulturelle Bildung geht.

1.1 Kulturelle Teilhabe im gesellschaftlichen Diskurs: über die Unschärfe der Begriffe

Der Begriff kulturelle Teilhabe ist nur scheinbar klar definiert. Für den Direktor der Bundesakademie für kulturelle Bildung, Karl Ermert bedeutet „Kulturelle Teilhabe (…) Partizipation am künstlerisch kulturellen Geschehen einer Gesellschaft im Besonderen und an ihren Lebens- und Handlungsvollzügen im Allgemeinen" (Ermert 2009). Im Zitat wird eine doppelte Ausprägung des Terminus Kultur deutlich, denn einerseits verweist er auf die allgemeinen kulturellen Praktiken und scheint damit auf einen sehr umfassenden Begriff abzuzielen. Andererseits aber schränkt er diesen Begriff mit dem Verweis auf das „künstlerisch kulturelle Geschehen" ein, wobei eine normative Setzung im oben genannten Sinne mitschwingt, aber nicht ausgeführt wird. Denn Ermert lässt wichtige Fragen offen: Welches Kunstverständnis liegt dieser Definition zugrunde? Sind hiernach *alle* möglichen künstlerischen und kulturellen Praktiken als kulturelle Teilhabe zu verstehen? Wie gesellschaftlich anerkannt müssen Künste sein, damit von kultureller Teilhabe gesprochen werden kann? Welche Rolle spielt die gesellschaftliche Bezugsnorm, die hinter der konkreten kulturellen Praxis steht?

Auf den ersten Blick erscheint es hilfreich, wenn ein umfassenderes Verständnis zugrunde gelegt wird. So definiert die Erziehungswissenschaftlerin Gogolin Kultur als „eine der allseits bekannten und insoweit anscheinend der Klärung nicht weiter bedürfenden Grundtatsachen menschlicher Gesellschaft und Gemeinschaft […], die im Kontext von Erziehung, Bildung irgendwie relevant ist" (Gogolin 1998: 125). Ähnlich verfuhr die Enquete-Kommission des Deutschen Bundestages, die mit Verweis auf ein Lexikon Kultur als „die Gesamtheit der menschlichen Hervorbringungen und Artikulationen, also seiner historischen, individuellen und gemeinschaftlichen, praktischen, ästhetischen und theoretischen sowie mythischen und religiösen Äußerungen" (Schnell 2000: 267) definierte.

Getragen von dem Bemühen, die Reduktion von Kultur auf „Kunst" oder „Hochkultur" zu vermeiden, ist eine solche Definition dann freilich für Forschung kaum noch nutzbar. Denn in Abwandlung des bekannten Diktums von der Unmöglichkeit des Nicht-Kommunizierens kann man in diesem Verständnis „nicht nicht-teilhaben an der Kultur". Sie erweist sich auch für die Definition von Bildungszielen als ungeeignet, weil kaum weitere Ziele oder gar Schritte daraus abgeleitet werden können.

Hammel (2007) hat die unterschiedlichen Verwendungsweisen des Kulturbegriffs in den musikpädagogischen Kontext eingeordnet. Sie verweist unter anderem auf einen Konsens unterschiedlicher wissenschaftlicher Disziplinen, die Kultur weder als „Bildung" im engeren noch als „allgemeine Lebensweise" im weiteren Sinne betrachten, sondern sie als Verweis auf die sinnhafte Konstitution von Wirklichkeit verstehen (vgl. auch Barth 2008: 144f.). Aus diesem für empirische musikpädagogische Forschung produktiven Ansatz leitet sich ein Vorgehen ab, das nicht auf normativen Setzungen eines Kulturbegriffs beruht. Vielmehr gilt es darzustellen, wie Musik als kulturelle Praxis verwendet wird, wie von Kindern und Jugendlichen Sinnstrukturen konstruiert werden. Darauf wird zurückzukommen sein.

Auch der zweite Begriff ist näher zu betrachten, weil Teilhabe, Teilnahme und Partizipation gelegentlich austauschbar zu sein scheinen.[3] Teilhabe erscheint in soziologischen, politischen und rechtlichen Zusammenhängen von besonderer Relevanz im Kontext von Exklusion und Inklusion. Hier wird sie als Konstrukt beschrieben, bei dem soziale, politische, ökonomische und kulturelle Teilhabe als verschiedene Formen zusammenwirken. Es müssen demnach verschiedene Voraussetzungen von Teilhabe erfüllt werden, um Teilnahme zu ermöglichen (Bartelheimer 2007: 4f.; Fuchs 2008: 228ff.).[4]

Es scheint Einigkeit darüber zu bestehen, dass mit kultureller Teilhabe jeweils eine *aktive* Beteiligung an Kultur gemeint ist. Dem wird kontrastierend der „reine Konsum kultureller Aktivitäten" (Giessner 2005: 85) gegenübergestellt, der „isolierte kulturelle Medienkonsum" (Keuchel 2009b: 151f.) oder auch ein „passiver Konsum von medialen Unterhaltungsangeboten" (Sievers et al. 2009: 33). In dieser normativ geprägten Definition zählt offensichtlich nicht jeglicher Umgang mit Kunst und Kultur als Teilhabe (vgl. Giessner 2005; Keuchel 2009b).

Dann freilich stellen sich im Kontext von musikpädagogischer Bildungsforschung wieder neue Fragen. Welche Formen von Umgang mit Musik sind zu

---

3   So sprechen Ermert (vgl. Ermert 2009) und Keuchel (vgl. Keuchel 2009a) auch von kultureller Partizipation. Eine Auseinandersetzung zur Verwendung der Begriffe Partizipation und Teilhabe findet sich bei Fuchs (Fuchs 2008: 234).

4   Fuchs verweist auch auf die Allgemeine Erklärung der Menschenrechte und das Recht „to participate in the cultural life of the community" (United Nations 1948; s. auch z. B. Fuchs 2007). Speziell für den juristischen Diskurs s. z. B. Groni, der für die Verwendung des Terminus Teilnahme und gegen den s. E. passiver ausgerichteten Terminus Teilhabe plädiert (Groni 2008: 73).

beobachten? Wie entwickeln sie sich? Wie wird man der Vielfalt musikalischer Lebenswelten gerecht? Gibt es „Muster", wiederkehrende Anordnungen von Verhaltensweisen und Wahrnehmungen?

Max Fuchs hat verschiedentlich den Zusammenhang von kultureller Teilhabe und kultureller Bildung thematisiert (vgl. Fuchs 2008, 2010; Fuchs et al. 2008). Kulturelle Bildung wird von ihm zum einen als eine Voraussetzung betrachtet, die auf kulturelle Teilhabe abziele. „Kulturelle Bildung der Jugend soll jungen Menschen eine Teilhabe am kulturellen Leben der Gesellschaft erschließen. Sie soll zum differenzierten Umgang mit Kunst und Kultur befähigen und zu einem gestalterisch-ästhetischen Handeln, insbesondere in den Bereichen Musik, Tanz, Spiel, Theater, Literatur, Bildende Kunst, Architektur, Film, Fotografie, Video, Tontechnik anregen" (Fuchs 2008: 92). Andererseits entstehe durch die Teilhabe an Kunst, die in diesem Zitat mit Kultur gleichgesetzt wird, in einem zirkulären Prozess auch kulturelle Bildung (vgl. Fuchs 2010). Fuchs versteht kulturelle Bildung als komplexen Begriff und verweist selbst auf die Vielgestaltigkeit seiner praktischen Ausprägungen, indem er ihn als „Sammelbegriff für Prozesse und Aktivitäten unterschiedlicher Sparten" beschreibt (Fuchs 2008: 91). Es bleibt allerdings auch bei ihm unklar, ob jeglicher Umgang mit Kunst auch kulturelle Bildung darstellt bzw. als kulturelle Teilhabe beschrieben werden kann.

1.2 Empirische Studien zu kultureller Teilhabe

Auch in empirischen Studien zur kulturellen Teilhabe wird die unsichere Begrifflichkeit deutlich. So werden in einer Studie zu Lehr- und Lernbedingungen an Hamburger Grundschulen (KESS 4) im Kontext sozialer Disparitäten der Besuch von Kunstveranstaltungen der *Hochkultur* (wie Ballett und Oper) und auch kulturelle Aktivitäten im Elternhaus (wie gemeinsames Lesen) untersucht (vgl. Pietsch 2007). Es zeigte sich ein ausgeprägter Zusammenhang zwischen dem sozialen Hintergrund der Familien[5] und deren kulturellen Praktiken. So ist der Prozentsatz der Familien, die gemeinsam die Oper besuchen, in den oberen Dienstklassen[6] drei- bis viermal so hoch im Vergleich zu Familien aus den unteren (vgl. Pietsch 2007: 18). Das ist als Befund zunächst einmal nicht überraschend. Auf der Ebene der Validität des Konstruktes wäre freilich zu diskutieren, ob die hochkulturelle Orientierung der gesellschaftlichen Vielfalt gerecht wird. Neueste Befunde aus dem

---

5   Hierunter werden kulturelles Kapital wie Bildungsabschlüsse der Eltern und der Besitz von bspw. Büchern und ökonomisches Kapital verstanden (vgl. (Pietsch 2007: 13ff.)

6   Die „Dienstklassen" sind ein international verwendetes Konstrukt zur Beschreibung sozialer Stratifikation, das Qualifikations- und Tätigkeitsmerkmale erfasst.

Bildungsbericht (Autorengruppe Bildungsberichterstattung 2012) nähren Zweifel, ob etwa migrantische Milieus sich nicht dem impliziten Schema entziehen. Ein stärker differenzierter Kulturbegriff, der auch jugendkulturelle Inhalte erfasst, zeigt sich im 1. Jugend-Kulturbarometer.[7] Keuchel beschreibt darin, dass das generelle Interesse der jungen Generation für Kultur in ihrer Region im Vergleich zur erwachsenen Bevölkerungsgruppe stärker ausgeprägt sei, was sich auch im Besucherverhalten bestätige. Das persönliche Verständnis junger Menschen von Kultur sei zwar überraschend konservativ geprägt, entspräche dabei allerdings nicht der verbreiteten Nutzung dieser Altersgruppe (Keuchel 2009a: 19ff.).

Die konstatierte Vagheit bzw. Begriffsvielfalt wird zum Problem, wenn es um die eingangs erwähnte Steuerungsfunktion von Bildungsforschung geht. Begriffe wie Teilhabe müssen sich an der Wirklichkeit beweisen; sie müssen diese angemessen beschreiben, *ehe* normative Setzungen vorgenommen werden. Deshalb soll an zwei Beispielen aus musikpädagogischer Forschung der Wandel im Zugang zu Musik als „kulturellem Gut" entfaltet werden.

2. Zugang zu klassischer Musik als Teil bürgerlicher Erziehung zwischen den Weltkriegen

In einer Studie, die Musikunterricht in den 1920er und 1930er Jahren unter fachdidaktischer Perspektive zu rekonstruieren suchte (Lehmann-Wermser 2003), wurden Schüler der Zeit in narrativen Interviews retrospektiv zu ihrem Musikunterricht befragt. Die Studie beschränkte sich auf Höhere Schulen und auf den Freistaat Braunschweig, legte den Fokus auf die Ausgestaltung schulischen Musikunterrichts und fragte dabei nach dem Gewicht reformpädagogischer Elemente. In einer Sekundäranalyse zeigte sich, dass die Interviews reiches Material für eine Beschreibung liefern, wie sich kulturelle Teilhabe in dieser Gruppe entfaltete.

Schulisches und außerschulisches Musiklernen lassen sich nämlich kaum voneinander trennen. Basale physiologische Reaktionen werden sehr früh erworben; emotionale Gehalte und Bedeutungen, die der Musik zugeschrieben werden, werden vorschulisch erlernt. Was an explizitem Wissen oder Einstellungen in der Schule erlernt wird, baut auf diesen früheren Prozessen auf oder ist in sie eingebettet. Deshalb wurden von den Interviewpartnern im Kontext Schule immer wieder außerschulische Episoden geschildert, die belegten, wie Musikunter-

---

7   Dies erscheint nicht überraschend, da diese Studie die kulturelle Partizipation von Jugendlichen zum Gegenstand macht. Es werden dabei jeweils das Kulturinteresse, der Kulturbesuch (bezeichnet als kulturelle Partizipation) sowie die eigene künstlerische Aktivität untersucht.

richt nur Teil eines umfassenderen Orientierungsprozesses war, den wir in heutigen Begriffen als Ausbildung kultureller Teilhabemuster bezeichnen können. Immer wieder wird in den Gesprächen auf den privaten Instrumentalunterricht verwiesen – und dies nicht nur von den Kindern aus bürgerlichen Familien. Stellvertretend sei hier der Sohn eines Handwerkers (Jg. 1923) zitiert[8]:

> Und dann haben meine Eltern mir und meinem Bruder – da muss ich so 11 oder 12 gewesen sein – ein Klavier gekauft. Da kam der Klavierlehrer, ein alter, grauhaariger Herr, immer donnerstags zu uns ins Haus.

Bemerkenswert an dieser Aussage ist nicht, dass der Klavierlehrer ins Haus kam – kommunale Musikschulen existierten fast nicht, private Konservatorien nur in wenigen Städten (vgl. Lehmann-Wermser et al. 2007). Interessant ist vielmehr, dass etwa 1934, also kurz nach der Wirtschaftskrise, Eltern aus kleinbürgerlichen Kreisen in die musikalische Ausbildung ihrer Kinder investierten. Ganz offensichtlich wurde diese Ausbildung als Teil des gesellschaftlichen Aufstiegs gesehen, der sich den Kindern aus dem Kleinbürgertum eröffnete. Zwei Gruppen nämlich sind es, die von der Bildungsexpansion in der Weimarer Republik besonders profitierten: die Mädchen, deren Anteil an der Schülerschaft der Höheren Schulen zwischen 1914 und 1929 von 8% auf 19% stieg, und die Kinder aus kleinbürgerlichen Familien, deren Anteil von 20% auf 35% wuchs (Tenorth 2000: 250ff.).

Auch wenn sich nicht mehr rekonstruieren lässt, welche Rolle manifeste Kommunikation, etwa Gespräche zwischen Eltern, hatte oder ob nicht vielmehr ein diffuses Verständnis existierte, Instrumentalunterricht „gehöre eben dazu": Für Bildungsverläufe war der Instrumentalunterricht selbstverständlicher Bestandteil – und mit ihm die „klassische" Musik. Denn vom Selbstverständnis der Instrumentallehrer und von der existierenden Literatur beschränkte sich das Repertoire auf die Musik zwischen 1720 und 1900. Und selbst die vereinzelt in der Studie berichteten Ausflüge in Transkriptionen aus Operetten waren musikalisch diesem Idiom verpflichtet.

Ein zweiter Aspekt kultureller Teilhabe tritt in dieser Zeit hinzu. Für die Heranwachsenden ist der Umgang mit „klassischer" Musik auch Teil des Erwachsenwerdens. Mehrfach wird berichtet, dass Konzertkarten verschenkt bzw. überlassen oder Abonnements (z.B. der greisen Großmutter) übernommen wurden. Besonders interessant ist sprachlich das folgende Zitat:

---

8   Die Interviews wurden in der ursprünglichen Studie im Sinne Witzels (1985) strukturiert. Die Gesprächspartner waren zum Zeitpunkt der Gespräche zwischen 68 und 92 Jahre als. Der entstandene Korpus von etwa 100.000 Wörtern wurde auf der Basis der Grounded Theory Methodology im Sinne von Glaser und Strauss ausgewertet.

> In meiner Mulus-Zeit[9] bin ich bei meinem Onkel in Kassel gewesen, und der kaufte mir im Kasseler Theater eine Eintrittskarte zu „Aida"... hat mich gewaltig begeistert.

Im Kontext erscheint es nicht zufällig, dass der Opernbesuch als eine Veranstaltung der „Erwachsenenwelt" so viel Eindruck hinterlässt.[10] Er erscheint bedeutsam auch deshalb, weil er in der Phase des Statusübergangs das Kommende, die auch kulturelle Zugehörigkeit zur Welt der „Erwachsenen" markiert. Die Anführungsstriche zeigen an, dass die Statusbeschreibungen wie viele kulturelle Markierungen, auf gesellschaftlichen Konstruktionen beruhen, die dem Wandel unterliegen.

Ein dritter Aspekt sei an diesem Material noch entwickelt, der wie die beiden letztgenannten auch im Kontrast zu Mustern kultureller Teilhabe heute deutlicher zutage tritt. Die Teilhabe an der bürgerlichen Kultur der Erwachsenen erfährt Anregungen oder Bestätigung in der Schule, etwa durch den Musiklehrer, der nach Konzertbesuchen das Gespräch darüber sucht. Aber sie wird durch Prozesse in der Gruppe der Gleichaltrigen[11] initiiert und am Leben gehalten, wie der folgende Dialog dokumentiert:

> [Interviewer:] Sind Sie dann zusammen mit Klassenkameraden und Freunden [in die Oper] gegangen?

> [ehemaliger Schüler:] Ja, meistens. (...) Wir kauften uns dann einfach Stehkarten, manchmal gingen wir erst abends los. (ahmt Verkäuferin an der Abendkasse nach:) „Hier, die Stehkarten haben wir noch, die könnt ihr haben!" (Sohn eines technischen Angestellten, Jg. 1920)

Die Selbstverständlichkeit überrascht, mit der aus eigenem Antrieb die damals etwa Sechzehnjährigen am etablierten Kulturbetrieb partizipieren wollten.

Nun muss man einwenden, dass die beschriebenen Mechanismen der Aneignung von Kultur keine gesamtgesellschaftlich gültigen waren. Die in der Studie erfasst Klientel waren Schüler der Höheren Schulen, mithin einer Schulform, die nur von gut 10 % der Schüler besucht wurde. Wären Schüler der Volksschule befragt worden, so hätte sich ein anderes Bild ergeben. Für proletarische Milieus wären fraglos andere Mechanismen zu beschreiben. Informelle Vermittlungsformen etwa in den Mandolinenorchestern oder Schalmeienkorps der linken Par-

---

9   Als „Mulus-Zeit" wurde die Übergangszeit zwischen Abitur und Studium bezeichnet, in der man nicht mehr Heranwachsender, aber auch noch nicht Erwachsener war – so wie das Maultier (lat. ‚mulus') weder Pferd noch Esel ist.

10   Selbst die Jugend(musik)bewegung war entgegen ihrer Selbstbeschreibung eine „Erwachsenenbewegung" (vgl. Lehmann-Wermser 2004).

11   Der Ausdruck „peer group" wird hier vermieden, weil dieses Konstrukt von der gegenüber den Erwachsenen und ihren Institutionen partiell losgelösten und antagonistischen Sozialisationsinstanz der Gleichaltrigen ausgeht (vgl. Fuhrer 2009: 291ff.). Bei der Gruppe der Gleichaltrigen in der Untersuchung gibt es aber in der Frage der kulturellen Teilhabe weder Gegensatz noch Unabhängigkeit.

teien spielten dort eine größere Rolle. Die Frage der kulturellen „Bezugsnorm" spiegelt sich beispielsweise in den Debatten über eine angemessene und zeitgemäße Form der proletarischen Musikkultur, wie sie etwa von Hans Eisler vorangetrieben wurde (Betz und Arnold 1976; Hermand und Trommler 1978; Lehmann 1982). Gleichwohl gilt festzuhalten, dass für die Schüler der Höheren Schulen die kulturelle Teilhabe sich dezidiert an bürgerlicher Kunstmusik entfaltete und das Entree für eine Erwachsenenwelt war. Deutlich wird auch, dass einige der oben wiedergegebenen Positionen zu kultureller Bildung und Teilhabe sich implizit aus diesen älteren Zugangsmustern ableiten, wonach etwa die „klassische" Musik per se die wertvollere und ein aktiver Zugang übers Instrumentalspiel wichtiger als ein rezeptiver etwa über Medien sei.

3. Kulturelle Teilhabe bei Kindern in „JeKi-Programmen"

Das oben genannte Forschungsprojekt widmet sich den Mustern kultureller Teilhabe bei Kindern in Grundschulen in NRW und Hamburg[12]. Es basiert auf einem multimethodischen Design, das vorwiegend qualitativ arbeitet, sich aber auf einen großen quantitativen Datensatz abstützt. Um zu verstehen, was Kinder mit Musik als einem wichtigen Teil kindlicher Lebenswelt und Kultur verbindet, wurden Schüler der 2. bzw. 4. Grundschulklassen gebeten, „Malbücher" zu führen: Einmal im Monat sollte ein Bild zum Thema „Meine musikalischen Erlebnisse" gemalt werden; zusätzlich war Raum für Überschriften und Kommentare. Auf diese Weise entstand ein Korpus von etwa 500 Kinderzeichnungen, die im Zusammenspiel mit den Texten Auskunft darüber geben, wie Kinder zu welcher Musik Zugang finden. Darüber hinaus wurden Eltern gebeten, Fotos ihrer Kinder im Zusammenhang von Musik mit entsprechenden Untertiteln zu schicken. Auch diese Bitte wurde bewusst offen geäußert, um ein breites Spektrum von Aufnahmen zu bekommen, die entweder für die Familien „typisch" wären oder denen zumindest so viel Bedeutung zugemessen würde, dass sie einem Forschungsprojekt überlassen werden sollen.

Zunächst fällt auf, welchen Raum die medial vermittelte Rezeption von Musik einnimmt. Etwa ein Fünftel der Zeichnungen zeigen Situationen, in denen Medien präsent sind: in den häuslichen Kinderzimmern, in der Schule oder individuell mit mp3-Playern etc. (s. Abb. 1). Unter der Vielzahl der dargestellten Situationen

---

12   Das Forschungsprojekt ist Teil des Verbundes SIGrun (Studie zum Instrumentalunterricht an Grundschulen) der Universitäten Bremen und Hamburg. Näheres dazu unter www.sigrun2009. de. Eine genauere Beschreibung des methodischen Vorgehens findet sich bei Lehmann-Wermser (i. Dr.).

nimmt diese Form der Rezeption einen prominenten Platz ein. Das ist wenig überraschend, ist doch die mediale Prägung der Umwelt von Kindern und Jugendlichen
verschiedentlich beschrieben worden (s. Baacke 1995; Fölling-Albers 2001). Was
dennoch überrascht, ist der differenzierte Umgang einiger Kinder mit Medien.

Abbildung 1:   7-jähriges Mädchen. Überschrift: „Ich habe Kalcha Kadela"
              [Culcha Candela – zu ergänzen: gehört]

Eine Schülerin aus einer 2. Klasse malt sich auf dem Bett zu Hause liegend, neben
dem ein CD-Player steht (Abb. 2). Die vom Kind formulierte Überschrift („Ich entschpanne mich") macht deutlich, dass Musik als Weg der Erholung eingesetzt wird;
ob das intentional geschieht, ist nicht rekonstruierbar, jedenfalls aber geschieht es
bewusst; eine Beschreibung als „passiver Konsum" wird dem kaum gerecht. Das
Setting ähnelt dem für Ältere beschriebenen Verfahren des „mood managements"
(Schramm 2005), bei dem Musik zur Selbstregulation eingesetzt wird. Überhaupt
deutet sich eine Form der Medienkompetenz schon bei Grundschulkindern an, die
bei einem verkürzten Begriff kultureller Teilhabe leicht aus dem Blick geraten kann.

Abbildung 2:   7-jähriges Mädchen. Überschrift: „Ich entschpanne mich"

In einem weiteren Bremer Forschungsprojekt zur Präferenzentwicklung bei Grundschulkindern (vgl. Lehmann-Wermser et al. 2007) wurden Interviews zur Entwicklung des Geschmacks geführt. Dabei berichtete eine Siebenjährige, die über ein erstaunliches Wissen zu Rock und Pop-Musik der 1980er und 1990er Jahre verfügte, dass sie jede Woche aus der CD-Sammlung ihres Vaters eine CD ausleihen dürfe, die nach einer Woche gegen eine neue eingetauscht werden könne, wenn sie „etwas über die CD" wisse. An diesen Beispielen wird zweierlei deutlich: Zum einen gibt es Kinder, die Musik häufig, aber reflektiert medial rezipieren[13]. Auch hier erscheint eine pauschale Abwertung solchen Verhaltens unangemessen. Zum anderen ist solch reflektierter Umgang offensichtlich nicht ausschließlich an „klassische" Musik gebunden.

Das leitet zu einem weiteren Aspekt über, nämlich der Rolle der Popularmusik. In der oben genannten Präferenzforschung ist die „Offenohrigkeit" (open earedness) vielfach beschrieben worden (Hargreaves 1982; Schellberg und Gembris

---

13 Grundlage für diese Musikrezeption ist die Verfügbarkeit von Endgeräten, auch in den Kinderzimmern. CD-Spieler und Computer (als Speichergerät für mp3-Dateien) taugen dabei nicht mehr als trennscharfer Indikator für materiellen Wohlstand. In der SIGrun-Stichprobe verfügen nach Angabe der Eltern (n= ca. 700) zwischen 55 und 87% aller Kinder selbst über solche Geräte. Freilich ist deren Anteil bei Kindern mit Migrationshintergrund hochsignifikant niedriger. Was das für den Begriff kultureller Teilhabe bedeutet, ist bislang noch nicht systematisch bedacht worden.

2003; Gembris und Schellberg 2007). Der Begriff bezieht sich auf die Beobachtung, dass Kinder am Beginn der Grundschulzeit zunächst alle Arten von Musik – auch die „klassische" – mögen, dass diese Offenheit allerdings innerhalb weniger Jahre zugunsten einer (fast ausschließlichen) Orientierung an Populärer Musik schwindet. Die im Rahmen von SIGrun durchgeführte Präferenzstudie kann diese Offenheit bereits für Erstklässler unabhängig von allen soziokulturellen Faktoren für Jungen beispielsweise nicht mehr nachweisen (Busch, Schurig i. Vorb.). So ist Populäre Musik natürlich auch im Material unserer Studie präsent. Gleichzeitig wird aber auch klassische Musik (oft, aber nicht ausschließlich in schulischen Zusammenhängen) sowohl in den Bildern als auch in den Interviews von den Schülern thematisiert. Das sei an zwei Beispielen erläutert. In den Elternfotos findet sich das offensichtlich arrangierte Bild eines Siebenjährigen, der sich mit Kleidung und Gestik als „cooler Rapper" inszeniert, einem Stereotyp unbürgerlichen Aufbegehrens (Abb. 3). Der Kommentar der Eltern „Hier rockt das Haus" unterstreicht den Gestus des Lauten, Ungebärdigen – mithin eines deutlich jugendkulturell markierten Bereichs. Der gleiche Junge wird aber auch als Gitarrenspieler fotografiert. Unabhängig davon, welches Stück er gerade spielt oder übt, kann man davon ausgehen, dass es sich um ein Gegenbild aktueller Popularmusik handelt, die sich wesentlich über den Sound definiert und mit einem

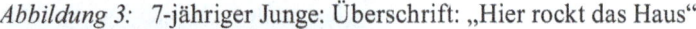

Abbildung 3:　7-jähriger Junge: Überschrift: „Hier rockt das Haus"

einzelnen, akustischen Instrument gar nicht reproduzierbar ist. Der Untertitel zu diesem Foto lautet, mit einem leicht ironischen Unterton: „Das gleiche Kind gibt es auch in ruhig." Jenseits des Verweises auf uns unbekannte Familienkonstellationen zeigt dieses Bild die ganze Spannbreite kindlicher Verhaltensweisen im Kontext von Musik und Kultur, die die heimliche Annahme, es gebe sich ausschließende Wege zu Populärer Musik *oder* zu Klassik, widerlegt.

Ein letztes Beispiel sei vorgestellt, weil ein neuer Aspekt hinzutritt. Die oben von einer eher kritischen Autorin wie Susanne Keuchel aufgegriffene Formulierung der „passiven Rezipienten" legt nahe, dass Musikhören allein erfolge. Tatsächlich aber finden sich verschiedene Kinderzeichnungen, die auch dies als *gemeinschaftliche* Tätigkeit ausweist. Durchaus typisch ist in diesem Sinne das Bild von gemeinsam tanzenden Mädchen (Abb. 4).[14]

Abbildung 4:   8-jähriges Mädchen. Überschrift: „Ich tanze mit meiner Freundin"

---

14   In dieser knappen Darstellung muss unberücksichtigt bleiben, dass die „Wege zur Kultur" auch geschlechtertypisch erfolgen.

4. Dimensionen kultureller Teilhabe

Aus den Beispielen wird deutlich, dass der oben skizzierte, enge Begriff kultureller Teilhabe nicht taugt. Mit seiner impliziten Setzung von „hochkultureller" Orientierung ist er theoretisch fragil und wird der Beschreibung kindlicher (und mutmaßlich: jugendlicher) Lebenswelt nicht gerecht. Ganz offensichtlich gilt auch hier, dass die Pluralisierung der Gesellschaft auch Auswirkungen auf die Wege kultureller Teilhabe hat, ohne dass das bislang im Kontext von kultureller Bildung und deren Förderung konzeptuell durchdrungen wäre.

Denkbar wäre, dass Teilhabe sich mehrdimensional verstehen (und modellieren) lässt, wobei die Dimension Aktivität vs. Passivität nur eine von mehreren ist. Andere wie gewonnene Expertise in einem kulturellen Feld, bewusster Umgang mit Medien und Medienkonsum[15], eingesetzte Ressourcen und Offenheit für neue Aspekte treten hinzu (s. auch Lehmann-Wermser i. Dr.), wobei das Zusammenspiel der einzelnen Dimensionen noch nicht ausreichend erforscht ist. Ein weiterer Aspekt, der im Forschungsprojekt aufgrund der Stichprobenzusammensetzung nicht ausreichend berücksichtigt werden konnte, wäre die Spezifik kultureller Teilhabe in migrantischen Milieus; diese spezielle Frage ist bislang nur im Ansatz untersucht worden (Keuchel 2009b; Autorengruppe Bildungsbericht 2012).

Damit freilich wird auch deutlich, dass beim gegenwärtigen Stand der Forschung die Wege von Kindern und Jugendlichen zu kultureller Teilhabe und Teilnahme noch nicht hinreichend verstanden werden, als dass Steuerungswissen für Evaluation und Planung von Prozessen zu kultureller Teilhabe und Teilnahme zu erwarten sei.

Literatur

Autorengruppe Bildungsbericht (2012): Bildung in Deutschland 2012. Ein indikatorengestützter Bericht mit einer Analyse zur kulturellen Bildung im Lebenslauf. http://www.bildungsbericht. de/index.html?seite=10203. Zugegriffen: 22. Januar 2013.
Baacke, D. (1995): Die 6- bis 12-jährigen. Einführung in die Probleme des Kindesalters. Beltz, Weinheim.

---

15   Hier sind Berührungspunkte zur Medienpädagogik in der Tradition Baackes vorhanden, die ebenfalls noch nicht hinreichend beleuchtet sind.

Bartelheimer, P. (2007): Politik der Teilhabe. Ein soziologischer Beipackzettel. Friedrich-Ebert-Stiftung, Berlin.

Barth, D. (2008): Ethnie, Bildung oder Bedeutung? Zum Kulturbegriff in der interkulturell orientierten Musikpädagogik. Wißner, Augsburg.

Betz, A./Arnold, H. L. (Hrsg.) (1976): Musik einer Zeit, die sich eben bildet. Edition text + kritik, München.

Busch, V./Schurig, M. (i. Vorb.): Ergebnisse des Teilprojektes Präferenz. In: Lehmann-Wermser, A./Busch, V./Schwippert, K. (Hrsg.): Studie zum Instrumentalunterricht von Grundschulkindern. Waxmann, Münster.

Ermert, K. (2009): Was ist kulturelle Bildung? Herausgegeben von der Bundeszentrale für politische Bildung. http://www.bpb.de/gesellschaft/kultur/kulturelle-bildung/59910/was-ist-kulturelle-bildung?p=all. Zugegriffen: 22. Januar 2013.

Fölling-Albers, M. (2001): Veränderte Kindheit – revisited. Konzepte und Ergebnisse sozialwissenschaftlicher Kindheitsforschung der vergangenen 20 Jahre. In: Brügelmann, H. et al. (Hrsg.): Jahrbuch Grundschule III. Fragen der Praxis – Befunde der Forschung. Kallmeyer, Seelze/Velber.

Fuchs, M. (2007): Was ist kulturelle Bildung? In: „Politik und Kultur" – Zeitung des Deutschen Kulturrats, H. 06/07, S. 10-11.

Fuchs, M. (2008): Kulturelle Bildung. Grundlagen, Praxis, Politik. Kopaed, München.

Fuchs, M. (2010): Kulturelle Teilhabe und kulturelle Bildung. http://www.fonds-soziokultur.de/shortcut/02/news/kulturelle-teilhabe-und-kulturelle-bildung/. Zugegriffen: 22. Januar 2013.

Fuchs, M./Bockhorst, H./Zacharias, W. (2008): Kultur – Teilhabe – Bildung: Reflexionen und Impulse aus 20 Jahren. Kopaed, München.

Fuhrer, U. (2009): Lehrbuch – Erziehungspsychologie. Huber, Bern.

Gembris, H./Schellberg, G. (2007): Die Offenohrigkeit und ihr Verschwinden bei Kindern im Grundschulalter. In: Auhagen, W./Bullerjahn, C./Höge, H. (Hrsg.): Musikalische Sozialisation im Kindes- und Jugendalter. Hogrefe, Göttingen.

Giessner, U. (2005): Ansätze der Kunst- und Kulturvermittlung in Österreich. In: Mandel, B. (Hrsg.): Kulturvermittlung – zwischen kultureller Bildung und Kulturmarketing. Eine Profession mit Zukunft. transcript Verlag, Bielefeld.

Gogolin, I. (1998): „Kultur" als Thema der Pädagogik: Das Beispiel interkulturelle Pädagogik. In: Stroß, A. M./Thiel, F./Appelsmeyer, H. (Hrsg.): Erziehungswissenschaft, Nachbardisziplinen und Öffentlichkeit. Themenfelder und Themenrezeption der allgemeinen Pädagogik in den achtziger und neunziger Jahren. Dt. Studien-Verl., Weinheim.

Groni, C. (2008): Das Menschenrecht auf Teilnahme am kulturellen Leben. Inhalt, Grenzen und Justitiabilität von Artikel 15 (1). Boorberg, Stuttgart.

Hammel, L. (2007): Der Kulturbegriff im wissenschaftlichen Diskurs und seine Bedeutung für die Musikpädagogik. Versuch eines Literaturberichts. Zeitschrift für Kritische Musikpädagogik. http://home.arcor.de/zfkm/07-hammel1.pdf. Zugegriffen: 22. Januar 2013.

Hargreaves, D. (1982): The development of aesthetic reactions to music. In: Psychology of Music (Special Issue), S. 51-54.

Hermand, J./Trommler, F. (1978): Die Kultur der Weimarer Republik. Nymphenburger Verlagsbuchhandlung, München.

Keuchel, S. (2009a): Das 1. Jugend-KulturBarometer – zwischen Eminem und Picasso. In: Keuchel, S./Wiesand, A. J. (Hrsg.): Das 1. Jugend-KulturBarometer. „Zwischen Eminem und Picasso...". 2. Aufl. ARCult Media, Bonn.

Keuchel, S. (2009b): „Kultur für alle" in einer gebildeten, ungebundenen, multikulturellen und veralteten Gesellschaft? Der demografische Wandel und seine Konsequenzen für die kulturelle Partizipation. In: Hausmann, A./Körner, J. (Hrsg.): Demografischer Wandel und Kultur. Veränderungen im Kulturangebot und der Kulturnachfrage. VS-Verlag, S. 149-176, Wiesbaden.

Lehmann, A. (1982): Hindemiths Lehrstück. In: Hindemith-Jahrbuch. Frankfurt/Main, S. 36-76.

Lehmann-Wermser, A. (2003): „...es waren ja nicht viele Musikbegeisterte bei uns in der Klasse". Musikunterricht im Freistaat Braunschweig 1928-1938. Institut für Musikpädagogische Forschung, Hannover.

Lehmann-Wermser, A. (2004): Jugendmusikbewegung? Erwachsenenmusikbewegung? Zur empirischen Gründung eines Begriffs. In: Kaiser, H. J. (Hrsg.): Musikpädagogische Forschung in Deutschland. Dimensionen und Strategien. Die Blaue Eule (Musikpädagogische Forschung Bd. 25), Essen.

Lehmann-Wermser, A. (i. Dr.): Kulturelle Teilhabe durch Musik: Zu den Schwierigkeiten der empirischen Gründung eines populären Begriffs. In: Dressler-Zöllner, S./Khittl, C. (Hrsg.): Musik – pädagogisch. Festschrift Adolf Werner-Jensen. Olms, Hildesheim.

Lehmann-Wermser, A./Liermann, C./Busch, V. (2007): Posterpräsentation & Erläuterung zur Folgestudie: Beeinflussung von Musikpräferenzen bei Grundschulkindern. In: Arbeitskreis Musikpädagogische Forschung (Hrsg.): Interkulturalität als Gegenstand der Musikpädagogik. Die Blaue Eule, Essen.

Pietsch, M. (2007): Soziale Herkunft und Schulleistung Hamburger Kinder am Ende der Grundschulzeit. In: Bos, W. (Hrsg.): KESS 4 – Lehr- und Lernbedingungen in Hamburger Grundschulen. Waxmann, Münster.

Schellberg, G./Gembris, H. (2003): Was Grundschulkinder (nicht) hören wollen. Eine Studie über Musikpräferenzen von Kindern in der 1. bis 4. Klasse. Musik in der Grundschule, H. 4, S. 48-52.

Schnell, R. (Hrsg.) (2000): Metzler-Lexikon Kultur der Gegenwart. Themen und Theorien, Formen und Institutionen seit 1945. Metzler, Stuttgart und Weimar.

Schramm, H. (2005): Mood Management durch Musik. Die alltägliche Nutzung von Musik zur Regulierung von Stimmungen. Halem, Köln.

Sievers, N. (2008): Kulturelle Teilhabe als Voraussetzung und Ziel aktivierender Kulturpolitik. Veranstaltung vom 22. bis 24. Februar 2008, aus der Reihe „Kultur bewegt".

Sievers, N./Knopp, R./Molck, J. (2009): Kultur nicht für alle? Kulturpolitik und gesellschaftliche Teilhabe. In: Kulturpolitische Mitteilungen, Bd. 126, H. 3, S. 31-34.

Tenorth, H.-E. (2000): Geschichte der Erziehung. Einführung in die Grundzüge ihrer neuzeitlichen Entwicklung. Juventa, Weinheim und München.

United Nations (1948): The universal declaration of human rights. http://www.un.org/en/documents/udhr/. Zugegriffen: 22. Januar 2013.

Witzel, A. (1985): Das problemzentrierte Interview. In: Jüttemann, G. (Hrsg.): Qualitative Forschung in der Psychologie. Beltz, Weinheim.

Ästhetisierung von Kultur: Wissenschaft, Medienkunst und Bildung

Winfried Pauleit

1. Transformationen der Wissenschaftskultur

Wissenschaftliche Lehre erfolgt heute meist gestützt auf Performance und digitale Technologien. Während Performativität von jeher zur Praxis der Lehre gehört, hat die Nutzung digitaler Technologien die alten Medien Kreide und Tafel ersetzt. Die Nutzung von Computer gestützten Präsentationen hat die Lehre ästhetisiert, mediatisiert und diversifiziert – oder anders formuliert, die ästhetische und mediale Dimension von Lehre auf neue Weise hervorgekehrt und dadurch verändert. Ähnliches gilt für Videoaufzeichnungen von Vorträgen und Vorlesungen, die inzwischen anstelle von Vortragsskripten zirkulieren und meist nur wenig bearbeitet als abrufbare Sendungen im Internet publiziert werden. Während zeitgenössische Lehre und Vermittlung also Ästhetisierungs-, Mediatisierungs- und Diversifizierungsprozessen unterliegen, werden die Ergebnisse geisteswissenschaftlicher Forschung nach wie vor in Druckform gefasst, und zwar in der Regel zwischen zwei Buchdeckel. Andere Formen wie das *e-publishing* existieren zwar, machen aber eher im Bereich der Naturwissenschaften Furore, wo auch der Gebrauch von Medienbildern inzwischen zum Teil der wissenschaftlichen Argumentation gehört. Ausgangspunkt der folgenden Überlegungen ist es, spezifische zeitgenössische Transformationen in der Wissenschaftskultur zu beschreiben. Diese zeigen sich insbesondere in der Wissenschaftspraxis. Sie lassen sich als Ästhetisierung, Mediatisierung und Diversifizierung genauer fassen. Ästhetisierung meint hier die Aufwertung des Bildlichen und Audio-Visuellen in der Wissenschaftspraxis, die darin einerseits tragende Elemente der Erkenntnisproduktion sein können, andererseits aber nur als Supplement angehängt sind und als Faszinationsmittel dienen. Mediatisierung meint in diesem Zusammenhang Transformationen des kommunikativen Handelns in der Wissenschaftskultur, die wiederum Ästhetisierungsprozessen – im Sinne einer verstärkten Nutzung des Audio-Visuellen – Vorschub leisten können. Diversifizierung lässt sich in diesem Kontext als Ausprägung unterschiedlicher Lehr- und Präsentationsformen fassen.

Diesen Transformationen steht ein Festhalten am Buch in der wissenschaftlichen Publikationstätigkeit gegenüber, insbesondere in den Geisteswissenschaften. Dieser Umstand ist vermutlich einer komplexen Situation geschuldet, die sich aus Steuerungsprozessen des Wissenschaftsbetriebs, einem Glauben an die Schrift (insbesondere im Land der Dichter und Denker), Marktinteressen und weiteren Faktoren strukturiert. Auffällig ist in diesem Kontext, dass sich Fächer wie Medien-, Kultur- oder Filmwissenschaft in dieser Hinsicht kaum anders verhalten und die eigene Publikationspraxis selten in Bezug auf ihre Medialität reflektieren, wo doch Fragen der Ästhetisierung, Mediatisierung und Diversifizierung von Kultur zu ihrem Forschungsbereich zählen. Zu den denkbaren programmatischen Überlegungen dieser Disziplinen könnte es gehören, die ihr eigene Praxis wissenschaftlicher Publikation explizit auf die Form von Sprache und Schriftlichkeit zu beschränken. Als Gegenposition ließe sich formulieren, wissenschaftliche Erkenntnisse nur mehr in mediatisierten, audio-visuellen oder computergestützten Formaten zu publizieren. Eine Synthese könnte beide Richtungen legitimieren und damit gleichzeitig die mediale Verfasstheit als Teil von Erkenntnisproduktion reflektieren – mit dem Ziel, zukünftig innerhalb eines diversifizierten Spektrums medialer Verfasstheiten selbstbewusst Wissenschaft zu praktizieren.

Nun ist die Problemlage nicht ganz neu und durchaus komplex. Sie ist Teil einer Kulturgeschichte, in der Wissenschaft und Kunst als zwei gesonderte Felder gesellschaftlicher Praxis herausgehoben werden, und sie ist Teil einer Wissenschaftsgeschichte, die seit einigen Jahrzehnten die Medialität ihrer eigenen Produktion zwischen Rede und Schriftlichkeit reflektiert, und die inzwischen auch damit begonnen hat, ihr Verhältnis zur Bildlichkeit zu bestimmen. In diesem Feld wird seit einigen Jahren ein Wandel des Wissenschaftsverständnisses diagnostiziert beziehungsweise diskutiert, der zum einen den Gebrauch von Bildern und bildgebenden Verfahren in den Naturwissenschaften zum Thema macht. Dieser Wandel lässt sich aber auch archäologisch an Beispielen der gesamten Wissenschaftsgeschichte studieren. Zum anderen spiegelt sich der Wandel des Wissenschaftsverständnisses in den aktuellen Debatten um die Möglichkeiten einer künstlerischen Forschung (*Artistic Research*), das seine umstrittene Bedeutung hierzulande nicht zuletzt aus der europäischen Studienreform gewinnt, in der wissenschaftliche und künstlerische Studiengänge in vergleichbare und gestaffelte Abschlüsse geordnet werden, die es Kunsthochschulen inzwischen ermöglicht, akademische Doktortitel zu vergeben.

Im Folgenden soll es darum gehen, exemplarische Facetten dieser Geschichte in Augenschein zu nehmen und sie im Hinblick auf ihr Wissenschaftsverständnis, ihr Verhältnis zur Medienkunst, sowie ihre Implikationen von Weitergabe und Bildung zu befragen. Ferner wird es darum gehen, diese Überlegungen mit Beispielen aus der Medienkunst zu kontrastieren und diese in Hinblick auf ihre Anverwandlungen wissenschaftlich akademischer Verfahren zu untersuchen. An diesen Beispielen lässt sich der Wandel als Ästhetisierung, Mediatisierung und Diversifizierung von Wissenschaftskultur begreifen. In dieser Perspektive zeigt sich aber auch, dass das Ästhetische und Mediale genuine Teile der Wissenschaftskultur im Sinne einer spezifischen Verfasstheit von Wissenschaft sind und damit zentrale Voraussetzungen bilden.

2. Viskurse: Verfahren der Erkenntnisproduktion oder Faszinationsmittel

Der Medienwissenschaftler Ralf Adelmann hat die Ästhetisierungsprozesse exemplarisch an der Bildpraxis astronomischer Forschung beschrieben und dabei auf die Wechselwirkung strenger methodischer Bildvergleiche bei der Erforschung des Planeten Mars und ihrer Popularisierungen in und durch die Massenmedien hingewiesen (Adelmann 2011). Mit dem Begriff „Viskurse" greift er hierzu einen Begriff der Soziologin Karin Knorr Cetina (1999: 245-263) auf, der die Bedeutung von visuellen Darstellungen in der Wissenschaftskommunikation kennzeichnet. Dabei stellt er zunächst heraus, dass die Erkenntnisproduktion der Astronomie auf der Analogieannahme beruht, dass andere Planeten ähnliche Eigenschaften aufweisen wie die Erde, die dann durch Bildvergleiche abgesichert wird. Adelmann merkt an, dass die Art der *ästhetischen Forschung* des Bildvergleichs in der Astronomie zwar seit Galilei Tradition hat, dass sie sich aber durch mediengestützte Datenerhebung während der wissenschaftlichen Marsmissionen in jüngster Zeit in einem markanten Wandel befindet. So operiert die wissenschaftliche Auswertung der Daten zeitgenössischer Astronomie mit digitalen Collagen, die im Zuge der Popularisierung dieser Forschung komplexe Prozesse der De- und Re-Kontextualisierung der digitalen Bilder nach sich ziehen, die wiederum auf die wissenschaftlichen Erkenntnismethoden und -prozesse zurückwirken. Der zentrale Punkt in der Argumentation ist dabei, dass Erkenntnismittel (digitale Bildaufbereitung) und Faszinationsmittel (populäre Darstellung von Erkenntnis) sich nicht nur schwer auseinander halten lassen, sondern „untrennbar miteinander verbunden [sind]" (Adelmann 2011: 327). Damit betont Adelmann einen spezifischen Zusammenhang von Forschung und Vermittlung – Vermittlung hier im weiten Sinne als Medienkommunikation und Popularisierung von wissenschaftlichen Erkenntnissen gefasst –, der sich als neue Problemlage der Ästhetisierungs- und Mediatisierungsprozesse von Wissenschaft darstellt, die sich im Grunde in jeder Powerpoint gestützten Universitätsvorlesung abzeichnet, in der Erkenntnismit-

tel und Faszinationsmittel zusammenwirken (Schnettler und Knoblauch 2007).[1]
Während sich Adelmann et al. (2009) in einer umfassenden und ähnlich ausgerichteten Studie der digitalen Bildpraxis in den Naturwissenschaften widmen,
wurden Ästhetisierungsprozesse auch in anderen Studien zur naturwissenschaftlichen Bildpraxis beschrieben, zum Beispiel von Stafford (1994) aus kunsthistori-
scher Perspektive, sowie Angerer et al. (2002) aus kulturwissenschaftlicher Perspektive oder Friedrich und Stollfuß (2011) aus medienwissenschaftlicher Sicht.

3. Entstehung von Medienkunst und künstlerische Forschung

Diese Ästhetisierungsprozesse in den Naturwissenschaften werden von Mediatisierungsprozessen in der bildenden Kunst flankiert. Der Kunsthistoriker und Me-
dientheoretiker Dieter Daniels (2002) hat sie als einen Wandel von der bildenden
Kunst zur Medienkunst unter dem Titel „Kunst als Sendung. Von der Telegrafie
zum Internet" skizziert und dabei den zeitlichen Horizont von der französischen
Revolution bis in die Gegenwart untersucht. Anschaulich stellt der Autor heraus,
dass der Erfinder des Schreibtelegrafen Samuel Finley Breese Morse zunächst als
Kunstpädagoge und Maler tätig war mit der Intention, die europäische Malerei
in Amerika durch Ausstellungsprojekte bekannt zu machen. Auf diesem Hintergrund entsteht nicht nur die Idee der transatlantischen Telegrafie, sondern auch
die Erfindung seines Schreibtelegrafen, der akkurat mit Papier und Bleistift ausgestattet und zudem auf einem Leinwandspannrahmen (der Malerei) montiert ist.
Daniels versucht damit „eine Neubewertung des Entwurfscharakters von Kunst"
zu belegen (Daniels 2002: 14). Seine Strategie besteht darin, im Sinne einer Archäologie die künstlerischen und „utopischen Motive der Technikgenese" (ebd.)
von der Seite der Erfindung her freizulegen, um auf diese Weise ein gängiges
Medienverständnis zu kritisieren, in dem Technik als Ursache und Ästhetik als
Folgewirkung gefasst wird. Letztlich geht es ihm dabei um die Annäherung von
Technik und Kunst im Namen derjenigen, die sie erfinden und entwerfen. Dafür
bringt er die „doppelte Bedeutung von ‚Sendung' als medientechnische Emission
und als bekenntnishafte Mission" (ebd.) in Anschlag. Die von Daniels beschriebene Mediatisierung der Kunst stößt auf ein ähnlich gelagertes Problem wie die
Ästhetisierungsprozesse in den Naturwissenschaften. Auch in der Kunst spitzt die

---

[1]   Selbstverständlich ist das Problem auch an der Schiefertafel schon zu beobachten oder in der
       alten Rhetorik. Daran zeigt sich, dass jede wissenschaftliche Aussage eine mediale Verfasst-
       heit benötigt. Allerdings kommt es dort zu einer spezifischen Überlagerung, wo bildgebende
       Verfahren die Forschungsmethoden bestimmen und im Zuge der Lehre von einer weiteren
       Stufe der Bildgebung in Vorträgen und populären Publikationen überlagert werden.

Popularisierung von Forschung (von Daniels als künstlerischer beziehungsweise technischer Entwurf gedacht) den Konflikt zwischen Medien als Erkenntnismittel und Medien als Faszinationsmittel zu. Gleichzeitig wird an diesem Beispiel deutlich, wie die Erfindung von Morse durch kunstpädagogische Bildungsabsichten angetrieben wurde – oder besser noch, wie sich der Anspruch von Kunstvermittlung in eine technische Medienerfindung transformierte.

Die zunehmende Bedeutung und Diskussion von künstlerischer Forschung (Artistic Research) scheint neben den aktuellen institutionellen Weichenstellungen (Studienreform in Europa) möglicherweise wesentlich stärker mit den Mediatisierungsprozessen in der bildenden Kunst und mit der von Daniels herausgestellten Annäherung von Kunst und Technik zu korrespondieren. In diesem Kontext ist sicherlich auch die zunehmende Intellektualisierung der modernen Kunst seit den 1960er Jahren zu erwähnen. Die Zeitschrift *Texte zur Kunst* (2011) hat kürzlich dem Thema Artistic Research ein Heft gewidmet. Im Vorwort konstatieren die Herausgeber des Themenheftes, der Chefredakteur der Zeitschrift Sven Beckstette, der Kunstwissenschaftler Tom Holert und die Künstlerin Jenni Tischer, dass die Grundlagen und Rahmenbedingungen dieser Forschung bisher nur wenig geklärt sind, dass sie aber institutionell in englischen und skandinavischen Hochschulen bereits als etabliert gelten kann und darüber hinaus von zahlreichen Künstlern, Kuratoren und Hochschullehrern praktisch betrieben wird. Aus diesem Grunde interessiert sich die Zeitschrift vor allem für „die Spezifik künstlerischer Forschungspraxis und die Bedingungen ihrer Möglichkeit" (Beckstette et al. 2011: 4). Mit Blick auf die mediale Verfasstheit künstlerischer Forschung halten die Autoren fest, dass sie in erster Linie in textbasierten Arbeiten und Videoessays ihr Format findet, kaum aber in klassischen Medien der bildenden Kunst wie der Malerei.

Auch künstlerische Forschung wendet sich explizit den Naturwissenschaften und der Wissenschaftsgeschichte zu und macht sie zum Gegenstand künstlerischer Auseinandersetzung. Ausstellungen wie „Say it isn't so. Naturwissenschaften im Visier der Kunst" (Museum Weserburg, Bremen 2007) haben diese Ausrichtung der künstlerischen Forschung genauer charakterisiert als kritische Reflexion und Transformation von Wissenschaft und ihren Diskursen. Damit verfolgt die bildende Kunst eine kritische Auseinandersetzung mit demselben Wissenschaftsfeld, wie zahlreiche Ansätze in den Medien- und Kulturwissenschaften. Kulturwissenschaftliche und künstlerische Forschung befinden sich dabei in Allianz und Konkurrenz. Gemeinsam sind ihnen die (kritische) Reflexion von Wissenschaftspraxis und ihre Rückbindung in Gesellschaft. In ihrer Praxis stoßen auch sie auf das Problem, ihre eigene Forschung, wie auch das untersuchte

Wissenschaftsverständnis (der Naturwissenschaften) zu popularisieren, zu ästhetisieren, zu mediatisieren und damit zu diversifizieren. Die Leitlinie dieser Prozesse ist ein eigenes Wissenschafts- beziehungsweise Kunstverständnis, das vielfach in einem Gemisch von Erkenntnis, Aufklärung und Bildung begründet ist.

4. Künstlerische Forschung als kritisches Korrektiv der Wissenschaftskultur

Ein prägnantes Beispiel für künstlerische Forschung hat der Künstler Christoph Keller mit seiner Arbeit „Encyclopaedia Cinematographica" (2001) präsentiert. Keller setzt sich darin mit dem gleichnamigen Projekt des wissenschaftlichen Films auseinander, das sich in den 1950er Jahren zur Aufgabe gemacht hatte, ein umfassendes wissenschaftliches Archiv von Bewegungsvorgängen anzulegen. Ausgangspunkt dieses Archivs waren die Bewegungsarten von Tieren, die später auch auf Pflanzen, Dinge und Menschen ausgeweitet wurden. Dieses enzyklopädische Vorhaben beschränkte sich nicht auf die Entwicklung von spezifischen bildgebenden Verfahren, sondern wollte im Grunde die gesamte Welt in der Form von filmischen Bewegungs-Präparaten erfassen. Dabei erhielt der Film den Status eines Forschungsobjekts und Beweismittels, dessen Bedeutung jeweils durch einen beschreibenden Titel zusammengefasst wird. Das Forschungsvorhaben bestand bis in die 1990er Jahre hinein und wurde dann eingestellt.

Für die Präsentation seiner Arbeit wählt Keller 40 beispielhafte Filme aus dem Archiv aus, montiert sie zu Videoloops und zeigt sie als Videoinstallation auf 40 Monitoren. Mit der Installation realisiert Keller nachträglich eine museale Konzeption der „Encyclopaedia Cinematographica" im Kunstkontext, die bereits Jahre zuvor von der wissenschaftlichen Leitung des Projekts selbst diskutiert wurde (vgl. Keller 2008; Pauleit 2012a). In Kellers Installation entsteht ein Handlungs- und Erfahrungsraum für die Betrachter. Erfahrbar wird darin ein historischer Ästhetisierungs- und Mediatisierungsprozess von Wissenschaft, der auf die Erzeugung von Evidenz und auf Bildung abzielte. Erkennbar werden auch die problematischen Implikationen eines spezifischen Verständnisses von Wissenschaft während der bundesdeutschen Nachkriegsgeschichte, das alle medialen, historischen, lokalen, ästhetischen, kulturellen und politischen Bedeutungen und Kontexte ausklammerte, und auf diese Weise *objektive* Forschungsgegenstände zu konstruieren suchte. Kellers künstlerische Forschung ist als Installation sowohl eine Weiterführung als auch eine Transformation dieser wissenschaftlichen Praxis. Die Inszenierung ist so angelegt, dass sie ein diskursives und audio-visuelles Wissen des Betrachters im Kunstraum aufruft und so die Möglichkeit für eine Reflexion des Betrachters eröffnet.

An dieser Stelle lässt sich fragen, welche Perspektiven der Bildung und Vermittlung mit künstlerischer Forschung verknüpft sind. Zum einen ließe sich über Voraussetzungen für eine solche Praxis diskutieren: Wenn künstlerische Forschung an den Hochschulen eingeführt wird, dann sollte sie dort auch gelehrt werden. Zumindest, so ließe sich argumentieren, sollte sie im Rahmen einer spezifischen Lehre angesiedelt sein, die eine anschließende künstlerische Forschung initiiert oder begünstigt. Zum anderen ließe sich nach dem Vermittlungshorizont von künstlerischer Forschung fragen – oder anders formuliert: Wie gelangt künstlerische Forschung in die Öffentlichkeit? Vermittelt sie sich durch Kunstwerke oder durch andere Publikationsformen? Das Beispiel der „Encyclopaedia Cinematographica" ist für diese Überlegungen insofern relevant als sich auf der einen Seite Kellers künstlerische Forschung jenseits eines verbalen Diskurses aus der Anschauung und Erfahrung des Kunstwerks generiert, dass aber gleichzeitig in dieser Erfahrung das Diskurs-Wissen der Betrachter ins Spiel gebracht wird. Auf der anderen Seite agiert Keller wie ein kritischer Kulturwissenschaftler. Er adressiert die allgemeine Öffentlichkeit ebenso wie Spezialisten – und die thematische Anlage seiner Forschung hätte meines Erachtens durchaus Chancen von der Deutschen Forschungsgemeinschaft gefördert zu werden – seine mediale Ausdrucksform allerdings wohl kaum.

5. Die Transformation der Kunstgeschichte zur Bildwissenschaft

Parallel zur Entwicklung der Medienkunst und der künstlerischen Forschung hat sich das Arbeitsfeld der mit diesen künstlerischen Produktionen befassten Kunstgeschichte transformiert. So wurde von dieser Seite eine interdisziplinäre Bildwissenschaft ins Leben gerufen, die den zeitgenössischen Ästhetisierungs-, Mediatisierungs- und Diversifizierungsprozessen in der zeitgenössischen Kunst und den audio-visuellen Medien Rechnung tragen sollte. Führende Vertreter dieser Forschung haben die Entwicklung als gesellschaftlichen und wissenschaftlichen Paradigmenwechsel beschrieben und durch Begriffe wie „Pictorial Turn" (Mitchell 1994) beziehungsweise „Iconic Turn" (Boehm 1994) charakterisiert. Während der Kunsthistoriker Gottfried Boehm mit seiner „Wiederkehr der Bilder" in erster Linie die bildende Kunst zum Thema macht, hierzu Aufsätze von Kunsttheoretikern, -historikern und Philosophen versammelt und die moderne Kunst selbst zum „Kronzeugen" (ebd.: 12) eines sich wandelnden Bildverständnisses ernennt, fokussiert der Literatur- und Kunstwissenschaftler W. J. T. Mitchell (1994) in seinem Buch „Picture Theory" insbesondere Bild-Text-Verhältnisse in der Literatur, den visuellen Künsten, im Film und in der Populärkultur:

> „It asks what a picture is and finds that the answer cannot be thought without extended reflection on texts, particularly on the ways in which texts act like pictures or ‚incorporate' pictorial practices and vice versa [...] It investigates the interaction of visual and verbal representation in a variety of media, principally literature and the visual arts. One polemical claim of Picture Theory is that the interaction of pictures and texts is constitutive of representation as such: all media are mixed media, and all representations are heterogeneous; there are no ‚purely' visual or verbal arts, though the impulse to purify media is one of the central utopian gestures of modernism" (Mitchell 1994: 12-13).

Was diese Versuche verbindet, ist die Bestandsaufnahme einer zunehmenden Bedeutung des Bildes im Kontext der Mediatisierung und Ästhetisierung zeitgenössischer Kultur. Beide Autoren thematisieren aus dieser Erfahrung heraus das implizite Machtverhältnis zwischen Sprache und Bild, und fassen eine Umkehr dieses Verhältnisses zugunsten des Bildes ins Auge. Ferner schreiben sie Bildern eine spezifische Erkenntnis-, Reflexions- und Diskursfähigkeit zu. Was sie unterscheidet ist die Einschätzung der Rolle, die dabei der modernen Kunst und der Philosophie zukommt – oder genauer die Einschätzung über deren mediale Verfasstheit. Was die moderne Kunst angeht, so hat Boehm ihre Meisterwerke im Auge und er versteht diese Werke selbst als die stummen Kronzeugen, die – flankiert von der Philosophie – einen Prozess der Modernisierung der Kunstgeschichte zu einer Bildwissenschaft einleiten.[2] Mitchell hingegen betrachtet Werke der Kunst, der Literatur und des Films unterschiedlicher Provenienz. Neben den Kunstwerken untersucht er auch die Institutionen und Diskurse der Wissenschaften, die die Künste auf die ihnen eigenen Text-Bild-Beziehungen untersuchen. Das unterschiedliche Kunst- und Wissenschaftsverständnis lässt sich dahingehend differenzieren, dass Boehm die Kunst als eine eigene Erkenntnisform von Bildlichkeit betrachtet, womit gleichzeitig ein eigenes Wissenschaftsfeld in Forschung und Lehre legitimiert wird. Während Mitchell die Wechselwirkung zwischen Textualität und Bildlichkeit als konstitutiv für die Erkenntnisproduktion in Wissenschaft, Kunst und Alltag betrachtet und daher Bildwissenschaft nicht nur als interdisziplinären Forschungs- und Lehrzusammenhang versteht, sondern auch in den Kontext von Politik und sozialen Bewegungen stellt.

Eine grundlegende Differenz zwischen diesen Positionen lässt sich jedoch an der Einschätzung zur Rolle der Philosophie (insbesondere der Dekonstruktion) bei der *Wende zum Bild* ausmachen. Während Boehm die Dekonstruktion

---

2   Ähnliche Modernisierungsprojekte der Kunstgeschichte verfolgen Belting (2001) oder Bredekamp (2010).

letztlich als innerphilosophische Kritik an der Sprache begreift – und für ihn die Buchstaben offenbar immer Buchstaben bleiben –, versteht Mitchell die Philosophie Derridas als graphischen Beitrag und Teil des Pictorial Turns (vgl. Boehm 2007; Mitchell 2007). Gerade in dieser Differenz zeigt sich die je unterschiedliche Auffassung der medialen Verfasstheit von Philosophie als Sprache, Schrift oder Bild (und damit von Wissenschaftsproduktion). Vor diesem Hintergrund lassen sich zum einen die beschriebenen Ästhetisierungs- und Mediatisierungsprozesse an die Logozentrismuskritik der Dekonstruktion anschließen. Zum anderen erfährt durch dieses Verständnis von Wissenschaftsproduktion die künstlerische Forschung – was immer diese letztlich sein mag – eine zusätzliche Legitimation.[3]

6. Der Essayfilm als Hybridform zwischen Kunst und Wissenschaft

Betrachtet man die Geschichte des wissenschaftlichen Films in den Naturwissenschaften, aber auch in der psychologischen und ethnologischen Forschung, so finden sich dort bildgebende Verfahren, die insbesondere auf Beobachtung und Kontrolle zielen. Eine andere Variante der Forschung mit Film wurde von Seiten der Künste formuliert. Künstler, Filmemacher und Filmkritiker haben dieses Verfahren seit den 1940er Jahren mit den Begriffen Filmessay, Essay oder essayistischer Film belegt und in Form von Notizen, Pamphleten und Kritiken dargestellt. Bezeichnend an diesen frühen Programmen künstlerischer Forschung ist, dass sie sich zwar als Ausgangspunkt auf die Kunst berufen, aber im Grunde auf eine Mediatisierung des Denkens zielen. Das heißt, es geht ihnen um eine Mediatisierung und Ästhetisierung der Philosophie und der Geisteswissenschaften und damit um eine Diversifizierung der etablierten Formen von wissenschaftlicher Erkenntnis.

Eines der frühsten Zeugnisse hierfür stammt vom Avantgardekünstler Hans Richter, der 1940 einen Artikel unter der Überschrift „Der Essayfilm. Eine neue Form des Dokumentarfilms" in der Baseler Zeitung publiziert (Richter [1940] 1992). Richter leitet den Essayfilm vom Dokumentarfilm ab und stellt heraus, dass der Essayfilm nicht einfach dokumentiert, sondern eine „Beweisführung"

---

3   Man könnte in W.J.T. Mitchell einen Hayden White der Kunstgeschichte erkennen. Nicht nur weil er mit seinem Begriff „Metapictures" für einen Teilbereich ein ähnliches Verfahren praktiziert wie White mit seiner „Metahistory", sondern weil er zudem die impliziten Poetologien der wissenschaftlichen Texte befragt, wenn er eine Textpassage Erwin Panofskys zum zentralen Schauplatz von dessen Wissenschaftsverständnis macht (Mitchell 1994: 25-34). Er ordnet dem Kunsthistoriker aber nicht eine erzählende Poetologie zu, sondern eine Poetologie des Films, ohne dies allerdings auszuführen. Vermutlich ist es die Neo-Realismus. Dieser entspricht Panofskys Verständnis einer materiellen Ästhetik, wie sie später von Siegfried Kracauer ausgearbeitet wurde. Dem Counterpart in Mitchells Darstellung, Louis Althusser, wird dagegen implizit eine Poetologie des Polizeifilms zugeordnet.

unternimmt, „die zum Ziele hat, Probleme, Gedanken, selbst Ideen allgemein verständlich zu machen" (ebd.: 197). Hierzu stehen dem essayistischen Film alle Mittel offen, sofern sie als Argument für den Gedanken dienen. Richter nennt in diesem Zusammenhang auch die phantastische Allegorie und die Spielszene. Als Gewährsleute bezieht er sich auf die englischen Dokumentarfilmer Basil Wright und John Grierson, aber auch auf französische und belgische Filmemacher seiner Zeit, wie auch auf sein eigenes Werk. Richters Argumentation ist in zweierlei Hinsicht interessant. Zum einen durchkreuzt sie die Unterscheidung von künstlerischem Avantgardefilm, Spielfilm und Dokumentarfilm. Mit seinem Bezug auf die englische Dokumentarfilmbewegung rückt er den essayistischen Film auch in die Nähe von volksbildender Filmpädagogik – und Propaganda. Zum anderen verlässt er den Bereich der Kunst, wenn er für den essayistischen Film eine Beweisführung reklamiert. Die von Richter beispielhaft genannten möglichen Filmessays sollen populärwissenschaftliche Themen behandeln, wie „Die Funktion der Börse ist die eines Marktes" oder „Bedeutung des Radios innerhalb unserer heutigen Zivilisation" (ebd.: 196-197). Mit Blick auf die von ihm skizzierte Filmform handelt es sich dabei weniger um einen Kultur- oder Dokumentarfilm, sondern um eine spezifische Form der filmischen Argumentation, die mit dem Begriff Essay zumindest partiell Wissenschaftlichkeit beansprucht, aber insbesondere auf die Vermittlung von (wissenschaftlichen) Erkenntnissen zielt.[4]

Der Filmkritiker und Filmemacher Alexandre Astruc formuliert seine Vorstellung künstlerischer Forschung in dem Pamphlet „Die Geburt einer neuen Filmavantgarde: die Kamera als Federhalter" noch radikaler: „heute würde Descartes sich bereits mit einer 16-mm-Kamera und Film in sein Zimmer einschließen und den ‚Discours de la méthode' als Film schreiben" (Astruc [1948] 1992: 200). Mit dieser Formulierung beansprucht Astruc nicht nur das Paradigma von Autorschaft für den Film, wie es später von der Nouvelle vague als Handschrift des Regisseurs weitergeführt wurde. Astruc bezeichnet vielmehr das Werk eines Philosophen, das die Grundlagen für die Naturtheorien der Moderne bereitet hat und das damit eine Basis für ein modernes Wissenschaftsverständnis legte. Der „Discours", dessen vollständiger Titel in deutscher Übersetzung „Abhandlung über die Methode, seine Vernunft gut zu gebrauchen und die Wahrheit in den Wissenschaften zu suchen" lautet, ist geprägt von einer individualistischen Geste des Erkennens, die sich auf den *gesunden Verstand* stützt und die sich gegen die Tradition der Scholastik richtet (Wichmann 1995). Der Zweifel und das Studium der

---

4   In eine ähnliche Richtung zielt Adornos Charakterisierung des Essays aus den 1950er Jahren, wenn er den Essay zum einen nicht als Kunstform subsumiert und zum anderen dessen kritische Verbundenheit mit der wissenschaftlichen Praxis herausstellt: seine Begriffsarbeit, sowie eine Empirismus und Rationalismus umfassende Methode (Adorno 2003: 11, 17).

Welt gelten neben seiner metaphysischen Ich-Setzung als die zentralen Erkenntnismittel. Auf diesem Hintergrund ist Astrucs Pamphlet für einen Essayfilm als genereller Anspruch auf eine ebenso individuelle wie wissenschaftlich-empirische Erkenntnisform zu verstehen, die sich, wie er selbst schreibt, auf Literatur und Philosophie ebenso bezieht, wie auf Mathematik und Geschichte. Astruc setzt die Filmpraxis dafür explizit mit der ganzen Breite der Praxis des Schreibens und Denkens gleich.[5] Der Horizont seiner Anwendung ist eine populäre Wissenschaftskommunikation, die nach Astrucs Vorstellungen über den Buchhändler an der Ecke (der auch Filme vertreibt) oder über das Fernsehen organisiert werden kann. Heute hätte er vermutlich eine Computer-basierte Netzwerkkommunikation mit einer Online-Datenbank für Filme vorgeschlagen.

In jüngster Zeit wurde Astrucs Postulat des essayistischen Films vom Medienwissenschaftler Klaus Kreimeier aktualisiert. Kreimeier (2011) versucht mit Bezug auf die Dekonstruktion und die Philosophie Jacques Derridas das essayistische Verfahren des Films noch präziser als ein politisches Verfahren der Erkenntnistheorie zu begründen. Obwohl seine Filmbeispiele nicht zum gängigen Kanon des essayistischen Films gehören, arbeitet er an ihnen einerseits das selbstreflexive Moment des filmischen Erkenntnisverfahrens heraus („Sherlock Junior", Buster Keaton 1923) und andererseits eine darin angelegte politische Haltung („Deutschland im Herbst", Alexander Kluge et al. 1977/78). Mit dem Beispiel „Deutschland im Herbst" erweitert Kreimeier das Aktionsfeld des essayistischen Films über Kunst und Wissenschaft hinaus ins Feld der Zeitgeschichte und Politik, sowie in Richtung auf eine Selbstversicherung des Intellekts jenseits von Staatsräson und links-politischer Parteilichkeit. Diese Haltung lässt sich als eine politische und ästhetische Bildung beschreiben, die kein pädagogisches Programm einer Sinnstiftung verfolgt, sondern die auf der Möglichkeit der Zerrissenheit von Sinn beharrt.

7. Der Essayfilm und die Essayfilmforschung

Während seit den 1950er Jahren – begleitet von Kommentaren und Kritiken – essayistische Filme als heterogene Form insbesondere in Frankreich in Erscheinung treten und in die Kinos gelangen, dauert es einige Zeit, bis sich Anfang der 1990er Jahre eine Forschung zum essayistischen Film etabliert (Kramer und Tode

---

5   Raymond Bellour weist in diesem Kontext darauf hin, dass die frühen Vertreter des essayistischen Films die Erkenntnisleistungen des Films noch an eine spezifische Filmform knüpfen (den Essay), während der Philosoph Gilles Deleuze in seinen Kino-Büchern den Film ganz generell mit dem Denken gleichsetzt (Bellour 2011: 49).

2011: 16-17). Die Forschung auf diesem Gebiet ist dabei immer auf das Problem der Kategorisierung dieser Filme gestoßen. So sprechen die Filmwissenschaftlerin Christa Blümlinger und der Filmkritiker und Filmemacher Constantin Wulff in ihrem Tagungsband „Schreiben Bilder Sprechen. Texte zum essayistischen Film" von einer „offenen Filmform" (1992: 7). Der Filmemacher und Filmwissenschaftler Thomas Tode geht mit Bezug auf Adornos (2003) Anmerkungen zum philosophisch-literarischen Essay noch einen Schritt weiter, in dem er seine Perspektive von der Form auf die Methode verschiebt: „Der Essayfilm ist vielleicht weniger eine eigenständige, gut definierte Filmgattung als eine kritische Methode zur Gewinnung von Erkenntnis" (Tode 2011: 29).

Dabei bleiben allerdings die Grenzen zwischen Essayfilm (als besondere Form und Methode) und philosophisch-literarischem Essay erhalten, wenn mit Verweis auf den Filmwissenschaftler Raymond Bellour (2011) die Praxis des Ersten als ein Denken in Raum-Zeit-Blöcken und die des Zweiten als ein Denken in Begriffen beschrieben wird. Zudem bleibt diese Herangehensweise an den Essayfilm einer cinephilen Kritik verpflichtet, die Distanz zur *Wissenschaft* wahrt, obwohl beispielsweise der Titel des Aufsatzes von Tode in der Formel „Abenteuer Essayfilm" durchaus Resonanzen zu einer anderen Wissenschaftspraxis aufblitzen lässt, die der Zeichentheoretiker Roland Barthes (1988) als „Das semiologische Abenteuer" bezeichnet hat und die Barthes zu einer anderen Wissenschaftspraxis führte, die den Beschreibungen, mit denen Kreimeier den Essayfilm zu fassen sucht, eng verwandt ist. Auch diese andere Wissenschaftspraxis hat einen Moment von Ästhetisierung an sich, weil sie das Ästhetische (und die Subjektivität) für ihre Wissenschaftspraxis reklamiert und in sich aufnimmt. Auf diesem Hintergrund lässt sich der Essayfilm als Teil eines historischen und gesellschaftspolitischen Feldes begreifen, in dem gleichzeitig unterschiedliche Prozesse von Ästhetisierung und Mediatisierung von Wissenschaft stattfinden. Ich denke es ist klar, dass damit keine Verschönerung oder Bebilderung von Wissenschaft gemeint ist, sondern eine kritische Revision wissenschaftlicher Praxis, die mit einer Diversifizierung der Wissenschaftspraxis in den Geistes- und Kulturwissenschaften, als auch im Essayfilm verbunden ist.

Hieraus resultiert letztlich auch eine Konkurrenz zwischen dem Essayfilm und der Essayfilmforschung. Letztere – so scheint es – vermeidet es geflissentlich, die Wissenschaftsfähigkeit ihres Forschungsobjektes zu untersuchen. Denn in der wissenschaftlichen Auseinandersetzung mit dem Essayfilm ließe sich nicht nur dessen komplexe Ästhetik herausstellen, wie es die Forschung zum Essayfilm üblicherweise unternimmt. Ändert man die wissenschaftliche Perspektive auf den Essayfilm, so ließe sich die Wissenschaftsfähigkeit dieser Hybridform und ihre

Anwendung von wissenschaftlichen Verfahren und Methoden sehr wohl herausarbeiten. Als prägnantes Beispiel sei der Essayfilm von Agnès Varda „Les Glaneurs
et la glaneuse" (2000, dt. „Die Sammler und die Sammlerin") angeführt. Dieser
Essayfilm präsentiert selbst eine kunstwissenschaftliche Untersuchung zur Geste des Sammelns in der Landwirtschaft, die empirische kunsthistorische Werk-
studien und exemplarische Bildvergleiche umfasst, sowie Archivrecherchen an
künstlerischen Originalen durchführt. Ferner unternimmt der Film eine Diskursanalyse des Begriffs Sammeln und seiner Auslegungen im Bereich der Rechtswissenschaft. Weiter führt die Autorin eine sozialwissenschaftlich-empirische
Studie zum Sammeln in der Landwirtschaft anhand von qualitativen Video-In-
terviews durch. Die Autorin präsentiert damit einen Methodenmix, der dem untersuchten Gegenstand angemessen ist und der kunst- und kulturwissenschaftlichen Standards zu entsprechen scheint. Schließlich unternimmt die Filmautorin
selbst eine kritische Reflexion ihrer Methode und macht damit ihre Vorgehensweise kenntlich und nachvollziehbar und den präsentierten Erkenntnisprozess für
andere einschätzbar und beurteilbar. Auf der Basis dieser Verfahren und Methoden ließe sich der zeitgenössische Essayfilm nicht nur als eine Form der künstlerischen Forschung begreifen, sondern auch als mediale Form einer kritischen,
politischen und wissenschaftlichen Erkenntnisproduktion, deren diversifizierte
mediale Verfasstheit der Film ist. Erste Ansätze zur Übertragung dieses Verfah-
rens in die Wissenschaftspraxis finden sich beispielsweise in der Fachzeitschrift
Audiovisual Thinking, deren Beiträge einschließlich Call for Papers als Essayfil-
me konzipiert sind und online publiziert werden (vgl. http://www.audiovisualthin-
king.org/videos/vide4/, zugegriffen 18. Januar 2013).

8. Diversifizierte Kunst- und Wissenschaftspraxis

Die zeitgenössischen Transformationen in der Wissenschaftspraxis, die unterschiedlichen Ausformungen aktueller künstlerischer Forschung, sowie die bereits etablierten Hybridformen wie der Essayfilm können vor dem Hintergrund
einer Zusammenschau der unterschiedlichen Ästhetisierungs- und Mediatisierungsprozesse eine andere Fundierung erlangen und einen erweiterten Horizont
für eine diversifizierte künstlerische und wissenschaftliche Forschungspraxis
eröffnen. Neben den jeweiligen Besonderheiten können dabei auch die Aspekte
in den Blick genommen werden, die künstlerischer und wissenschaftlicher Forschung gemeinsam sind. Hierzu gehören die ästhetische und mediale Verfasstheit jeder Forschung, womit gleichzeitig eine zentrale Voraussetzung von Forschung benannt ist. Dass die mediale Verfasstheit von Forschung gerade heute

in den Blick gerät, hat nicht zuletzt mit der kulturellen Nutzung des Computers zu tun, insbesondere im Kontext von computergestützten (Kunst- und) Wissenschaftspräsentationen, in denen mediale Wechsel zwischen Bildlichkeit, Textualität und mündlichem Vortrag mittlerweile zu einer allgemein verbreiteten Praxis der wissenschaftlichen Verständigung gehören. Gerade die Wechsel zwischen den unterschiedlichen Registern verweisen deutlich auf die mediale Verfasstheit von Forschung und stellen sie aus. In diesem Zuge ist es eher verwunderlich, dass die wissenschaftliche Publikationspraxis zumindest in den deutschen Geistes- und Kulturwissenschaften nach wie vor so stark auf die Buchpublikation ausgerichtet ist. Aber auch hier zeichnen sich Transformationen ab, denen die kulturelle Nutzung des Computers zugrunde liegt. Wissenschaftliche Bücher werden am Computer nicht nur verfasst, sondern auch gesetzt. Für die Druckvorstufe wird vielfach nur mehr ein digitales PDF (Portable Document Format) verwendet, welches häufig von den Autoren direkt an den Verleger geliefert wird. Das gleiche PDF kann dann auch als digitale Kopie des Buches zirkulieren. In ein digitales PDF können aber hypertextuelle Verlinkungen eingefügt werden, die dann in einem Buch nicht mehr zugänglich sind, wohl aber in einer am Computer gelesenen PDF-Fassung. Ähnliches gilt für die Integration von audio-visuellem Material und Bewegtbildern, die in ein digitales PDF eingebettet werden können. Dieses Verfahren wird beispielsweise an der Universität Bremen seit fünf Jahren im Rahmen der jährlich erscheinenden Publikationen zum Internationalen Bremer Symposium zum Film praktiziert, die als Buchfassung in deutscher Sprache und als E-book auf CD-Rom in englischer Sprache – erweitert um audio-visuelle Filmzitate – verlegt worden.

Jenseits dieser Beispiele lässt sich resümieren, dass die Wissenschaftsproduktion mit dem Computer (Ästhetisierung und Mediatisierung) sich nicht auf die Verfassung von Schrifttexten beschränken muss, sondern ganz generell crossmedial agieren kann. Jeder Computer ist nicht nur eine digitale Schreibmaschine für die Wissenschaftsproduktion oder ein Instrument für die computergestützte Wissenschaftskommunikation (Powerpoint-Vortrag), sondern im Grunde ein digitaler Arbeitsplatz, der den Schreibtisch des Wissenschaftlers mit dem digitalen Schneidetisch des Filmemachers und dem digitalen Studio des Medienproduzenten verbindet (vgl. Pauleit 2012b). Dieser digitale Arbeitsplatz ist gleichzeitig angeschlossen an ein Netzwerk der Wissenschaftscommunity, durch das cross-mediale Gemeinschaftsproduktionen (Diversifizierung) in unterschiedlichen Gruppenkonstellationen möglich werden (vgl. hierzu das aktuelle Forschungsprojekt zum Thema *Interactive Documentaries* an der Universität Bremen von Stefano Odorico: http://newcinemas-changingaudiences.com/dr-stefano-odorico-university-of-bremen-germany).

Die Verbindungen und Gemeinsamkeiten von künstlerischer und wissenschaftlicher Forschung treten auf dem Hintergrund der skizzierten zeitgenössischen Ästhetisierungs-, Mediatisierungs- und Diversifizierungsprozesse als Transformationen der Wissenschaftskultur deutlich hervor. Diese Transformationen sind Teil des digitalen Zeitalters und eröffnen zugleich eine Perspektive auf die Geschichte der Trennung von Kunst und Wissenschaft und auf historische Hybridformen. Beispielsweise jene der fürstlichen Kunst- und Wunderkammern, in der Natur- und Kunstgegenstände gemeinsam gesammelt und ausgestellt wurden. Die Wissenschaftshistoriker Lorraine Daston und Kathrine Park (2002) haben diese Sammlungen im Kontext einer frühen Wissenschaftsgeschichte des Staunens und der Wunder beschrieben – einer Geschichte, die die Affekte, die kognitiven Leidenschaften und das Fühlen, mit einbezieht. Gerade die beschriebenen Verflechtungen von Erkenntnismitteln und Faszinationsmitteln, die Entstehung der Medienkunst und der künstlerischen Forschung, die Transformation der Kunstgeschichte in eine Bildwissenschaft und die Geschichte des Essayfilms als Hybridform zwischen Kunst und Wissenschaft künden von einer zeitgenössischen Transformation der Wissenschaftskultur, die es auf dem Hintergrund des historischen Verhältnisses von künstlerischer und wissenschaftlicher Forschung – und ihrer Affekte – genauer zu bestimmen gilt.

Literatur

Adelmann, R. (2011): Mars-Viskurse. De- und Re-Kontextualisierungen von wissenschaftlichen Bildern. In: Elia-Borer, N. (Hrsg.): Blickregime und Dispositive audiovisueller Medien. transcript-Verlag, Bielefeld, S. 311-335.

Adelmann, R. et al. (2009): Datenbilder. Zur digitalen Bildpraxis in den Naturwissenschaften. transcript-Verlag, Bielefeld.

Adorno, T. W. (2003): Der Essay als Form. In: Adorno, T. W./Tiedemann, R. (Hrsg.): Noten zur Literatur. Suhrkamp Verlag, Frankfurt am Main, S. 9-33.

Angerer, M.-L. et al. (Hrsg.) (2002): Future Bodies. Zur Visualisierung von Körpern in Science und Fiction. Springer, Wien.

Astruc, A. ([1948]1992): Die Geburt einer neuen Filmavantgarde: die Kamera als Federhalter. In: Blümlinger, C./Wulff, C. (Hrsg.) (1992): Schreiben Bilder Sprechen. Texte zum essayistischen Film. Sonderzahl, Wien, S. 199-204.

Barthes, R. (1988): Das semiologische Abenteuer. Suhrkamp, Frankfurt am Main.

Beckstette, S. et al. (Hrsg.) (2011): Artistic Research. Texte zur Kunst 82. Texte zur Kunst Verlag, Berlin.

Bellour, R. (2011): The Cinema and the Essay as a Way of Thinking. In: Kramer, S./Tode, T. (Hrsg.): Der Essayfilm. Ästhetik und Aktualität. UVK Verlag, Konstanz, S. 45-58.

Belting, H. (2001): Bild-Anthropologie. Entwürfe für eine Bildwissenschaft. Fink, München.

Blümlinger, C./Wulff, C. (Hrsg.) (1992): Schreiben Bilder Sprechen. Texte zum essayistischen Film. Sonderzahl, Wien.

Boehm, G. (Hrsg.) (1994): Was ist ein Bild? Fink, München.

Boehm, G. (2007): Iconic Turn. Ein Brief. In: Belting, H. (Hrsg.): Bilderfragen. Die Bildwissenschaften im Aufbruch. Fink, München, S. 27-36.

Bredekamp, H. (2010): Theorie des Bildakts. Suhrkamp, Berlin.

Daniels, D. (2002): Kunst als Sendung. Von der Telegrafie zum Internet. Beck, München

Daston, L./Park, K./Wohlfeil, S. (2002): Wunder und die Ordnung der Natur. Eichborn Verlag, Berlin.

Friedrich, K./Stollfuß, S. (2011): Augenblick – Marburger Hefte zur Medienwissenschaft 50. Blickwechsel. Bildpraxen zwischen Wissenschafts- und Populärkultur. Schüren Verlag, Marburg.

Keller, C. (2008): Observatorium. Walter König, Köln.

Knorr Cetina, K. (1999): ‚Viskurse‘ der Physik. Wie visuelle Darstellungen ein Wissenschaftsgebiet ordnen. In: Huber, J./Heller, M. (Hrsg.): Konstruktionen – Sichtbarkeiten. Springer, New York, S. 245-263.

Kramer, S./Tode, T. (Hrsg.) (2011): Der Essayfilm. Ästhetik und Aktualität. UVK Verlag, Konstanz.

Kreimeier, K. (2011): Die List der Dekonstruktion: Zur politischen Qualität des Essayfilms. In: Kramer, S./Tode, T. (Hrsg.) (2011): Der Essayfilm. Ästhetik und Aktualität. UVK Verlag, Konstanz, S. 59-76.

Mitchell, W. J. T. (1994): Picture Theory. University of Chicago Press, Chicago.

Mitchell, W. J. T. (2007): Pictorial Turn. Eine Antwort. In: Belting, H. (Hrsg.): Bilderfragen. Die Bildwissenschaften im Aufbruch. Fink, München, S. 37-46.

Pauleit, W. (2012a): Encyclopaedia Cinematographica. Tiere im wissenschaftlichen Film und ihr Reenactment in der bildenden Kunst. In: Nessel, S. et al. (Hrsg.): Der Film und das Tier. Klassifizierungen, Cinephilien, Philosophien. Bertz + Fischer, Berlin, S. 11-26.

Pauleit, W. (2012b): Wir sitzen alle am Schneidetisch. Für eine Politik der Zuschauer. In: Kammerer, D. (Hrsg.): Vom Publicum. Das Öffentliche in der Kunst. transcript-Verlag, Bielefeld, S. 91-112.

Richter, H. (1992): Der Filmessay. Eine neue Form des Dokumentarfilms [1940]. In: Blümlinger, C./Wulff, C. (Hrsg.): Schreiben Bilder Sprechen. Texte zum essayistischen Film. Sonderzahl, Wien, S. 195-198.

Schnettler, B./Knoblauch, H. (Hrsg.) (2007): Powerpoint-Präsentationen. Neue Formen der gesellschaftlichen Kommunikation von Wissen. UVK Verlag, Konstanz.

Stafford, B. M. (1994): Kunstvolle Wissenschaft. Aufklärung, Unterhaltung und der Niedergang der visuellen Bildung. Verlag der Kunst, Amsterdam, Dresden.

Tode, T. (2011): Abenteuer Essayfilm – 60 Jahre Fieber und Träume. In: Kramer, S./Tode, T. (Hrsg.): Der Essayfilm. Ästhetik und Aktualität. UVK Verlag, Konstanz, S. 29-44.

Wichmann, T. (1995): Descartes, René. In: Lutz, B. (Hrsg.): Metzler Philosophen Lexikon. Metzler, Stuttgart, S. 211-217.

Ausstellungen

Keller, C. (2001): Encyclopaedia Cinematographica, Kunstwerke Berlin.
Museum Weserburg (2007): Say it isn't so. Naturwissenschaften im Visier der Kunst, Bremen.

Filme

Keaton, B. (1923): Sherlock Junior, USA.
Kluge, A. et al. (1977/78): Deutschland im Herbst, Deutschland.
Varda, A. (2000): Les Glaneurs et la glaneuse (dt. Die Sammler und die Sammlerin), Frankreich.

Visualisierung von Kultur:
Feindbilder im Kalten Krieg zwischen Wandel und Beharrungsvermögen

Inge Marszolek

1. Einleitung

Auf westlicher Seite gibt es kaum ein Motiv, das das Bild- und Metaphernreper-toire des Kalten Krieges mehr bestimmt hat, als das der ‚Roten Gefahr‘.

Wirkungsmächtig konnte dies in Westdeutschland umso mehr werden, da es eine lange Kontinuität hatte: Eine Ikonografie der sozialistischen Bedrohung hatte sich bereits zur Kaiserzeit entwickelt und verwies ihrerseits auf längere Be-drohungsszenarien (Paul 2008: 88-97). Das weiter unten abgebildete Wahlplakat der CDU von 1953 steht noch deutlich in der rassistischen Bilderwelt des Natio-nalsozialismus: Der Rotarmist ist eine Bestie von Tier und Mensch und scheint der antibolschewistischen Propaganda von Goebbels zu entspringen. Die roten ‚Blutbahnen‘, die aus dem Gesicht des Rotarmisten auf den Betrachter zu laufen, weisen auf die Bedrohung hin, und sie werden allein von der Schrift CDU, die quer zu ihnen steht, aufzuhalten sein.

Merkwürdigerweise unterscheidet sich das Plakat der NPD von 1972, das ge-gen die Ostverträge der sozialliberalen Koalition protestiert, entscheidend. Nicht nur dass der Rotarmist menschliche Züge trägt,- er guckt entschlossen und hart – auch wird die Bedrohung verringert durch die Zweiteilung im Vergleich zu der ein-Drittel-zwei-Drittel-Konzeptionierung auf dem Plakat der CDU. Der *Spiegel* wiederum gibt der Gefahr ein neues Gesicht: Die Blutbahnen werden zu Gasröh-ren, der Rotarmist trägt die Gesichtszüge Putins.

Alle drei Plakate sind hier nur ein Beispiel von vielen, um zeigen zu können, dass und wie Feindbilder kompatibel für unterschiedliche Bedeutungskontexte sein können und dass sie aber zugleich über lange Zeit, selbst wenn die histori-sche Situation sich komplett verändert hat, virulent bleiben. Das heißt, auch in gesellschaftlichen wie politischen Transformationsprozessen verfügen die Bilder des Anderen beziehungsweise des Feindes offenbar über ein großes Beharrungs-vermögen. Entweder scheinen sie zu leeren Projektionsflächen zu werden, die mit einer Mischung von Neuem und Altem aufgefüllt werden können, oder aber sie werden, wie am Beispiel des CDU-Plakats überaus deutlich, der veränderten Situation – nunmehr der postnationalsozialistischen westlichen Demokratie der frühen Bundesrepublik und der Systemkonkurrenz der Kalten Krieges – angepasst. Insofern stellen diese nomadisierenden Feindbilder mentalitätsgeschichtlich eine Art Geländer in kulturellen wie politischen Transformationsprozessen dar.

Abbildung 1[1]: Bundestagswahl 1953   *Abbildung 2:* Anlässlich der Ratifizierung der Ostverträge 1972

1   Abbildungen 1-3: Paul (2006).

Abbildung 3: Spiegel Nr. 10, 5.3.2007

Feindbilder werden sowohl durch Sprache wie durch Visualisierungen erzeugt – oftmals ist es gerade der Kontext von Bild und Text, in dem der Feind konstruiert wird. Im Folgenden geht es zunächst um einen konzeptuellen Zugriff. Dieser siedelt sich in Schnittstellen unterschiedlicher Felder und Disziplinen an:

- Propaganda ist als Kommunikation zwischen Staat und Gesellschaft zu begreifen, wobei die Öffentlichkeiten insbesondere in diktatorischen Regimen asymmetrisch strukturiert sind.

- Feindbilder werden medial konstruiert und verbreitet. Dabei sind die unterschiedlichen Publika ebenso wie die Genres, in denen Feindbilder transportiert werden, zu berücksichtigen. Als Speichermedien konservieren Medien die Bildreservoirs, verändern aber stetig das symbolische Inventar, indem sie die Bilder anders figurieren. Die Konsumenten decodieren schließlich die Bilder in ihren Lebenswelten.

- Das Feld der visuellen Kommunikation stellt ein begriffliches Instrumentarium zur Entschlüsselung der Feindbilder bereit.

- Feindbilder prägten im besonderen Maße die Kultur des Kalten Krieges.[2]

2　Im Folgenden beschränke ich mich auf eine kurze Skizze der beiden letztgenannten Punkte.

Eine weitere kurze Analyse zweier Plakate soll die Erträge dieses Vorgehens erläutern.

2. Feindbilder als visuelle Kommunikation

Für die Bildwissenschaft ebenso wie für das jüngere Feld der „Visuellen Kommunikation" weist meines Erachtens der Begriff der Repräsentation eine nützliche methodologische Dimension auf. Roger spricht in diesem Kontext davon, dass keine Tätigkeit oder Struktur existiert, „die nicht durch die widersprüchlichen und aufeinander prallenden Vorstellungen (représentations) erzeugt werden, mit denen Individuen und Gruppen ihrer Welt einen Sinn verleihen" (Chartier 1994: 326). Damit verweist der Begriff der Repräsentation auf zwei Aspekte des Bildbegriffs, die schon Aby Warburg erkannte. In ikonografischer Tradition wird unterschieden zwischen dem Abbildcharakter und dem Denkcharakter von Bildern (vgl. Belting 2001)[3]. Beide sind aufeinander bezogen und kaum zu trennen. In diesem Sinne definiert die Kunstwissenschaftlerin Dorothée Bauerle Bilder als „soziale Denkräume" (Bauerle 1988: 15). Das bedeutet, dass Bilder immer auch Wirklichkeit ‚abbilden‘, aber dass sie zugleich Repräsentationen derselben sind, die auf Denkbilder – heute würden wir sagen, auf die ‚Bilder im Kopf‘ – verweisen. Die Politik- und Bildwissenschaftlerin Marion G. Müller unterscheidet auch nach den „mental images" und den „material images" (Müller 2003: 20). Als Aufgabe einer visuellen Kommunikationsforschung nennt sie die Entschlüsselung beider Bildaspekte.

Der Begriff der Repräsentation schließt aber, indem er auf die Sinngebungen verweist, die kulturellen Praktiken ein. Repräsentationen, so der Philosoph Roger Chartier, sind an Individuen und Gruppen gebunden, die sich die zirkulierenden Bilder, Diskurse etc. aneignen, indem sie ihnen Deutungs- und Sinnmuster entlocken, diese überschreiben und in Aushandlungspraktiken übersetzen. Damit aber sind Bilder in einer doppelten Weise im kulturellen Gedächtnis – und zwar sowohl im Funktions- wie im Speichergedächtnis – präsent. Eben weil die inneren wie die äußeren Bilder in beiden ‚Gedächtnissen‘ zirkulieren, schieben sie sich quasi als Filter vor die Wahrnehmung der Realität. Gerade die medial vermittelten Bilder konturieren als ‚medial script‘ die Erinnerung, so das Forschungsprojekt des Sozialpsychologen Harald Welzer et al. (2002), das das Familiengedächtnis untersuchte. Dieser dynamische Prozess, in dem medial verbreitete Bilder die mentalen Bilder verändern und wiederum durch die Wahrnehmung der äußeren Bil-

---

3   Der Kunstwissenschaftler Belting (2001: 20) unterscheidet zwischen den endogenen, ‚einverleibten‘ mentalen Bildern und den äußeren Bildern, die einen Bildkörper benötigen.

der diese quasi überschrieben werden, generiert neue Bilder (Paul 2004: 11-24).[4] In Bezug auf Feindbilder dürften die von dem Historiker Gerhard Paul und des Kunsthistorikers Michael Diers in Anlehnung an Warburg genannten ‚Schlagbilder' eine besondere Relevanz haben.

> „Wie das Schlagwort verfügt auch das Schlagbild über eine prägnante Form mit einem gesteigerten Emotionswert. Sein Ziel ist, dem Betrachter einen bestimmten Standpunkt für oder gegen ein Bestreben, eine Einrichtung, eine Sache oder ein Geschehnis nachdrücklich ins Bewusstsein zu dringen" (Paul 2004: 29-30).

Diese in sozialen Feldern zirkulierenden kulturellen Praktiken aber geschehen nicht in einem herrschaftsfreien Raum: Medial verbreitete Produkte, seien es Texte oder Bilder, formatieren diese kulturellen Praktiken, indem sie Sinnangebote propagieren. Aber anders als die älteren Vorstellungen und Definitionen von Propaganda weisen die Vorstellungen über Repräsentationen auf die Praktiken der Aneignung im Sinne Michel de Certeaus (1988) hin. Propagandastrategien müssen wie die Bilder selber an die lebensweltlichen Erfahrungen wie an die zirkulierenden Sinnstiftungen für Vergemeinschaftungsprozesse anknüpfen. Das heißt, dass sie auch auf die imaginären Repräsentationen, also die Bilder im Kopf, einwirken müssen. Dies gilt umso mehr, wenn es sich um transnationale Prozesse handelt. Bilder sollen auf die Betrachter wirken: Im Kontext veröffentlichter Bilder entsteht eine Kommunikation, die „überzeugen beziehungsweise beeinflussen will" (Jäger 2009: 129), ein Vorgang, der im Kontext von Propaganda lediglich verstärkt wird.

Michael Diers schlägt vor, die aus der Gedächtnisforschung stammende Vorstellung der *imagines agentes*, der in den Bezirken des Inneren aufgestellten Bilder, die uns helfen, die Erinnerungsprozessen unterstützende Fantasie zu mobilisieren, für die politische Ikonografie zu nutzen. „Den (Gedächtnis-)Bildern im Kopf, den imaginierten und virtuellen Bildern folgen die nicht nur *auf*-sondern zugleich *aus*-gestellten Bilder dicht auf den Fersen" (Diers 1997: 9). Umbruchzeiten sind, so Diers, auch Zeiten einer politischen Zeichen- und Bilderkrise, in denen der überkommene Zeichenvorrat ganz oder zu Teilen zu Disposition steht. Zugleich aber, so möchten wir differenzieren, müssen diese Zeichen immer wieder entschlüsselt werden, und hierzu muss auch auf ein traditionelles, überkommenes Reservoir zurückgegriffen werden. Gerade in krisenhaften Zeiten muss das Neue medial durch alte Bilder abgefedert werden. Was aber geschieht, wenn diese

---

4 Über diese Veränderung der Wahrnehmung der Wirklichkeit ist bereits seit den 20er Jahren reflektiert worden, der Bogen lässt sich spannen von Siegfried Krakauer bis Paul Virilio. Eine ausgezeichnete Zusammenfassung gibt Paul (2004: 11-24).

„Schlagbilder" (Diers 1997) in Konkurrenz stehen, und für einen ‚Kultur'krieg immer wieder neu zu besetzen und zu konfigurieren sind?

3. Feindbilder

Allgemein formuliert ist unter einem Feindbild ein Konglomerat von negativen Zuschreibungen einer als gegnerisch empfundenen Gruppe zu verstehen. Diese Zuschreibungen reduzieren die Komplexität, sie haben eine hohe Konsistenz und sind – einmal verankert – nur schwer modifizierbar.

Feindbilder haben ohne Zweifel eine lange Geschichte: der amerikanische Philosoph Sam Keen geht von einer archetypischen Sicht aus, dem *homo hostilis*, dem „feind-erfindenden" Lebewesen (Keen 1987: 9). Auch die Historiker Silke Satjukow und Rainer Gries plädieren, wenn auch differenzierter als Keen es tut, für eine Sozialpsychologie des Feindbildes (Satjukow und Gries 2004). Der Medienwissenschaftler Bernhard Pörksen unterscheidet eine realitätsbezogene und eine konstruktionsbezogene Orientierung in der Feindbildforschung: Erstere begreife Feindbilder als „irreführende Karikaturen der Wirklichkeit" (Pörksen 2000: 37), gleiche gewissermaßen diese Verzerrung mit einer wie immer verstandenen „Wirklichkeit" ab, zweitere fokussiere allein auf den Prozess der Entstehung und Verbreitung (Pörksen 2000: 36-39). In Anlehnung an Walther Lippmanns Definition untersucht die Kommunikationswissenschaftlerin Martina Thiele (2010) Feindbilder als Stereotype.

Die ältere Feindbildforschung – und das wäre ein sehr interessantes Forschungsfeld – ist gewissermaßen Teil des Kalten Krieges.[5] Interessant ist, dass – neben der ‚Gegnerforschung', oftmals im Auftrag der jeweiligen Regierungen – mit dem Abflauen des Systemkonkurrenz und den Abrüstungsverhandlungen Studien entstehen mit dem erklärten Ziel, die jeweiligen Feindbilder abzurüsten: So benennt der Politologe Daniel Frei (1985) sein erstes Kapitel programmatisch: „Wichtiger als Atomsprengköpfe: die Köpfe der Menschen". 1985 erschien ein Band mit dem Titel „Feindbilder", der Beiträge einer internationalen Tagung – veran-

---

5   Obgleich in den zeitgenössischen Diskussionen die kulturelle Dimension des Kalten Krieges und die Bedeutung der Medien in ihrer Rolle als Transmissionsriemen in die jeweiligen Gesellschaften hinein von großer Bedeutung waren, kam es erst in den letzten Jahren zu einem Paradigmenwechsel in der Forschung zum Kalten Krieg. Jessica Gienow-Hecht setzt das für die 90er Jahre an, als eine neue Generation von Forschern, die von den ideologischen Prägungen des Kalten Krieges unbelastet waren, sich dem Bereich der Geschichte der internationalen Beziehungen näherten (Gienow-Hecht und Schumacher 2003). Die kulturalistische Perspektive hat dabei das Feld in vielfältiger Weise geöffnet (Major und Mitter 2002; Lindenberger 2006: 9-24).

staltet von der Deutschen Journalistenunion und dem Verband deutscher Schriftsteller – beinhaltete. Ausgehend von der besonderen Verantwortung der Medien
bei der Verbreitung von Feindbildern sollte dieser Band, angesichts der atomaren
Bedrohung, eben dem Abbau von Klischees und Vorurteilen dienen (Bleuel et al.
1985: 7-9). Interessant ist, dass das Titelblatt das oben genannte Plakat der NPD
von 1972 reproduziert. Auch in der Pädagogik spielte die Abrüstung der Köpfe
eine gewisse Rolle: So gab die Arbeitsgemeinschaft Friedenspädagogik e. V. 1980
ein Materialienheft heraus mit dem Titel „Das Bild vom Feind" (Mulzer 1980).
Unmittelbar nach 1989 nimmt diese Tendenz zu: Der Arbeitskreis zur Wehrfor-
schung 1990 veranstaltete eine Tagung (Rohwer 1990), Geschichtsdidaktiker re-
flektierten über „Geschichte ohne Feindbild" (Voit 1992). Ein Blick in die DDR
zeigte bis 1989 natürlich ein anderes Bild. Die Entwicklung des *Freund-Feind-
Bildes* blieb offiziell Ziel des Staatsbürgerunterrichts:

> „Das auf marxistisch-leninistischer Grundlage beruhende Freund-Feind-Bild ist ein notwen-
> diges und wesentliches Element dieser bewussten Einstellung zum sozialistischen Staat- und
> Vaterlandsbewusstseins. Die Entwicklung des ideologischen Freund-Feind-Bildes der Schü-
> ler liegt … im Zentrum der Hauptaufgaben der politisch-ideologischen Erziehung der Schul-
> jugend" (Adam 1970: 141).

Satjukow und Gries betonen denn auch, dass das bipolare Welt- und Selbstbild
des Marxismus-Leninismus eine kognitive Ordnung produzierte, die eine mono-
logische Kommunikation von Politik bedingte (Satjukow und Gries 2004: 22-24).
Das bedeutete nicht mehr und nicht weniger, als dass die polare Feindbildkons-
truktion von der Wiege – über Kinder- und Jugendzeitschriften, im Kindergar-
ten und der Schule, in den Jugendorganisationen, bei den Streitkräften, in den
Betrieben, in den Medien – bis zur Bahre verbreitet wurde. Wenn insbesondere in den 1950er Jahren auch in Westdeutschland ein polares Weltbild überwog,
gab es doch Bühnen, auf denen differente Entwürfe präsentiert werden konnten.[6]
   Während diese Forschungen, die mit einer meist expliziten pädagogisch-po-
litischen Intention verbunden waren, generell der realitätsbezogenen Orientierung
der Feindbilderuntersuchung verpflichtet waren, öffnet sich der konstruktivistische Ansatz nochmals durch Arbeiten, die den Bildcharakter methodisch ernst
nehmen und zum einen die Brücke zur visuellen Kommunikation, zum anderen
zu einer kulturhistorischen Propagandaforschung schlagen. Sowohl Gerhard Paul
(2008: 90-91) wie auch gründlicher Satjukow und Gries (2004) beziehen sich dabei auf die bereits genannte Unterscheidung von materiellen und mentalen (Ge-

---

6   Ein gutes Beispiel sind die Veröffentlichungen der der KPD/DKP nahestehenden Organi-
    sationen und Autoren, die insbesondere in den 70er und 80er Jahren durchaus eine gewisse
    Wirkungsmächtigkeit zeigten (vgl. Reich 1987).

dächtnis-)Bildern. Feindbilder seien „schnelle Schüsse ins Gehirn" (Kroeber-Riel zitiert nach Satjukow und Gries 2004: 26), also äußere Bilder, die aber mentale, innere Bilder hervorrufen und sich mit ihnen verbinden. Handlungsanweisend, das heißt wirkungsmächtig aber sind die mentalen Bilder. Eine kulturhistorische Feindbilderforschung, so Satjukow und Gries, muss daher – wie die kulturhistorische Propagandaforschung – die materiellen Bilder mit anderen Quellen verlinken, die Rückschlüsse auf die sozialen Praktiken und die Aneignungslogiken zulassen.

Diese diskursive Einbettung des Bildmaterials – hierin scheint eine Einigkeit der neueren Bildforschung zu sein – setzt die Annahme voraus, dass der Inhalt und die Bedeutung von Bildern in einer diskursiven Praxis entstehen (Wolf 2003). Das bedeutet, bezogen auf die Feindbilder, dass zum einen die Grenzen zwischen Bildern, die als direkte politische Propaganda zu verstehen sind und anderen medial verbreiteten Fotos, die aber ebenfalls zur Herrschaftsstabilisierung, beziehungsweise zur Herstellung von Vergemeinschaftungsprozessen dienen, nicht immer deutlich zu ziehen sind. Für den Kalten Krieg, der ein Kampf um kulturelle Hegemonie zwischen Diktaturen und Demokratien war, gehe ich von drei Prämissen aus: Erstens flossen in die öffentliche Ikonografie auch unbewusste Bildvorstellungen mit ein, zweitens bezogen sich die Ikonografien in den jeweiligen Herrschaftsbereichen aufeinander und drittens wurden Einflüsse des jeweils anderen mittransportiert.

4. Architektur des Feindbildes

Wenn ich mit der kulturhistorischen Propagandaforschung davon ausgehe, dass erst die Verknüpfung der Schlagbilder mit den ‚Gedächtnisbildern' Aussagen über deren Wirkungsmächtigkeit bieten, so bieten sich mehrere Zugänge an: Zu untersuchen sind die medialen, auch konkurrierenden Netze der Verbreitung. Das gilt nicht nur für Demokratien, sondern auch für diktatorische Regime, die nie völlig abgeschottet sind. Insbesondere die DDR-Führung stand aufgrund der vielen Möglichkeiten der privaten Kommunikation mit Verwandten im Westen, aber auch dem Zugang zu westlichen Medien (Fernsehen, Radio, aber bis 1961 auch Filme etc.) vor dem nicht lösbaren Problem, dass die propagierten Feindbilder mit den Erfahrungen der DDR-Bürger im Alltag konkurrierten. Desweiteren sind Feindbilder Teil von persuasiven Kommunikationsprozessen. Dabei ist es häufig schwer zwischen politisch vermittelten Feindbildern, wie etwa auf den oben gezeigten Wahlplakaten, und denen in scheinbar unpolitischen medialen Produktionen zu unterscheiden. Neben Unterhaltungsmedien, die ja in jüngster Zeit im Fokus der Forschung stehen, scheint vor allem der Bereich der Erziehung gerade in den Demokratien eine große Rolle zu spielen. Allerdings ist zu betonen, dass neben den hegemonialen hier immer auch alternative Kommunikationsstrategien einen Raum fanden. Aus medienspezifischer Sicht sind wiederum die Genres und die angesprochenen Publika in den Blick zu nehmen. Zugleich geraten die Stereotypen, auf denen die Visualisierungen von Feindbildern basieren, in den Blick. Diese sind mit unterschiedlichen Systemen, Zeiten etc. kompatibel, oftmals sind diese Repräsentationen von einem *pars pro toto*. Die nicht visualisierten Teile stellen Projektionsflächen der mentalen Bilder dar. Der Exterritorialisierung des Feindes nach außen entspricht auch die Repräsentation des Feindes im Inneren. Das große Problem hierbei ist, dass der Feind im Innern der unsichtbare Feind ist, der durch die Propaganda erst sichtbar gemacht wird. Dabei besteht stets die Gefahr, dass durch eine inflationäre Ausdifferenzierung des inneren Feindes die Glaubwürdigkeit sinkt oder aber – was ebenfalls kontraproduktiv im Sinne der Herrschaft ist – eine Massenhysterie beziehungsweise Massendenunziationsverhalten erzeugt wird. Ein weiteres Charakteristikum des Feindbilds als Repräsentation des Bösen ist, dass in ihm die Überhöhung der eigenen Gesellschaft, beziehungsweise des Gesellschaftsentwurfs eingeschrieben ist. Auch auf diesem Feld ist zweifellos eine gewisse Asymmetrie zwischen Ost und West zu konstatieren, die wirtschaftliche Überlegenheit und der Massenkonsum des Westens, welche insbesondere die DDR vor erhebliche Probleme der Selbstinszenierung stellte.

4.1 Die Skeletthand als symbolisches pars pro toto

Die Abbildungen 4 und 5 zeigen, wie bestimmte visuelle Zeichen zwischen den Zeiten und den Systemen als Bebilderung des Feindes wandern können.

Die Hand als stark symbolisch aufgeladenes Zeichen hat in der europäischen Ikonografie eine jahrtausendelange Tradition. In ihr verbinden sich christliche Symbolik mit der von Herrschaft, Macht und Unterwerfung (Betscher und Marszolek 2008; Wenger-Deilmann und Kämpfer 2006: 188-205). Im Kalten Krieg erlangte die Hand als pars pro toto eine neue Bedeutung – insbesondere die ‚sich vereinigenden Hände' wurden in den 1950er Jahren von der DDR-Propaganda benutzt. Auf diesen beiden Plakaten wurde ein Teil des Zeichensystems ‚Hand' benutzt. Diese Skeletthand steht für die Bedrohung durch den Feind. Der Körper des Feindes ist pure Projektionsfläche, er wird nicht gezeigt. Genau hierdurch aber ist die Skeletthand kompatibel für unterschiedliche Feinde.

Abbildung 4[7]: SED-Plakat Berlin 1950   *Abbildung 5:* USA 1943

 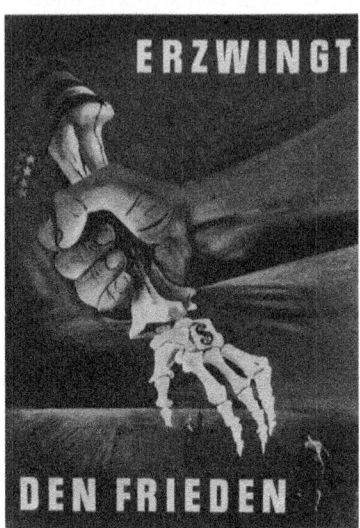

Das linke Plakat wirbt für Kriegsanleihen für die USA. Die Bedrohung durch die beiden Kriegsgegner, den deutschen und den japanischen Faschismus, wird durch die Embleme auf den beiden Händen gezeigt. Die Hände strecken ihre ‚Krallen' nach der blonden Mutter mit dem Kind aus, eine populäre Variante des Motivs „Muttergottes mit dem Kind". Unterstrichen wird der Verweis durch die Farben: Frau und Kind sind in Weiß, der Farbe der Unschuld gekleidet, die Gesichter ganz hell und das Blau des Hintergrunds wird zum hellen Himmelsblau, je näher es die Figuren umgibt. Die schriftliche Warnung „Keep your hands off!" soll die Menschen zum Kauf mobilisieren und zeigt zugleich die eigene Stärke.

Das zweite Plakat aus der DDR (1950) zeigt eine Knochenhand, die von links oben nach unten auf die Erde, auf ein Ährenfeld, reicht. Auf der Hand ist ein Dollarzeichen, auf dem Ellenbogenknochen die amerikanische Fahne montiert, die Hand greift gierig nach den Menschen auf dem Feld. Von rechts greift die kräftige Hand eines Arbeiters den Unterarmknochen, unterstrichen von einem dynamischen Licht, und zerdrückt die Knochenhand beziehungsweise den Feind USA. In beiden Plakaten steht die Skeletthand für das Böse schlechthin –

---

7   Abbildungen 4-5: Betscher und Marszolek (2008).

das Plakat aus der DDR ist ein Zitat eines Plakates von John Heartfield von 1938, in dem er den Hitlergruß konterkariert: Auf diesem montierte er die Knochenhand über Bilder von Leichen und zerstörten Häusern, die Bomberflugzeuge hinterlassen Kondensstreifen, die die Knochenhand pulverisieren. Damit ist das Plakat der DDR auch ein Verweis auf den faschistischen Charakter des US-Imperialismus und der Bundesrepublik, die als sein Vasall begriffen wird.

5. Fazit

Deutlich wird, dass es ein symbolisches Reservoir gibt, das in unterschiedlichen Kontexten zur Architektur von Feindbildern aufgerufen wird. Die Hand ist ein solches polysemisches Zeichen, dass sowohl zur Beglaubigung von Freundschaft (in der DDR häufig als Chiffre für die Vereinigung zur SED oder zur Visualisierung der deutsch-russischen Freundschaft benutzt), zur Verdeutlichung von aktiver Abwehr oder aber zur Visualisierung von Bedrohung benutzt werden kann (Betscher und Marszolek 2008; Wenger-Deilmann und Kämpfer 2006). Als ‚Pathosformel‘ bezeichnet sie der Begründer der modernen Bildwissenschaften, Aby Warburg, als hochkonventionalisiertes Zeichensystem taucht sie in Plakaten und Bildern der Propaganda auf. Für die propagandistische Verwendung bietet sie sich nicht zuletzt deswegen an, weil der zugehörige Körper nicht abgebildet ist. So dient er als Projektionsfläche für kollektive Ängste ebenso wie Sehnsüchte und Wünsche und Wahnvorstellungen des Kalten Krieges.

Ähnliches gilt für die Darstellung der ‚Roten Gefahr‘, symbolisiert durch den oberen Teil des Kopfes eines Rotarmisten. Auch hier steht das Nicht-Sichtbare – das vollständige Gesicht, das eine Person erkenntlich macht – als Leerstelle, die mit den Bildern im Kopf des Betrachters gefüllt werden kann. Diese wurde bereits im Nationalsozialismus etwa in Darstellungen des ‚Juden‘ oder des ‚Bolschewisten‘ mit Bedeutung angefüllt und wurde nun im Nachkriegsdeutschland der antisemitischen Konnotation entkleidet: Es blieb jedoch das alte Bild des Feindes im ‚Osten‘, das, wie die das Titelbild des Spiegels von 2007 zeigt, bis heute wirkungsmächtig ist. Hier wäre ein Bildervergleich mit der Darstellung des ‚Russen‘ in anderen Ländern fruchtbar, um kulturelle Differenzen und Lesarten herauszukristallisieren.

Zugleich waren diese Pathosformeln oftmals transkulturell lesbar (zumindest innerhalb Europas und Nordamerikas). Das gilt nicht im gleichen Maße für die ‚Selbstbilder‘, die eng mit denen des Feindes verbunden sind. Doch das wäre ein anderer Artikel.

176 Inge Marszolek

Literatur

Adam, H. (1970): Zur Entwicklung des Freund-Feind-Bildes im Staatsbürgerkundeunterricht der Klassen 7 und 8. Aus: Geschichtsunterricht und Staatsbürgerkunde, S. 141-151.

Bauerle, D. (1988): „Gespenstergeschichten für ganz Erwachsene": Ein Kommentar zu Aby Warburgs Bilderatlas Mnemosyne. LIT Verlag, Münster.

Belting, H. (2001): Bild-Anthropologie. Entwürfe für eine Bildwissenschaft. Fink, München.

Bleuel, H. P. et al. (Hrsg.) (1985): Feindbilder oder wie man Kriege vorbereitet. Steidl Verlag, Göttingen.

Betscher, S./Marszolek, I. (2008): Hand-Zeichen im Kalten Krieg. Propaganda auf ost- und westdeutschen Plakaten. In: Paul, G. (Hrsg.): Das Jahrhundert der Bilder. 1949 bis heute. Vandenhoeck & Ruprecht, Göttingen, S. 250-257.

de Certeau, M. (1988): Kunst des Handelns. Merve Verlag, Berlin.

Chartier, R. (1994): Die Welt als Repräsentation. In: Middell, M./Sammler, S. (Hrsg.): Alles Gewordene hat Geschichte. Die Schule der ‚Annales' in ihren Texten 1929-1992. Reklam, Leipzig, S. 320-347.

Diers, M. (1997): Schlagbilder. Zur politischen Ikonographie der Gegenwart. Fischer Verlag, Frankfurt am Main.

Frei, D. (1985): Feindbilder und Abrüstung. Die gegenseitige Einschätzung der UdSSR und der USA. C. H. Beck, München.

Gienow-Hecht, J./Schumacher, F. (2003): Culture and International History. Berghahn Books, New York.

Jäger, J. (2009): Fotografie und Geschichte. Historische Einführungen Bd. 7. Campus Verlag, Frankfurt am Main.

Keen, S. (1987): Bilder des Bösen. Wie man sich Feinde macht. Beltz: Weinheim.

Lindenberger, T. (Hrsg.) (2006): Massenmedien im Kalten Krieg. Akteure, Bilder, Resonanzen. Böhlau, Köln.

Major, P./Mitter, R. (Hrsg.) (2004): Across the Blocs. Cold War Cultural and Social History. Frank Cass, London.

Mulzer, R. (1980): Das Bild vom Feind. Feindbilder in Vergangenheit und Gegenwart Arbeitsgemeinschaft Friedenspädagogik, München.

Müller, M. G. (2003): Grundlagen der visuellen Kommunikation. UTB Verlag, Konstanz.

Paul, G. (2004): Bilder des Krieges, Krieg der Bilder. Die Visualisierung des modernen Krieges. Fink, Paderborn.

Paul, G. (2006): Visual History. Ein Studienbuch. Vandenhoeck & Ruprecht, Göttingen.

Paul, G. (2008): „Alle Wege des Marxismus führen nach Moskau" – Schlagbilder antikommunistischer Bildrhetorik. In: Paul, G. (Hrsg.) (2008): Das Jahrhundert der Bilder. 1949 bis heute. Vandenhoeck & Ruprecht, Göttingen, S. 88-97.

Pörksen, B. (2000): Die Konstruktion von Feindbildern. Zum Sprachgebrauch in neonazistischen Medien. Westdeutscher Verlag, Wiesbaden.

Reich, H. (1987): ...der KGB ist immer dabei. Wie Feindbilder gemacht werden. Edition Marxistische Blätter, Düsseldorf.

Rohwer, J. (Hrsg.) (1990): Feindbilder und Militärstrategien seit 1945. Edition Temmen, Bremen.

Satjukow, S./Gries, R. (2004): Feindbilder des Sozialismus. Eine theoretische Einführung. In: Satjukow, S./Gries, R. (Hrsg.): Unsere Feinde. Konstruktionen des Anderen im Sozialismus. Leipziger Universitätsverlag, Leipzig, S. 13-74.

Thiele, M. (2010): Medial vermittelte Vorurteile, Stereotype und „Feindinnenbilder". In: Thiele, M./ Thomas, T./Virchow, F. (Hrsg.): Medien – Krieg – Geschlecht. Affirmationen und Irritationen sozialer Ordnungen. VS Verlag, Wiesbaden, S. 61-79.

Voit, H. (Hrsg.) (1992): Geschichte ohne Feindbild? Perspektiven für das historische Lernen in Deutschland nach dem 9. November 1989. Universitätsbund, Erlangen.

Welzer, H. et al. (2002): „Opa war kein Nazi". Nationalsozialismus und Holocaust im Familiengedächtnis. Fischer Verlag, Frankfurt am Main.

Wenger-Deilmann, A./Kämpfer, F. (2006): Handschlag – Zeigegestus – Kniefall. Körpersprache und Pathosformel in der visuellen politischen Kommunikation. In: Paul, G. (2006): Visual History. Ein Studienbuch. Vandenhoeck & Ruprecht, Göttingen, S.188-205.

Wolf, H. (Hrsg.) (2003): Diskurse der Fotografie. Fotokritik am Ende des fotografischen Zeitalters. Bd I und II. Suhrkamp, Frankfurt am Main.

Mediatisierung von Kultur: Mediatisierungsgeschichte und der Wandel der kommunikativen Figurationen mediatisierter Welten

Andreas Hepp

1. Einleitung

Es ist eine fast intuitive Alltagserfahrung, dass der Wandel von Medien und Kommunikation ‚irgendetwas' mit der Transformation des Kulturellen zu tun hat. Haben sich unsere Kulturen nicht immer schon mit den Medien geändert, deren wir uns bedient haben? Und konkretisieren sich bestimmte Kulturen nicht gerade unter anderem in der Art und Weise, wie in ihnen mit Medien kommuniziert wird? Es sind solche Zusammenhänge, die letztlich mit Komposita wie *Cyberkultur*, *Fernsehkultur* oder auch *Radiokultur* gefasst werden – so man mit solchen Begriffen mehr verbindet als den zu einer bestimmten Zeit vorherrschenden ‚Stil' der Kommunikation in den jeweils genannten Medien.

Folgt man diesem Gedanken weiter, wird die Frage des Zusammenhangs von medienkommunikativem und soziokulturellem Wandel allerdings immer vielschichtiger. So ist es nur selten *ein* Medium, das in einer Kultur im Vordergrund steht. Das lässt sich an unserer heutigen Kultur schnell verdeutlichen. Ein Aspekt unserer heutigen Kultur ist, dass wir uns über eine bestimmte Thematik mittels verschiedener Medien informieren. Wir sehen fern, lesen Zeitung oder Bücher, ‚googeln' aber auch zu dem Thema und so weiter. Ebenso halten wir den Kontakt zu Bekannten und Verwandten nicht nur über ein Medium aufrecht, sondern über mehrere. Wir telefonieren, schreiben Mails, chatten und so weiter. Nimmt man solche Beispiele ernst, so gilt es, die Beziehung zwischen medienkommunikativem und soziokulturellem Wandel nicht nur aus Sicht eines einzelnen Mediums zu betrachten. Vielmehr muss die Komplexität des Ineinandergreifens der Vielfalt unterschiedlicher Medien berücksichtigt werden. Aber wie können wir dann noch eine Beziehung zwischen dem Wandel von Medienkommunikation und Kultur beziehungsweise Gesellschaft ausmachen? Und wo genau können wir den Ansatzpunkt unserer Betrachtung verorten?

Es sind diese Fragen, die ich im vorliegenden Beitrag behandeln möchte. Der Artikel ist also keine empirische Fallstudie. Vielmehr geht es darum, ausgehend von bestehender Forschung und konzeptioneller Arbeit einen Begriffsrahmen vorzustellen, der es uns erleichtert, die oben umrissene Beziehung von medienkommunikativem und soziokulturellem Wandel zu fassen. Hierzu möchte ich wie folgt argumentieren: In einem ersten Schritt sollen bestehende übergreifende Theorieansätze in diesem Feld kurz skizziert und ausgehend davon begründet werden, warum diese nicht hinreichend erscheinen. Ein alternativer Ansatz ist notwendig, wie er in diesem Beitrag mit dem Begriff der *Mediatisierung* verbunden wird. In einem zweiten Schritt geht es mir darum, diesen weiter zu konkretisieren und dabei auch auf dessen Potenzial für historische Forschung einzugehen. Ausgehend hiervon werde ich mit der *diachronen* und *synchronen* Mediatisierungsforschung zwei Möglichkeiten der Operationalisierung eines solchen wissenschaftlichen Vorgehens vorstellen. Abschließend werde ich nochmals einige Anmerkungen zu einer stärker historischen Perspektive in der Mediatisierungsforschung machen.

2. Theoretisierungen des Wandels: Vom ‚Push‘ und der ‚Evolution‘ der Medien zur ‚Mediatisierung‘

Eine Beschäftigung mit dem Zusammenhang von Medien- und Kulturwandel ist vermutlich so alt wie die Kommunikations- und Medienwissenschaft selbst. So gingen deren Anfänge nicht nur mit breiten historischen Interessen einher, sondern ebenso mit einem Interesse für die Frage, welchen Stellenwert Medien für den Wandel von Kulturen haben (Hepp 2004: 27-44; Averbeck-Lietz 2013). Auch wenn sie selbst keinen Begriff von Medien hatten, zielte beispielsweise die vielzitierte Zeitungsenquete von Max Weber (1911: XX) darauf, die „Kulturbedeutung" (Weber 1988: 165) der Presse für das Entstehen der Moderne zu untersuchen. Emil Löbl (1903) befasste sich in seiner Studie „Kultur und Presse" damit, wie die Presse auf subjektiver und objektiv-funktionaler Ebene zum Kulturwandel der Moderne beigetragen hat. In der Arbeit von Wolfgang Riepl (1913) zum „Nachrichtenwesen des Altertums" ging es ebenfalls nicht einfach nur darum, dass „neben den höchstentwickelten Mitteln, Methoden und Formen des Nachrichtenverkehrs in den Kulturstaaten auch die einfachsten Urformen […] noch heute im Gebrauch" (Riepl 1913: 4) sind – ‚neue‘ Medien ‚alte‘ also nicht einfach verdrängen, sondern sie in bestimmte funktionale Bereiche verweisen, wie es das heute so bezeichnete „Rieplsche Gesetz" besagt. Es ging ihm vor allem um die Beziehung zwischen dem – wie er es nannte – „Fortschreiten der menschlichen Kultur" und einer (wie wir es heute nennen würden) Ausdifferenzierung von Medien:

> „Entsprechend dem Fortschreiten der menschlichen Kultur von den einfachen Lebensverhältnissen der Urzeit bis zu der Höhe unserer Zivilisation mit ihren vielfachen Interessen, verfeinerten Bedürfnissen, gesteigerten Ansprüchen sind die Aufgaben, Bedingungen, Leistungen des Nachrichtenwesens quantitativ und qualitativ ungemein gesteigert worden" (ebd.).

Während solche frühen Arbeiten auf eine weitergehende Theorieentwicklung ausgerichtet gewesen sind (siehe beispielsweise auch Groth 1960), sind viele späteren Untersuchungen der Kommunikations- und Mediengeschichte in hohem Maße deskriptiv angelegt. Zwar gab es eine breite Diskussion, beispielsweise in der deutschsprachigen Kommunikations- und Medienwissenschaft, über einen notwendigen Paradigmenwechsel von einer Mediengeschichte – die Einzelmedien fokussiert – hin zu einer Kommunikationsgeschichte, die stärker auch theoretisierend die historische Veränderung von Kommunikationsprozessen insgesamt in den Blick rückt (siehe beispielsweise die Beiträge von Bobrowsky und Langenbucher 1987, Arnold et al. 2008 und – mit aktuellem Bezug zur Mediatisierungsforschung – Averbeck-Lietz 2012) Umgesetzt wurden solche Überlegungen allerdings kaum. So verdienstvoll hier einzelne Arbeiten sind, die zu Presse-, Radio- und Fernsehgeschichte – beispielsweise zur Geschichte des Nachrichtenwesens – viele wichtige Detailphänomene und Detailfragen herausarbeiten, die meisten dieser Untersuchungen verstehen sich weniger als Projekte der Theorieentwicklung, sondern vielmehr als Analysen historischer ‚Fakten‘. Hierbei gehen solche Publikationen trotz der Forderung nach einer allgemeinen Kommunikationsgeschichte meistens medienzentriert vor, das heißt entweder befassen sie sich mit der Geschichte eines Einzelmediums als solchem oder aber sie beschreiben eine übergreifende Kommunikationsgeschichte als Abfolge von Einzelmedien.

Betrachtet man die bestehenden Arbeiten differenzierter im Hinblick darauf, wo sich Ansätze einer übergreifenden Theoretisierung der Beziehung zwischen medienkommunikativem Wandel einerseits und soziokulturellem Wandel andererseits ausmachen lassen, fallen derzeit vor allem zwei Stränge auf. Dies ist erstens der Strang mediumstheoretischer Ansätze, zweitens der Strang evolutionstheoretischer Ansätze. Beide sollen in ihren Grundannahmen kurz umrissen werden, um ausgehend hiervon die Unterschiede zum Ansatz der Mediatisierung zu verdeutlichen.

Mediumstheoretische Ansätze sind vermutlich diejenigen mit der längsten Tradition. Sie gehen zurück auf die Arbeiten von Harold Innis (1951), der mit seiner Unterscheidung von „time biased" und „space biased" (Innis 1951: xiv) Medien einen Rahmen schaffen wollte, den Stellenwert unterschiedlicher Medien für die Entwicklung verschiedener Gesellschafts-, Kultur- aber auch Herrschaftsformen zu analysieren. Fortgeführt wurde diese Tradition von Marshall McLuhan (McLuhan 1992), von dem die bekannte Formulierung stammt, dass das „Medium die Message" (oder auch „Massage" der Sinne) sei, sich Analysen also dem Einfluss von Medien als solchen zuwenden sollten, statt die Medienwirkung bei einzelnen Inhalten zu suchen. Dieser Gedanke wurde von Joshua Meyrowitz (1987) mit Mikroanalysen in der Tradition von Erving Goffman zusammengebracht, indem er sich damit befasste, wie genau das Medium Fernsehen Interaktionsbeziehungen auf individueller Ebene ändert. Er selbst begreift seine und vergleichbare Arbeiten als Mediumstheorie der „zweiten Generation" (Meyrowitz 1995: 58), die sich von denen der „ersten Generation" dadurch abgrenzen, dass sie nicht auf Makro, sondern auf Mikrofragen zielen. Zeitgleich entstanden aber auch viele historische Arbeiten in der Tradition der Mediumstheorie, von denen vermutlich die Publikationen von Walter J. Ong (1987) beziehungsweise Asa Briggs und Peter Burke (2009) die bekanntesten sind. Kürzlich hat Marshall T. Poe (2011) mit seinem Entwurf einer Kommunikationsgeschichte von den Anfängen der Menschheitsgeschichte bis heute, der sich direkt auf Harold Innis rückbezieht, auf sich aufmerksam gemacht. Poe (2011) arbeitet dabei mit dem Gegensatz des „pull" und „push" von Medien. Sein Argument ist, dass Medien entstehen, weil es bestimmte gesellschaftliche Bedürfnisse gibt („pull"). Sobald Medien aber einmal etabliert sind und Bestand haben, entfalten sie als solche bestimmte Wirkungen („push"), die zuvor bestehende Tendenzen des Wandels verstärken beziehungsweise verstetigen.

Über die Unterschiede der einzelnen Varianten hinweg macht bereits diese knappe Diskussion der verschiedenen Arbeiten in der Tradition der Mediumstheorie deutlich, worin der Kern der Theoretisierung von Wandel im Rahmen der Mediumstheorie liegt: Mit jedem Medium ist eine bestimmte Normierung von Kommunikation verbunden. Diese hat nicht nur Einfluss auf der Ebene der Kultur und Gesellschaft insgesamt – Schriftkulturen sind gänzlich andere Kulturen als beispielsweise rein mündliche Kulturen –, sondern auch auf der Mikroebene von menschlicher Interaktion. Ausgehend von diesem Gedanken macht die Mediumstheorie vier Phasen der kulturellen Entwicklung aus, die sie jeweils durch das bestimmende Leitmedium benennt: die Phase der traditionalen oralen Kultur, die der Schriftkultur, die der modernen Printkultur und die der globalen elektronischen Kultur. In ihrer Prägnanz hat eine solche Theorie der Beziehung von Medienwandel und Kulturwandel auf den ersten Blick etwas für sich. Genau dies betont beispielsweise auch Poe, wenn er argumentiert, in seiner Weiterentwicklung zum ersten Mal eine überprüfbare Theorie der Wirkung des Wandels von Medien und Kommunikation zu haben (Poe 2011: 11). Eine genauere Betrachtung anderer historischer Arbeiten zeigt aber, dass die Sachlage wesentlich komplexer und widersprüchlicher ist, als solche Autoren der Mediumstheorie nahe legen (Hepp 2011: 20-21). Gerade in ihrer Abstraktion eines mehr oder weniger kontextfreiem „push" von Medien beziehungsweise der daraus folgenden Ableitung des Einflusses von Leitmedien auf Kultur scheint die Mediumstheorie zu kurz zu greifen.

Der zweite Strang von Beschreibungstheorien sind *evolutionstheoretische Ansätze*. Nicht immer kann die Grenze zu mediumstheoretischen Ansätzen klar gezogen werden, indem einzelne Vertreter der Mediumstheorie auch Evolutionskonzepte einbeziehen (beispielsweise Poe 2011: 31). Grundlegend sind evolutionstheoretische Ansätze aber als ein eigenständiger Strang zu begreifen. Evolutionstheoretische Ansätze haben auch in der deutschsprachigen Kommunikations- und Medienwissenschaft – über eine reine Rezeption der Arbeiten von Niklas Luhmann hinaus – eine gewisse Tradition. Es lässt sich hier beispielsweise auf die Arbeiten von Günter Bentele (1987), Klaus Merten (1977), Siegfried J. Schmidt (1994) oder Gebhardt Rusch (2008) verweisen. Mit einer umfassenderen Theoretisierung, die sich gleichzeitig auf breite medienhistorische Arbeiten stützt, ist in jüngerer Zeit vor allem Rudolf Stöber (2003a, 2003b) hervorgetreten. Vor diesem Hintergrund sollen dessen Überlegungen zu einem evolutionstheoretischen Ansatz knapp umrissen werden, um so dessen Grundanlage zu verdeutlichen.

Kernpunkt der Argumentation von Stöber ist,

> „dass in der kulturellen Sphäre Prozesse ablaufen, die denen der Evolution ähneln: Der Mensch schafft sich kulturelle Umwelten, an die sich die Gesellschaft anpassen muss, wenn sie fortexistieren will – sei es die Globalisierung, das Steuersystem oder der Wissenschaftsapparat" (Stöber 2008: 141).

Zentral sind dabei seiner Argumentation nach vor allem zwei Prozesse der Ko-Evolution von Kommunikation und Medien, nämlich Konvergenz und Institutionalisierung. Konvergenz bezeichnet, dass die „äußeren Zwänge der Umwelt [...] auf alle Organismen ähnlich [wirken] und damit eine analog gelagerte Problemlösung" (ebd.: 146) initiieren. Diese zuerst einmal aus der biologischen Evolutionstheorie entlehnte Annahme überträgt Stöber auf den Bereich der Medienkommunikation und argumentiert, dass bei gleicher „Umwelt" Rundfunk- und Pressesysteme konvergieren. Exemplarisch verweist er hier auf die „Transformation" der Mediensysteme Osteuropas nach dem Zusammenbruch der UdSSR beziehungsweise des Ostblocks.

Bei seiner Betrachtung von Institutionalisierungsprozessen geht er über die Innovationstheorie von Rogers (2003) hinaus und unterscheidet in Anlehnung an Schumpeter (1997) zwei grundlegende Phasen der Institutionalisierung ‚neuer'

Medien. Dies ist erstens die „Invention" als Verbesserung alter Medien, zweitens die sich darauf stützende „Emergenz" neuer Medien (weitgehend ausgeklammert wird hier die dritte „Diffusionsphase") (Stöber 2008: 152). Sein Kernargument dabei ist, dass die beiden Stufen der zweistufigen Funktionsverbesserung von „Adaption" und „Exaptation" entsprechen, wie neuere evolutionstheoretische Arbeiten betonen (Stöber 2008: 151). Medienwandel erscheint dann zuerst als „Adaption" bestehender Medien an eine veränderte Umwelt, worauf als „Exaption" neue Medien emergieren. Insgesamt sind wir so mit zirkulären Prozessen der Medienentwicklung konfrontiert (Stöber 2003b: 210-221), die letztlich in einer zunehmenden Differenzierung von Medien und Kommunikation resultieren.

Begreift man eine solche Argumentation als exemplarisch für evolutionstheoretische Ansätze, so fällt der grundlegende Funktionalismus dieser Theoretisierung auf. Letztlich hebt das Grundmodell der Evolution mit seinem Argument, es ginge beim Wandel um ‚(An-)Passung' an eine ‚Umwelt' („survival of the fittest") auf eine funktionalistische Weltsicht ab. Hiermit teilt der evolutionstheoretische Ansatz eine Grundproblematik, die auch bei anderen funktionalistischen Ansätzen der Medienforschung zu finden sind, nämlich dass Kultur und Gesellschaft letztlich in organologischen Metaphern modelliert werden und dass Grundproblematiken von Konflikt und Auseinandersetzung in der Beschreibung nicht berücksichtigt werden (Hepp 2011: 21-26). So erklärt sich beispielsweise die ‚Konvergenz' bestimmter Mediensysteme möglicherweise eher durch eine Parallelität von Medienpolitiken zu einem bestimmten Zeitpunkt als durch Anpassungsleistungen in einem evolutionären Prozess. Dem entspricht auch, dass die neuere Forschung hier die Konvergenzthese widerlegt und dies klar durch unterschiedliche politische Machtverhältnisse und die Einbindung von Medien in diese begründet (siehe beispielsweise Koltsova 2008 und Vartanova 2012).

Hat man solche Argumente vor Augen, spricht viel dafür, dass weder Mediumstheorie noch Evolutionstheorie hinreichend erscheinen, eine übergreifende Theorie des Zusammenhangs von medienkommunikativem und soziokulturellem Wandel zu entwickeln. In Abgrenzung dazu spricht viel dafür, dass der Ansatz der Mediatisierung derzeit in der Lage ist, ein solches Potenzial zu entfalten.

Im engeren Sinne verweist der Begriff der Mediatisierung auf keine geschlossene Theorie, sondern auf einen Ansatz der Medien- und Kommunikationsforschung, der durch einen bestimmten Zugang auf Phänomene von Medien und Kommunikation gekennzeichnet ist (siehe beispielsweise die Beiträge in Lundby 2009b). Mediatisierung ist hier zuerst einmal ein offenes Konzept, um die Wechselbeziehung zwischen medienkommunikativem und soziokulturellem Wandel kritisch zu analysieren. Dabei sind mit dem Mediatisierungsbegriff quantitative wie auch qualitative Aspekte verbunden. In quantitativer Hinsicht fasst Mediatisierung die zunehmende zeitliche, räumliche und soziale Verbreitung von medienvermittelter Kommunikation. In qualitativer Hinsicht wird mit Mediatisierung der Stellenwert der Spezifika verschiedener Medien und Formen von Kommunikation im und für den soziokulturellen Wandel gefasst. Während mit einem solchen Gesamtverständnis einzelne Wissenschaftlerinnen und Wissenschaftler Mediatisierung als einen Langfristprozess des Wandels ansehen und letztlich die Menschheitsgeschichte als zunehmende Intensivierung oder Radikalisierung von Mediatisierung begreifen, beziehen andere Wissenschaftlerinnen und Wissenschaftler den Mediatisierungsbegriff auf Wandlungszusammenhänge seit der Etablierung der sogenannten klassischen Massenmedien (Print, Kino, Radio, Fernsehen). Insgesamt ist der Begriff der Mediatisierung in beiden Fällen enger als der der Vermittlung („mediation") und grenzt sich somit von diesem ab: Während ,Vermittlung' ein generelles Moment von Kommunikation ist und somit auf einer sehr grundlegenden Ebene zu sehen ist, handelt es sich bei ,Mediatisierung' um ein spezifisches Konzept, das die Rolle von Medienkommunikation im weitergehenden soziokulturellen Wandlungsprozess reflektiert.

Im deutschsprachigen wie auch im skandinavischen Raum wird der Begriff der Mediatisierung dabei teilweise synonym zu dem der ,Medialisierung' gebraucht, insbesondere im Kontext der historischen Forschung wie der Forschung zu politischer Kommunikation. Das primäre Argument für diese Begriffsverwendung ist, dass der Begriff der Mediatisierung in der Geschichtswissenschaft belegt ist und dort die Aufhebung der Reichsunmittelbarkeit bezeichnet. Teilweise gab es auch Versuche, die Begriffe von Mediatisierung und Medialisierung in dem Sinne abzugrenzen, dass der erste auf die Ebene des Alltagshandelns zu beziehen sei, der zweite auf die Ebene institutioneller Akteure. Solche Abgrenzungsversuche konnten sich gleichwohl nicht durchsetzen. In der englischsprachigen Kommunikations- und Medienforschung hat sich in den letzten Jahren dann der Begriff der Mediatisierung („mediatization") durchgesetzt.

Im Rahmen eines solchen allgemeinen Verständnisses von Mediatisierung lassen sich aktuell zwei Konkretisierungen des Mediatisierungsbegriffs ausmachen, nämlich erstens ein institutioneller und zweitens ein sozialkonstruktivistischer. Im *institutionellen Mediatisierungsbegriff* werden Medien als mehr oder weniger eigenständige gesellschaftliche Institutionen mit eigenen Regelwerken begriffen. Mediatisierung fasst dann die Anpassung von Kommunikation in verschiedenen sozialen Feldern beziehungsweise Systemen wie beispielsweise dem der Politik oder der Religion an eine „Medienlogik" (Altheide und Snow 1979). „Medienlogik" bezeichnet dabei im weitesten Sinne institutionalisierte Formate und Inszenierungsweisen von Medien, die auf der einen Seite nicht-mediale Repräsentationsformen aufgreifen, an die sich auf der anderen Seite aber nicht-mediale Akteure anpassen müssen, wenn sie in den Medien – hier verstanden als Massenmedien – repräsentiert sein wollen.

Es war jüngst vor allem Stig Hjarvard, der diesen institutionstheoretischen Zugang zu Mediatisierung weiter ausformuliert hat (Hjarvard 2008: 110). Sein institutioneller Mediatisierungsbegriff operiert dabei auf zwei Ebenen: Erstens fasst er die Beziehung zwischen Medien als Institutionen und anderen gesellschaftlichen Institutionen. Zweitens verortet er Mediatisierung historisch ab dem Zeitpunkt, an dem Medien als Massenmedien zu ‚autonomen‘ gesellschaftlichen Institutionen geworden sind. Dies begreift er als die Voraussetzung dafür, dass Medieninstitutionen *als solche* andere soziale Institutionen beeinflussen können. Hjarvard fasst dann unter „Mediatisierung von Gesellschaft [...] den Prozess, in dem die Gesellschaft in zunehmenden Maße sich den Medien und ihrer Logik unterwirft oder von ihr abhängig wird" (ebd.: 113). Der Ausdruck der „Medienlogik" bezieht sich dabei „auf den institutionellen und technologischen modus operandi der Medien, einschließlich der Art und Weise, in der Medien materielle und symbolische Ressourcen distribuieren und mithilfe von formellen und informellen Regeln operieren" (ebd.).

Hiervon grenzt sich wie gesagt der *sozialkonstruktivistische Mediatisierungsbegriff* ab. Bei diesem steht die Analyse der Stellung von (verschiedenen) Medien in dem Prozess einer sich wandelnden kommunikativen Konstruktion soziokultureller Wirklichkeit im Vordergrund. Mediatisierung fasst damit, wie sich bestimmte Prozesse der kommunikativen Konstruktion von Wirklichkeit in bestimmten Medien konkretisieren (‚objektivieren‘, ‚verdinglichen‘, ‚institutionalisieren‘) beziehungsweise wie umgekehrt die so bestehenden Spezifika einzelner Medien jeweils kontextualisierte ‚Einflüsse‘ auf den Prozess der kommunikativen Konstruktion von soziokultureller Wirklichkeit haben. Wichtiger Bezugspunkt ist dabei Friedrich Krotz‘ Verständnis von Mediatisierung nicht als kurzfristigem, sondern – ähnlich wie Individualisierung und Kommerzialisierung – als einem langfristigen „Metaprozess" des Wandels. Mediatisierung bildet also einen übergreifenden Orientierungsrahmen, um den Wandel von Kultur und Gesellschaft theoretisch fundiert zu beschreiben. In einer solchen langfristigen Perspektive erscheint die Menschheitsgeschichte dann als ein Prozess, „in deren Verlauf immer neue Kommunikationsmedien entwickelt wurden und auf unterschiedliche Weise Verwendung finden und fanden" (Krotz 2001: 33). Entscheidend sind dann aber nicht einfach die Medien für sich genommen, sondern der mit dem Medienwandel einhergehende Wandel von Kommunikationsformen.

Hat man die weitere Diskussion um diese Forschungsperspektive im Blick (Hepp 2011: 33-68) geht es hier vor allem darum zu untersuchen, wie sich das Wechselverhältnis von medienkommunikativem und sozialkulturellem Wandel in der alltagsweltlichen Kommunikationspraxis von Menschen konkretisiert und wie dies in Beziehung steht zu veränderten Prozessen der kommunikativen Konstruktion von Wirklichkeit. Betrachtet werden dabei nicht nur Massenmedien, sondern insbesondere auch sogenannte ‚neue' Medien des Internets und der Mobilkommunikation. Hierbei interessieren sich solche Studien für das gesamte ‚Medienensemble', das gesamte ‚Kommunikationsrepertoire' beziehungsweise die gesamte ‚kommunikative Vernetzung' verschiedener Gruppen von Menschen. Es wird also kein Medium isoliert betrachtet.

Es ist dieser sozialkonstruktivistische Begriff von Mediatisierung, ausgehend von dem die weitere Argumentation entwickelt wird, da es letztlich dieser ist, der die Perspektiven für eine auch historisch orientierte Betrachtung von kontextualisiertem Medienkommunikationswandel eröffnet. Das Ziel dabei ist es, schrittweise einen Begriffsrahmen zu entwickeln.

3. Mediatisierung analysieren: Kommunikative Figurationen im historischen Kontext

Fasst man die bisherigen Argumente zusammen, befasst sich die Mediatisierungsforschung mit dem Wechselverhältnis von medienkommunikativem und soziokulturellem Wandel. Hierbei wird nicht ein Medium isoliert betrachtet. Vielmehr wird argumentiert, dass die Mediatisierungsforschung in einer transmedialen Perspektive erfolgt. Begründet wird dies zuerst einmal mit dem aktuellen Medien- und Kommunikationswandel, jedoch hat dies – wie wir noch sehen werden – durchaus historische Implikationen: Wenn wir die gegenwärtige Mediatisierung fokussieren, so ist dies nicht einfach nur die Mediatisierung beispielsweise des Social Web. Die Komplexität liegt in dem Umstand, dass sie gleichzeitig die Mediatisierung des Radios, des gedruckten Buchs, der Zeitung, des Fernsehens, des Mobiltelefons und vieler weiterer Medien ist, die sich selbst wiederum gleichzeitig in ihrer Spezifik wandeln. In diesem Sinne hat Sonia Livingstone (2009) die Diskussion um Mediatisierung mit der gegenwärtigen ‚mediation of everything' in Beziehung gebracht, die sie als eine der großen Herausforderungen für die Kommunikations- und Medienwissenschaft begreift: „in einer hochgradig [medial] vermittelten Welt ist es nicht möglich, die Beziehung zwischen Politik und der Umwelt oder der Gesellschaft und der Familie zu analysieren, ohne die Wichtigkeit der Medien anzuerkennen – all diese Sphären und deren Überschneidungen sind [medial] vermittelt worden" (Livingstone 2009: 5). Knut Lundby argumentiert in eine ähnliche Richtung, wenn er feststellt, dass „spätmoderne Gesellschaften mediengesättigte Gesellschaften" (Lundby 2009a: 2) sind. Wenn wir solche Argumente teilen, dann brechen diese mit einer Forschung zu Einzelmedien, ihren Inhalten, ihrer Aneignung etc. In der Folge müssen wir uns Gedanken darüber machen, wie wir Medien- und Kommunikationsforschung neu konzeptionalisieren – und zwar auch aus einer historischen Perspektive. An dieser Stelle gewinnt eine jüngere Überlegung von David Morley (2007) an Bedeutung. Er stellt eine enge Beziehung zwischen der Idee einer „nicht-medienzentrierten Medienwissenschaft" und der zunehmenden Verbreitung unterschiedlicher Medien her, indem er betont, dass zwei der Kernthemen für die gegenwärtige Medien- und Kommunikationsforschung darin bestehen, zu klären,

> „wie die Vielfalt der verschiedenen Arten, in denen alte und neue Medien sich aneinander anpassen und in symbiotischer Weise nebeneinander existieren, zu verstehen ist, und wie wir besser erfassen können, wie wir mit diesen Medien als Teil unseres persönlichen oder häuslichen ‚Medienensembles' leben" (Morley 2007: 200).

Dies wird für ihn mit dem Ansatz einer „nicht-medienzentrierten Form der Medienwissenschaft" (ebd.) möglich. Mit diesem Ausdruck verbindet er eine Medien- und Kommunikationsforschung, die stärker ihre Aufmerksamkeit auf die materiellen und symbolischen Dimensionen von Kommunikation in deren Gesamtkontext lenkt (vgl. Morley 2009: 114). Folgt man dem hier von David Morley angedachten Weg, kann man sagen, dass sich eine nicht-medienzentrierte Form der Medienkommunikationsforschung auf bestimmte Bereiche des menschlichen Lebens fokussiert und dabei die verschiedenen Medien in ihren symbolischen wie auch materiellen Dimensionen im Blick hat, ohne sie jedoch zu dekontextualisieren. An dieser Stelle ist das Konzept der *mediatisierten Welt* hilfreich.

Grundlegend können wir *mediatisierte Welten als spezifische „kleine Lebens-Welten"* (Luckmann 1970: 581) *oder „soziale Welten"* (Shibutani 1955: 565; Strauss 1978: 119) *verstehen, die in ihrer gegenwärtigen Form auf konstitutive Weise durch medienvermittelte Kommunikation artikuliert werden* (ausführlich zu diesem Konzept siehe Hepp 2011: 74-81; Hepp und Krotz 2012). Als solche handelt es sich dabei um strukturierte Fragmente von Lebens-Welten mit verbindlichen intersubjektiven Wissensvorräten und kulturellen Verdichtungen. Mediatisierte Welten sind die alltäglichen Konkretisierungen von Mediengesellschaften und Medienkulturen. Wir haben es hier mit der Ebene zu tun, auf der Mediatisierung konkret und damit auch empirisch erforschbar wird. Während es beispielsweise unmöglich ist, die Mediatisierung einer Kultur oder Gesellschaft insgesamt zu erforschen, können wir die mediatisierten Welten des Börsenhandels, der Schule, des privaten Zuhauses und so weiter ohne Probleme erforschen (siehe dazu die Beiträge in Krotz und Hepp 2012). Diese „sozial konstruierten Teil-Zeit-Wirklichkeiten" (Hitzler und Honer 1984: 67) als mediatisierte Welten zu erfassen bedeutet empirisch zu ergründen, wie deren kommunikative Konstruktionen durch verschiedene Medien geprägt werden, beziehungsweise wie deren kommunikative Konstruktionen in einem Wandel der Medien selbst resultieren.

Um zu klären, wie dies praktisch realisiert werden kann, ist es hilfreich, einen näheren Blick auf den symbolischen Interaktionismus zu werfen, in dem das Konzept der sozialen Welt fest etabliert ist. Macht man dies, erscheinen drei Punkte für ein Verständnis mediatisierter Welten wichtig:

Erstens haben mediatisierte Welten ein *Kommunikationsnetzwerk jenseits des Territorialen*. Bereits in den 1950er Jahren reflektierte Tamotsu Shibutani (1955: 566) die Charakteristika von dem, was er „soziale Welten" nannte. Eine seiner Kernüberlegungen war, dass Medien eine wichtige Rolle in der Konstruktion von gegenwärtigen sozialen Welten spielen, indem deren vermittelte „Kommunikationsnetzwerke nicht mehr deckungsgleich mit territorialen Grenzen [sind], kulturelle Bereiche [sich] überschneiden ... und ...ihre territoriale Basis verloren [haben]" (ebd.). Dieser Verweis auf Shibutani soll nicht implizieren, dass für die Analyse mediatisierter Welten Fragen der (Re-)Territorialisierung nicht wichtig wären. Genauer liegt das Argument darin, dass mediatisierte Welten zumindest teilweise durch medienvermittelte Kommunikationsnetzwerke artikuliert werden und dass diese Kommunikationsnetzwerke mit fortschreitender Mediatisierung verschiedene Territorien durchschreiten. Bezug nehmend auf die bereits genannten Beispiele, ist die mediatisierte Welt des Börsenhandels etwas, das nicht nur im Börsengebäude selbst stattfindet, sondern nahezu an jedem Ort, an dem Bankleute wie auch Privatpersonen ihre Aktien mit Laptops, Smart Phones oder Tablet-Computern handeln. Es ist das mediatisierte Kommunikationsnetzwerk, durch das diese mediatisierte Welt konstruiert wird, nicht das geteilte Territorium.

Ein zweiter wichtiger Punkt ist, dass mediatisierte Welten in *verschiedenen Skalierungen* bestehen. Einige Jahre nach Tamotsu Shibutanis Veröffentlichung überdachte Anselm Strauss (1978) dessen Argumente und sah einen Grund, warum das Konzept der sozialen Welt (und damit auch der mediatisierten Welt) ein vielversprechender Ausgangspunkt für empirische Forschung ist darin, dass diese „in jeder Skalierung erforscht werden kann, von der kleinsten (sagen wir eine lokale Welt, ein lokaler Raum) bis hin zur allergrößten (in Umfang oder geografischer Ausdehnung)" (Strauss 1978: 126). Das Konzept der mediatisierten Welten eröffnet damit eine vielschichtige Untersuchungsperspektive, um Mediatisierung zu erforschen – jeweils ausgehend vom thematischen Kern einer mediatisierten

Welt. Gleichzeitig ist das Konzept aber nicht so eng, dass es nur als ein Mikrokonzept der Interaktion an einem bestimmten Ort anwendbar wäre – vielmehr lässt es sich auf verschiedenen Ebenen oder in verschiedenen Skalierungen verwenden und ermöglicht es entsprechend, Mediatisierung über diese hinweg zu erfassen.

Der dritte Punkt ist, dass mediatisierte Welten ineinander verschachtelt sind beziehungsweise sich wechselseitig überlagern. Wiederum kann man sich hier auf die Argumente von Anselm Strauss beziehen. Die Ideen Shibutanis diskutierend stellt er fest, dass sich „soziale Welten durchkreuzen und dies unter verschiedenen Bedingungen" (Strauss 1978: 122). Wir sind dabei mit der „Segmentierung von sozialen Welten" (ebd.: 123) konfrontiert, nicht nur in dem Sinne, dass sie ein Segment der Gesamtheit von Lebenswelten bilden, sondern auch in dem Sinne, dass sie intern segmentieren und verschiedene Sub-Welten ausdifferenzieren. Wir können hier die mediatisierten Welten populärkultureller Vergemeinschaftungen wie die Szenen des HipHop, Heavy Metal oder Techno als Beispiele nehmen: Die Artikulation ihrer mediatisierten Welten ist ein ebenso fortlaufender Segmentierungs- wie (Wieder-)Erfindungsprozess. Mediatisierte Welten zu erforschen heißt also auch, den Übergang von einer mediatisierten Welt zur anderen zu erfassen wie auch die Prozesse der Grenzziehung zwischen und in ihnen.

An dieser Stelle ist es wichtig, die subjektive Seite von mediatisierten Welten im Blick zu haben. Hier sind die Überlegungen von Bernhard Lahire hilfreich. Bei seiner Argumentation gegen ein Verständnis, nach dem jeder Mensch durch einen homogenen Habitus gekennzeichnet wäre, beschreibt Lahire unser gegenwärtiges Leben als eine fortlaufende Positionierung von Menschen „innerhalb einer Vielfalt von sozialen Welten, die nicht-homogen sind und manchmal sogar widersprüchlich" (Lahire 2011: 25-26). Der interessante Punkt dieser Argumente für eine Theoretisierung mediatisierter Welten ist, dass uns Lahire daran erinnert, inwieweit die Beschreibung einer solchen Heterogenität auch etwas mit den verschiedenen Nutzungsweisen von Medien in den unterschiedlichen sozialen Welten zu tun hat. Bücher zu lesen bedeutet beispielsweise etwas grundlegend anderes in der mediatisierten Welt einer Familie denn in der mediatisierten Welt der Schule – Unterschiede, die (zusammen mit anderen) in etwas resultieren, das Lahire dann als den „pluralen Handelnden" (ebd.) beschreibt.

Wie ich eingangs betont habe, liegt das Kerninteresse der Mediatisierungsforschung aber nicht in ‚den Medien' als solchen, sondern darin, wie wandelnde Medien insgesamt in den Wandel der kommunikativen Konstruktion von Wirklichkeit eingebunden sind. Wir müssen also einen Weg finden, die kommunikative Konstruktion mediatisierter Welten zu erfassen und hierbei auch stärker historisch zu kontextualisieren. An dieser Stelle ist es eine große Hilfe, sich auf die

Prozesssoziologie von Norbert Elias zu beziehen. Als Teil seiner empirischen Analysen hat dieser das Konzept der *Figuration* entwickelt. Folgt man Elias, sind Figurationen „Netzwerke von Individuen" (Elias 1993: 12), die in wechselseitiger Interaktion – wie beispielsweise im gemeinsamen Spiel oder gemeinsamen Tanz – ein größeres soziales Gebilde konstituieren. Dieses kann die Familie sein, die Gruppe, der Staat oder die Gesellschaft: In all diesen Fällen lassen sich solche sozialen Gebilde als unterschiedlich komplexe Netzwerke von Individuen beschreiben. Mit diesem Zugang möchte Elias die Vorstellung vermeiden, „dass die ‚Gesellschaft' aus Gebilden außerhalb des ‚Ichs', des einzelnen Individuums, bestehe und dass das einzelne Individuum zugleich von der Gesellschaft umgeben und von ihr durch eine unsichtbare Wand getrennt sei" (ebd.: 11-12). Für Elias gehören ‚Individuum' und ‚Gesellschaft' eng zusammen und können nicht voneinander separiert werden. Sie fassen eher zwei Aspekte eines Gesamts, das er mit dem Begriff der Figuration zu bezeichnen sucht. Figuration ist damit „ein einfaches begriffliches Werkzeug" (ebd.: 141), um soziokulturelle Phänomene in einem „Verflechtungsmodell" (ebd.) interdependenter Handlungen zu fassen.

Bisher wurde das Konzept der Figuration nur gelegentlich innerhalb der Medien- und Kommunikationsforschung aufgegriffen, beispielsweise um die Politiken des Reality TV zu analysieren (Couldry 2010). Eine umfassende Integration in die Kommunikationstheorie steht nach wie vor aus (für die Sinnhaftigkeit eines solchen Unterfangens siehe Willems 2010). Genau hierüber bietet sich aber die Erforschung mediatisierter Welten als ein großes Potenzial an. Solche Überlegungen aufgreifend lässt sich von *kommunikativen Figurationen als musterhaften Interdependenzgeflechten von (transmedialer) Kommunikation* sprechen. Folglich kann man sagen, dass bereits ein einzelnes Kommunikationsnetzwerk eine spezifische kommunikative Figuration bildet: Es handelt sich hier um ein Interdependenzgeflecht kommunikativen Handelns, bei medienvermittelten Interaktionen artikuliert unter dem Einbezug von Medien. Weit interessanter ist es aber, den Begriff der kommunikativen Figuration auf die Kommunikationsnetzwerke verschiedener mediatisierter Welten in ihrer Gesamtheit zu beziehen. Entsprechend kann man formulieren, dass sich die mediatisierte Welt beispielsweise einer Szene in einer bestimmten Figuration von Kommunikationsnetzwerken konkretisiert. Ebenso kann man die mediatisierte Welt einer Diasporakultur an einer charakteristischen kommunikativen Figuration festmachen, man kann von der kommunikativen Figuration der mediatisierten Welt einer europäischen Öffentlichkeit sprechen etc.

Betrachtet man Kommunikationsnetzwerke als Teil übergreifender kommunikativer Figurationen, geht es also darum, diese *nicht* – wie tendenziell in der strukturanalytischen Netzwerkforschung gemacht – isoliert zu analysieren und für sich zu beschreiben. Es geht darum, sich damit auseinanderzusetzen, wie die *verschiedenen* Kommunikationsnetzwerke in der Artikulation einer spezifischen mediatisierten Welt ineinandergreifen.

Kommunikative Figurationen bestehen zumeist transmedial. Eine kommunikative Figuration fußt in den seltensten Fällen nur auf einem Medium, sondern auf *verschiedenen*. Um einige Beispiele zu nennen: Für die kommunikative Figuration von Familien – gerade in ihrer zunehmenden translokalen Zerstreuung – ist das (Mobil-)Telefon ebenso zentral wie das Social Web, (digitale) Fotoalben, Briefe, Postkarten oder das gemeinsame Fernsehen. Begreift man (nationale oder transnationale) Öffentlichkeiten als kommunikative Figurationen, so existieren diese ebenfalls über unterschiedliche Medien hinweg. Dies betrifft nicht nur klassische Medien der Massenkommunikation, sondern mit WikiLeaks, Twitter und Blogs ebenso Medien des Social Webs. Wir haben es aber auch mit kommunikativen Figurationen von Sozialorganisationen zu tun, wenn beispielsweise in Sozialbehörden Datenbanken, Internetportale sowie herkömmliche Flyer und andere Medien der PR mit dem Ziel ineinandergreifen, verschiedene Bereiche des Sozialen – angefangen von der frühkindlichen Bildung bis hin zur Altenarbeit – ‚neu' zu organisieren. Der Wandel von mediatisierten Welten verweist deutlich auf den Wandel von kommunikativen Figurationen, die sich in verschiedenen Medien ‚materialisieren'.

Diese, hier nur kurz umrissenen Argumente sollen verdeutlichen, worauf eine Betrachtung der kommunikativen Figurationen mediatisierter Welten abzielen sollte: Es geht nicht darum, die Aneignung des Einzelmediums beziehungsweise ein singuläres Kommunikationsnetzwerk zu beschreiben. Vielmehr sollte durch das In-Beziehung-Setzen einer Vielzahl solcher Analysen die kommunikative Artikulation einer mediatisierten Welt insgesamt beschrieben werden. Eine solche Analyse vermeidet ein voreiliges Postulieren irgendwelcher Medienlogiken und setzt sich damit auseinander, wie sich Mediatisierung in einzelnen Bereichen heutiger wie historischer Kulturen und Gesellschaften konkretisiert.

4. Wandel operationalisieren: Diachrone und synchrone Mediatisierungsforschung

Eine Analyse kommunikativer Figurationen erfordert eine sehr sorgfältige Reflexion des Ausschnitts der soziokulturellen Wirklichkeit, der erforscht werden soll: die mediatisierte Welt des migrantischen Lebens, die mediatisierte Welt der Politik, die mediatisierte Welt der Schule und so weiter. An dieser Stelle kommt die oben beschriebene Skalierung mediatisierter Welten zum Zuge – ohne damit sagen zu wollen, dass Skalierung eine Unterscheidung zwischen ‚Mikro-', ‚Meso-' und ‚Makro-Aspekten' der Mediatisierung bedeutet. Eher bezieht sich Skalierung auf die Reichweite einer mediatisierten Welt, sowohl verstanden im geografischen Sinne des Wortes (die translokale Erstreckung) als auch im soziokulturellen Sinne des Wortes (die Erstreckung über verschiedene Kontexte hinweg). Solche Probleme im Blick habend, bietet uns ein Fokus auf die kommunikativen Figurationen allerdings zumindest die Möglichkeit für eine praktische Forschung zu Mediatisierung, die die zunehmende „mediation of everything" auf eine nicht-medienzentrierte Weise ernst nimmt. Wenn wir uns jedoch vergegenwärtigen, dass sich Mediatisierungsforschung mit dem Wechselverhältnis von medienkommunikativem und soziokulturellem Wandel befassen möchte, müssen wir uns Gedanken darüber machen, wie wir diesen Wandel operationalisieren können.

An dieser Stelle möchte ich argumentieren, dass dies auf zweifache Weise geschehen kann: nämlich als diachrone und synchrone Mediatisierungsforschung. Während die diachrone Mediatisierungsforschung dabei vermutlich die offensichtlichere Form der Operationalisierung ist, sind dennoch beide Arten der Realisierung von Mediatisierungsforschung in hohem Maße relevant.

Im Kern bedeutet *diachrone Mediatisierungsforschung* einen Vergleich über die Zeit hinweg: Wir untersuchen die kommunikativen Figurationen einer bestimmten mediatisierten Welt zu unterschiedlichen Zeitpunkten und vergleichen die Ergebnisse miteinander. Durch einen solchen Vergleich können wir auf der einen Seite erfassen, wie sich eine mediatisierte Welt mit den ihr zugrunde liegenden Prozessen der (medienvermittelten) kommunikativen Konstruktion geändert hat – und wie auf der anderen Seite dieser Wandel mit einem Wandel der verschiedenen Medien und ihrer Prägkräfte verbunden ist. Um hier das einfache Beispiel der Familie zu nehmen, das bereits an anderer Stelle zur Veranschaulichung herangezogen worden ist: Wir können die kommunikative Figuration der mediatisierten Welten der Familie in einem bestimmten kulturellen Kontext der 1950er Jahre untersuchen, dasselbe in den 1980er und 2010er Jahren und dann die Ergebnisse miteinander vergleichen. Sicherlich haben sich die mediatisierten Welten der Familien geändert und dies steht unter anderem in Beziehung zum Medienkommunikationswandel. Deutlich wird dies auch an den Arbeiten Inge Marszoleks (Marszolek 2001; Marszolek und Saldern 2010) zur familiären Aneignung des Radios in den 1950er Jahren. Um aber detaillierte Antworten zu geben, wie dieser Wandel vonstattengeht, besteht die Kernaufgabe in einer detaillierten Untersuchung der sich über die Zeit hinweg verändernden kommunikativen Figurationen.

Dieses einfache Beispiel verdeutlicht wichtige Aspekte der diachronen Mediatisierungsforschung. Es wird deutlich, dass diese Art der Forschung entweder historisierend ist in dem Sinne, dass sie nach Möglichkeiten sucht, die kommunikative Figuration einer mediatisierten Welt zu einer bestimmten früheren Zeit zu rekonstruieren. An dieser Stelle gewinnt die historische Kommunikationsforschung an Bedeutung. Oder sie muss in dem Sinne projektiv sein, dass sie in der Gegenwart beginnt und eine Art (qualitatives oder quantitatives) Langzeitdesign entwickelt, um den zukünftigen Wandel der kommunikativen Figuration zu erfassen, wie es beispielsweise in sogenannten Panel-Studien realisiert wird. In beiden Fällen heißt eine solche Forschung nicht, die „Diffusion von Innovationen" (Rogers 2003) zu untersuchen, da sich die Spezifik einzelner Medien über die Zeit hinweg im Kontext anderer Medien ändert: das internetbasierte Fernsehen der Gegenwart teilt mit dem viel stärker radiohaften Bewegbild der 1950er Jahre vermutlich nur den Namen „Fernsehen" (Krotz 2007: 279-282). Diachrone Mediatisierungsforschung zu realisieren, bedeutet demnach auch offen genug zu sein, um den Wandel der prägenden Momente einzelner Medien selbst zu erfassen.

Nicht nur aus praktischen Erwägungen – diachrone Forschung im beschriebenen Sinne ist sehr elaboriert und zumeist auch teuer – besteht die Notwendigkeit für eine *synchrone Mediatisierungsforschung*. Der Hauptgrund dafür ist, dass Mediatisierung selbst kein linearer Prozess ist, sondern verschiedene ‚eruptive' Momente hat, die man als „Mediatisierungsschübe" (Hepp 2011: 63, 67, 93) bezeichnen kann. Dieser Ausdruck darf nicht als Wirkungsmetapher missverstanden werden. Eher soll er fassen, dass bestimmte Entwicklungen des Medienwandels in qualitativ anderen Medienumgebungen resultieren. Wir können das Phänomen der Digitalisierung als einen solchen ‚Mediatisierungsschub' verstehen, indem hiervon nicht nur die sogenannten neuen Medien betroffen sind, sondern auch die ursprünglich nicht-digitalen Medien eine Transformation erfahren haben – Fernsehen wird zum Internetfernsehen, Kino wird digitales Kino und so weiter. Ein anderer Mediatisierungsschub war die Etablierung des Lesens von Gedrucktem, indem damit eine Transformation verschiedener Formen von Kommunikation hin zu einer „sekundären Oralität" (Ong 1987: 136) verbunden war (während uns bewusst sein muss, dass das, was wir heute Druck nennen selbst in einem langfristigen Prozess der Institutionalisierung und Verdinglichung von menschlichem Handeln entstanden ist, vgl. Hepp 2011: 55-67). Insbesondere (aber nicht nur) in Bezug auf solche „Mediatisierungsschübe" macht es Sinn, eine einzelne mediatisierte Welt zu einem bestimmten Zeitpunkt synchron zu untersuchen. Um hier ein Beispiel zu nennen: Eine sehr spezifische mediatisierte Welt des transmedialen Pokerspielens kam auf, als Fernsehpoker und Online-Poker zusammen mit privatem Pokerspielen artikuliert wurden (Hitzler und Möll 2012). Eine diachrone Perspektive hierauf (was sollte der Referenzpunkt des Vergleichs sein?) würde ebenso wenig zielführend sein wie bei einer Beschäftigung mit E-Sport (den wir nur mit der mediatisierten Welt des traditionellen Sports vergleichen könnten, was aber gegebenenfalls insofern irreführend wäre, als die Ursprünge des E-Sports eher im Bereich des Computerspielens liegen, siehe Maric 2012).

Jedoch können wir auch in eine solche synchrone Mediatisierungsforschung Fragen des Wandels einbeziehen, indem wir rekonstruktive Momente in unsere Forschung integrieren. Wir können beispielsweise verschiedene ,Mediengenerationen' miteinander vergleichen, wenn wir argumentieren, dass deren (Medien-) Sozialisation zu unterschiedlichen Zeitpunkten stattgefunden hat und dass dies in den Abweichungen gegenwärtiger genereller kommunikativer Figurationen reflektiert wird (siehe für einen solchen Ansatz Volkmer 2006). Wir können in den Daten, die wir sammeln, andere rekonstruktive Momente einbeziehen, zum Beispiel indem wir die Menschen nach ihrer Medienbiografie fragen und dies auf heutige Wahrnehmungen von mediatisierten Welten und ihrer kommunikativen Figurationen rückbeziehen. Und auch in statistischer Hinsicht können wir Daten für bestimmte Kohorten synchron vergleichen, was Unterschiede zwischen verschiedenen Lebensphasen implizieren.

Im Hinblick auf solche Beispiele ist es offensichtlich, dass sich diachrone und synchrone Mediatisierungsforschung nicht ausschließen, sondern sich ergänzen. Es hängt von der je untersuchten mediatisierten Welt und ihrer kommunikativen Figurationen ab, welcher Ansatz der Mediatisierungsforschung angemessener erscheint – einschließlich der Kombination von beiden.

Dennoch sollten wir bei beiden Formen der Mediatisierungsforschung vorsichtig sein und einfache Kausalitäten vermeiden. An dieser Stelle ist es nochmals hilfreich, auf Norbert Elias Bezug zu nehmen. In dessen Diskussion des „Problems der ,Notwendigkeit' gesellschaftlicher Entwicklungen" (Elias 1993: 175) erinnert er uns daran, dass sich „bei der Erforschung eines Figurationsstromes […] zwei Perspektiven des Zusammenhangs zwischen einer aus dem kontinuierlichen Figurationsstrom herausgelesenen früheren und einer jeweils späteren Figuration unterscheiden" (ebd.: 178) lassen. Dies ist als erstes der Blickwinkel der früheren Figuration, von der aus die spätere nur eine der verschiedenen Möglichkeiten ihrer Veränderung ist. Zweitens ist dies der Blickwinkel der späteren Figuration, von der aus „die frühere gewöhnlich eine der notwendigen Bedingungen ihres Zustandekommens" (ebd.) darstellt. Entsprechend argumentiert Elias, die (empirisch zu prüfende) Tatsache, dass eine Figuration aus einer anderen heraus entstanden ist, kann nicht damit gleichgesetzt werden, dass „sich diese früheren notwendigerweise in diese späteren verwandeln mussten" (ebd.: 179).

Wenn wir diese Argumente auf die Mediatisierungsforschung beziehen, werden wir einmal mehr daran erinnert, dass wir mit kausalen Argumentationen sehr vorsichtig sein müssen: Den Wandel von kommunikativen Figurationen und damit auch den Wandel der kommunikativen Konstruktion mediatisierter Welten zu beschreiben, bedeutet nicht, bestimmte Variablen zu isolieren, die dann einseitig als Auslöser einzelner Wirkungen zu verstehen sind. Eher heißt dies, die Varianz wie auch Spezifik gegenwärtiger mediatisierter Welten vor dem Hintergrund der Mannigfaltigkeit möglichen Wandels von kommunikativen Figurationen zu erfassen.

5. Fazit: ‚Mediatisierungsgeschichte' als Herausforderung

Die bis hierher angestellten Überlegungen ermöglichen es, abschließend einige Anmerkungen dazu zu machen, was die gegenwärtigen Herausforderungen einer historischen Mediatisierungsforschung – der ‚Mediatisierungsgeschichte' – sind. Zuerst einmal gilt für Mediatisierungsgeschichte Ähnliches, was Inge Marszolek fokussierter für eine Radiokulturgeschichte formuliert hat. Es geht darum, „die technischen Entwicklungen wie die alltagskulturellen Dimensionen" (Marszolek 2001: 208) von Medien- und Kommunikationswandel zu berücksichtigen, also nicht einfach eine Geschichte von Medien als Organisationen schreiben, sondern einen ungleich breiteren Blickwinkel auf Medien und Kommunikation zu entwickeln. Hierbei muss auch die Spezifik von Medien in der Analyse berücksichtigt werden, ohne in einfache Wirkungskonzepte zu verfallen.

Eine solche Grundhaltung müsste in einer ‚Mediatisierungsgeschichte' gleichwohl in mehrfacher Hinsicht weiter entwickelt werden. So interessiert sich historische Mediatisierungsforschung, wie der Begriff hier entwickelt wurde, nicht einfach für ein einzelnes Medium, sondern übergreifend für die Rolle der verschiedenen zu einem historischen Zeitpunkt bestehenden Medien für die kommunikative Konstruktion von soziokultureller Wirklichkeit. Es geht – konkreter formuliert – um eine historische Beschreibung des Wechselverhältnisses von medienkommunikativem und soziokulturellem Wandel, das nicht in einer Ursache-Wirkungs-Beziehung konstruiert wird, sondern als ein vielschichtiger Artikulationszusammenhang. Für ein solches Unterfangen bietet sich, wie wir gesehen haben, das Konzept der kommunikativen Figuration an – hier verstanden als ein musterhaftes Interdependenzgeflecht von Kommunikation, in das zu verschiedenen historischen Zeitpunkten unterschiedliche Kommunikationsmedien eingebunden sind.

Hierbei verweist die allgemein vollzogene Unterscheidung von diachroner und synchroner Mediatisierungsforschung auch auf zwei Momente von Mediatisierungsgeschichte. Grundlegend ist Mediatisierungsgeschichte sicherlich in dem Sinne diachron ausgerichtet, dass es ihr darum geht, den Wandel von kommunikativen Figurationen über die Zeit hinweg zu erfassen. Allerdings muss die historische Mediatisierungsforschung auch eine Sensibilität für Mediatisierungsschübe entwickeln, denen sich eine synchrone Mediatisierungsforschung annähert. Mediatisierungsgeschichte sollte also einen Blick für die herausgehobenen Umbruchsituationen haben, in denen sich kommunikative Figurationen historisch nachhaltig ändern. Die Schwierigkeit besteht an dieser Stelle darin, dies als Veränderung von kommunikativen Figurationen zu fassen und nicht – wie es in der bisherigen Medien- und Kommunikationsgeschichte geschehen ist – auf das Aufkommen 'neuer' Medien zu reduzieren.

Auch wenn die Anforderungen an eine Mediatisierungsgeschichte entsprechend groß sind, erscheint das Unterfangen vielversprechend. Denkt man den Ansatz bis zu seinem Ende, bedeutet er nämlich, eine Geschichte der sich verändernden kommunikativen Konstruktion von soziokultureller Wirklichkeit im Hinblick auf die Rolle der verschiedenen Medien und Kommunikationsformen hierbei zu schreiben.

Literatur

Altheide, D. L./Snow, R. P. (1979): Media Logic. Sage, Beverly Hills.

Arnold, K. et al. (Hrsg.) (2008): Kommunikationsgeschichte. Positionen und Werkzeuge. Ein diskursives Hand- und Lehrbuch. LIT Verlag, Münster.

Averbeck-Lietz, S. (2012): Kommunikationsgeschichte und Mediatisierungsforschung. Überlegungen zu einer Annäherung. Vortrag am ZeMKI Forschungskolloqium, Bremen.

Averbeck-Lietz, S. (2013): Soziologie der Kommunikation: Die Mediatisierung der Gesellschaft und die Theoriebildung der Klassiker. Oldenbourg Wissenschaftsverlag, München.

Bentele, G. (1987): Evolution der Kommunikation. Überlegungen zu einer kommunikationstheoretischen Schichtenkonzeption. In: Bobrowsky, M./Langenbucher, W. R. (Hrsg.): Wege zur Kommunikationsgeschichte. Ölschläger, München, S. 79-94.

Bobrowsky, M./Langenbucher, W. (Hrsg.) (1987): Wege zur Kommunikationsgeschichte. Ölschläger, München.

Briggs, A./Burke, P. (2009): A Social History of the Media. From Gutenberg to the Internet. 3. Aufl. Polity Press, Cambridge.

Couldry, N. (2010): Making Populations Appear. In: Kraidy, M. M./Sender, K. (Hrsg.): The Politics of Reality Television: Global Perspectives. Routledge, London, S. 194-207.

Elias, N. (1993): Was ist Soziologie? 7. Aufl. Juventa, Weinheim.

Groth, O. (1960): Die unerkannte Kulturmacht. Grundlegung der Zeitungswissenschaft (Periodik). Band 1: Das Wesen des Werkes. de Gruyter, Berlin.

Hepp, A. (2004); Netzwerke der Medien. Medienkulturen und Globalisierung. [Reihe „Medien – Kultur – Kommunikation"]. VS Verlag, Wiesbaden.

Hepp, A. (2011): Medienkultur. Die Kultur mediatisierter Welten. VS Verlag, Wiesbaden.

Hepp, A./Krotz, F. (2012): Mediatisierte Welten. Forschungsfelder und Beschreibungsansätze – Zur Einleitung. In: Krotz, F./Hepp, A. (Hrsg.): Mediatisierte Welten. Forschungsfelder und Beschreibungsansätze. VS Verlag, Wiesbaden, S. 7-23.

Hitzler, R./Honer, A. (1984): Lebenswelt – Milieu – Situation. Terminologische Vorschläge zur theoretischen Verständigung. Kölner Zeitschrift für Soziologie und Sozialpsychologie 36(1): 56-74.

Hitzler, R./Möll, G. (2012): Eingespielte Transzendenzen. Zur Mediatisierung des Welterlebens am Beispiel des Pokerns. In: Krotz, F./Hepp, A. (Hrsg.): Mediatisierte Welten. Forschungsfelder und Beschreibungsansätze. VS Verlag, Wiesbaden, S. 257-280.

Hjarvard, S. (2008): The Mediatization of Society. A Theory of the Media as Agents of Social and Cultural Change. Nordicom Review 29(2): 105-134.

Innis, H. A. (1951): The Bias of Communication. Toronto University Press, Toronto.

Koltsova, O. (2008): Media, State, and Responses to Globalization in Post-Communist Russia. In: Chakravartty, P./Zhao, Y. (Hrsg.): Global Communications: Toward a Transcultural Political Economy. Roman & Littlefield, Lanham, S. 51-73.

Krotz, F. (2001): Die Mediatisierung kommunikativen Handelns. Der Wandel von Alltag und sozialen Beziehungen, Kultur und Gesellschaft durch die Medien. Westdeutscher Verlag, Opladen.

Krotz, F. (2007): Mediatisierung: Fallstudien zum Wandel von Kommunikation. VS Verlag, Wiesbaden.

Krotz, F./Hepp, A. (Hrsg.) (2012): Mediatisierte Welten. Forschungsfelder und Beschreibungsansätze. VS Verlag, Wiesbaden.

Lahire, B. (2011): The plural actor. Policy Press, Cambridge.

Livingstone, S. M. (2009): On the Mediation of Everything. Journal of Communication 59(1): 1-18.

Löbl, E. (1903): Kultur und Presse. Duncker & Humblot, Leipzig.

Luckmann, B. (1970): The Small Life-Worlds of Modern Man. Social Research 37(4): 580-596.

Lundby, K. (2009a): Introduction: ‚Mediatization' as a Key. In: Lundby, K. (Hrsg.): Mediatization: Concept, Changes, Consequences. Peter Lang, New York, S. 1-18.

Lundby, K. (Hrsg.) (2009b): Mediatization: Concept, Changes, Consequences. Peter Lang, New York.

Maric, J. (2012): eSport im TV: Fernsehaneignung einer Computerspielkultur. In: Elsler, M. (Hrsg.): Die Aneignung von Medienkultur. VS Verlag, Wiesbaden, S. 193-213.

Marszolek, I. (2001): Radio in Deutschland 1923-1960. Geschichte und Gesellschaft 27: 207-239.

Marszolek, I./von Saldern, A. (2010): Mediale Durchdringung des deutschen Alltags. Radio in drei politischen Systemen (1930er bis 1960er Jahre). In: Daniel, U./Schildt, A. (Hrsg.): Massenmedien im Europa des 20. Jahrhunderts. Böhlau, Wien, S. 84-120.

McLuhan, M. (1992): Die magischen Kanäle. Understanding Media. Econ-Verlag, Düsseldorf.

Merten, K. (1977): Kommunikation. Eine Begriffs- und Prozessanalyse. Westdeutscher Verlag, Opladen.

Meyrowitz, J. (1987): Die Fernsehgesellschaft. Wirklichkeit und Identität im Medienzeitalter. Beltz Verlag, Weinheim.

Meyrowitz, J. (1995): Medium Theory. In: Crowley, D./Mitchell, D. (Hrsg.): Communication Theory Today. Polity Press, Cambridge, S. 50-77.

Morley, D. (2007): Media, Modernity and Technology. The Geography of the New. Routledge, London, New York.

Morley, D. (2009): For a Materialist, Non-Media-centric Media Studies. Television & New Media 10(1): 114-116.

Ong, W. J. (1987): Oralität und Literalität. Die Technologisierung des Wortes. Westdeutscher Verlag, Opladen.

Poe, M. T. (2011): A History of Communications: Media and Society from the Evolution of Speech to the Internet. Cambridge University Press, Cambridge.

Riepl, W. (1913): Das Nachrichtenwesen des Altertums, mit besonderer Rücksicht auf die Römer. B. G. Teubner, Leipzig.

Rogers, E. M. (2003): Diffusion of Innovations. 5. Aufl. Free Press, New York, London.

Rusch, G. (2008): Mediendynamik. Explorationen zur Theorie des Medienwandels. Navigationen 7(1): 13-94.

Schmidt, S. J. (1994): Kognitive Autonomie und soziale Orientierung. Konstruktivistische Bemerkungen zum Zusammenhang von Kognition, Kommunikation, Medien und Kultur. Suhrkamp, Frankfurt am Main.

Schumpeter, J. A. (1997): Theorie der wirtschaftlichen Entwicklung. Eine Untersuchung über Unternehmergewinn, Kapital, Kredit, Zins und den Konjunkturzyklus. Duncker & Humblot, Berlin.

Shibutani, T. (1955): Reference groups as perspectives. American Journal of Sociology 60: 562-569.

Stöber, R. (2003a): Mediengeschichte: Die Evolution „neuer" Medien von Gutenberg bis Gates. Eine Einführung. Band 1: Presse – Telekommunikation. Westdeutscher Verlag, Wiesbaden.

Stöber, R. (2003b): Mediengeschichte: Die Evolution „neuer" Medien von Gutenberg bis Gates. Eine Einführung. Band 2: Film – Rundfunk – Multimedia. Westdeutscher Verlag, Wiesbaden.

Stöber, R. (2008): Innovation und Evolution: Wie erklärt sich medialer und kommunikativer Wandel? In: Winter, C./Hepp, A./Krotz, F. (Hrsg.): Kulturtheorie in der Kommunikations- und Medienwissenschaft. VS Verlag, Wiesbaden, S. 139-156.

Strauss, A. (1978): A social world perspective. Studies in Symbolic Interactionism 1(1): 119-128.

Vartanova, E. (2012): The Russian Media Model in the Context of Post-Soviet Dynamics. Cambridge University Press, Cambridge.

Volkmer, I. (Hrsg.) (2006): News in Public Memory: An International Study of Media Memories Across Generations. Peter Lang, New York.

Weber, M. (1911): Geschäftsbericht. In: Deutsche Gesellschaft für Soziologie (Hrsg.): Verhandlungen des Ersten Deutschen Soziologentages. Mohr, Tübingen, S. 39-62.

Weber, M. (1988): Gesammelte Aufsätze zur Wissenschaftslehre. 7. Aufl. Mohr Verlag, Tübingen.

Willems, H. (2010): Figurationssoziologie und Netzwerkansätze. In: Stegbauer, C./Häußling, R. (Hrsg.): Handbuch Netzwerkforschung. VS Verlag, Wiesbaden, S. 255-268.

Über die Autorinnen und Autoren

Dr. Elk Franke war bis 2009 Professor für Philosophie und Pädagogik des Sports an der Humboldt-Universität zu Berlin und vertritt seit 2010 die Professur „Sport und Lernen" am Institut für Sportwissenschaft des Fachbereichs Kulturwissenschaften der Universität Bremen. Seine Arbeitsschwerpunkte sind Handlungstheorie, Kulturphilosophie, Bildungssoziologie, Ethik und Ästhetik des Sports. Aktuelle Buchveröffentlichungen von ihm sind „Sport, Doping und Enhancement" Bd. 1-6 (Sport-Verlag 2010-2012, Hrsg. mit Giselher Spitzer), „Ethik im Sport" (hofmann-Verlag 2011, Hrsg.) und „Körperliche Erkenntnis – Formen reflexiver Erfahrung" (transcript 2008, Hrsg. mit Franz Bockrath, Bernhard Boschert).

Dr. Kathrin Heinz ist Leiterin und Geschäftsführerin des Mariann Steegmann Instituts. Kunst Gender mit Sitz an der Universität Bremen sowie Leiterin des Forschungsfelds *wohnen+/-ausstellen* in der Kooperation des Instituts für Kunstwissenschaft und Kunstpädagogik mit dem Mariann Steegmann Institut. Kunst & Gender. Ihre Arbeitsschwerpunkte sind Kunst- und Kulturgeschichte des 19. und 20. Jahrhunderts bis zur Gegenwart, Konzeptionen von Künstler- und Autorschaft in der Moderne, Geschlechterforschung, Körpergeschichte und Subjektkonstruktionen. Ihre aktuellen Publikationen sind u. a. „Heldische Konstruktionen. Von Wassily Kandinskys Reitern, Rittern und heiligem Georg" (transcript 2013), „Territorialakte des Künstlers. Über den Einsatz des heiligen Georg in Kandinskys Bildräumen" (in: Nierhaus, I./Hoenes, J./Urban, A. (Hrsg.): Landschaftlichkeit zwischen Kunst, Architektur und Theorie. Reimer 2010, S. 137-147), „Selbst im Bild. Kulturelle Versprechungen" (Themenheft von FKW // Zeitschrift für Geschlechterforschung und visuelle Kultur, Heft 50/Dezember 2010, Hrsg. mit Insa Härtel).

Dr. Andreas Hepp ist Professor für Kommunikations- und Medienwissenschaft mit dem Schwerpunkt Medienkultur und Kommunikationstheorie am Zentrum für Medien-, Kommunikations- und Informationsforschung (ZeMKI), Fachbereich Kulturwissenschaften der Universität Bremen. Seine Arbeitsschwerpunkte sind Medien- und Kommunikationstheorie, Mediensoziologie, Mediatisierungsforschung, transnationale und transkulturelle Kommunikation, Cultural Studies, Medienwandel, Methoden der empirischen Medienkulturforschung. Aktuelle Buchveröffentlichungen von ihm sind u. a. „Cultures of Mediatization" (Polity Press 2012, dt. „Medienkultur", VS Verlag 2011), „Politische Diskurskulturen in Europa" (VS Verlag 2012, mit Michael Brüggemann, Katharina Kleinen-von Königslöw, Swantje Lingenberg und Johanna Möller) und „Mediale Migranten" (VS Verlag 2011, mit Cigdem Bozdag und Laura Suna).

Claudia Jessel-Campos ist wissenschaftliche Mitarbeiterin am Institut für Musikwissenschaft und Musikpädagogik des Fachbereichs Kulturwissenschaften der Universität Bremen, wo sie an einer Studie zum Instrumentalunterricht in Grundschulen (SIGrun) mitarbeitet und die Auswirkungen des Programms „Jedem Kind ein Instrument" (JeKi) hinsichtlich der kulturellen Teilhabe von Schülerinnen und Schülern untersucht.

Dr. Margrit E. Kaufmann ist Bremen Senior Researcher für Ethnologie und Kulturwissenschaft am Bremer Institut für Kulturforschung (bik) und am Institut für Ethnologie und Kulturwissenschaft im Fachbereich Kulturwissenschaften der Universität Bremen. Als wissenschaftliche Expertin für Diversity berät und begleitet sie die Leitung der Universität bei den Diversity-Prozessen. Ihre Lehr- und Forschungsschwerpunkte sind Intersektionelle Diversity Studies, Gender und Postcolonial Studies, ethnologisch-kulturwissenschaftliche Theorien und Methoden, inter- und transkulturelle Prozesse und Vermittlungsarbeit, Migration und Gesundheit sowie Organisationskulturforschung. Aktuelle Veröffentlichungen von ihr sind u. a. „BremerForum:Diversity. Dokumentation des Kooperationsprojekts" (bik 2010, Hrsg.) und „Wir haben selbst neue Wissenszusammenhänge geschaffen! Forschendes Lernen zu ‚Diversity' in einer Großveranstaltung zur Methodenlehre im BA-Studiengang Kulturwissenschaft" (in: Schelhowe, H./Huber, L./Kröger, M. (Hrsg.) Forschendes Lernen im Profil einer Universität. Beispiele aus der Universität Bremen. Universitätsverlag Webler, in Vorbereitung).

Dr. habil. Christiane Keim ist Lektorin am Institut für Kunstwissenschaft und Kunstpädagogik des Fachbereichs Kulturwissenschaften der Universität Bremen und assoziierte Wissenschaftlerin am Mariann Steegmann Institut. Kunst & Gender (Forschungsfeld *wohnen+/-ausstellen*). Ihre Forschungsschwerpunkte liegen in den Bereichen Kunst und Architektur seit 1800, Gender Studies, Erinnerung und Raum, Mode. Aktuelle Publikationen von ihr sind u. a. „Anordnungen und Gegenüberstellungen: Weiblichkeit und Mode im medialen Diskurs der Architekturavantgarde" (in: Krause-Wahl, A./Holschbach, S. (Hrsg.): Erblätterte Identitäten: Mode-Kunst-Zeitschrift. Jonas-Verlag 2006, S. 81-88), „Der Erinnerung einen Raum geben: Nation und Krieg im Gedächtnismedium Kunst" (in: Bulanda-Pantalacci, A./Threuter, C. (Hrsg.): Erinnerungsräume. Architekturen des Krieges. Cliomedia 2009, S. 22-33), „Performative Räume – Verführerische Bilder – Montierte Blicke. Zur Konstruktion von Geschlecht im Interieur" (in: Moebius, S./Prinz, S. (Hrsg.): Das Design der Gesellschaft. Zur Kultursoziologie des Designs. transcript 2012, S. 143-162).

Dr. Gritt Klinkhammer ist Professorin für Religionswissenschaft mit dem Schwerpunkt empirische Religionsforschung und Theorie der Religion(en) am Institut für Religionswissenschaft und Religionspädagogik des Fachbereichs Kulturwissenschaften der Universität Bremen. Ihre Arbeitsschwerpunkte sind religiöse Gegenwartskulturen, Islam in Europa, Religion und Gesellschaft, Theorie der Religion und Methoden der empirischen Religionsforschung. Aktuelle Buchveröffentlichungen von ihr sind u. a. „Sufis in Western Society. Global Networking and Lokality" (Routledge 2009, mit Markus Dreßler und Ron Geaves), „Interreligiöse und interkulturelle Dialoge mit MuslimInnen in Deutschland. Eine quantitative und qualitative Studie" (Univ. Bremen 2011, mit Hans-Ludwig Frese, Ayla Satilmis, Tina Seibert; http://nbn-resolving.de/urn:nbn:de:gbv:46-00102006-15) und „Staatsvertrag mit Muslimen in Hamburg: Die rechts- und religionswissenschaftlichen Gutachten" (Univ. Bremen 2012, mit Heinrich de Wall; http://nbn-resolving.de/urn:nbn:de:gbv:46-00102852-13).

Dr. Andreas Lehmann-Wermser ist Professor für Musikpädagogik am Institut für Musikwissenschaft und Musikpädagogik des Fachbereichs Kulturwissenschaften der Universität Bremen. Sein Forschungsschwerpunkt ist die Unterrichtsforschung. Aktuelle Buchveröffentlichungen von ihm sind u. a. „Musisch-kulturelle Bildung an Ganztagsschulen" (Beltz Juventa 2010), „Aspekte Interkultureller Musikpädagogik" (Wissner 2012).

Dr. Inge Marszolek (pensioniert) lehrte Kulturgeschichte am Institut für Kulturwissenschaft am Fachbereich Kulturwissenschaften der Universität Bremen. Sie ist dort weiterhin Mitglied des Zentrums für Medien, Kommunikation und Information (ZeMKI). Ihre Arbeitsschwerpunkte sind Sozialgeschichte des 20. Jahrhunderts, insbesondere Gedächtnis- und Mediengeschichte, Methoden der Erforschung von Bildern und Klang, historische Diskursanalyse. Außerdem ist sie Mitglied in zahlreichen Beiräten der Gedenkstätten in Niedersachsen und Bremen. Ihre letzte Buchveröffentlichung ist „Bunker. Kriegsort, Zuflucht, Erinnerungsraum" (Campus 2008, mit Marc Buggeln).

Dr. Maya Nadig ist Ethnologin, klinische Psychologin und Psychoanalytikerin sowie Professorin für Ethnologie am Institut für Ethnologie und Kulturwissenschaft im Fachbereich Kulturwissenschaften an der Universität Bremen. Ihre Arbeits- und Forschungsschwerpunkte sind Ethnopsychoanalyse, Cultural Studies, postkoloniale Kulturtheorien, Kultur und Emotionen sowie Sozialisation in unterschiedlichen Kulturen. Sie hat verschiedene Feldforschungen in traditionellen und modernen indigenen Gemeinden Mexikos unternommen, um den Zusammenhang von Kultur und Emotionen zu untersuchen. Inzwischen forscht sie in Südchina in der matrilinearen Gesellschaft der Mosuo

Dr. Irene Nierhaus ist Professorin für Kunstwissenschaft und Ästhetische Theorie am Institut für Kunstwissenschaft und Kunstpädagogik (IKK) der Universität Bremen. Leiterin des Mariann Steegmann Instituts. Kunst & Gender (MSI) sowie Leiterin des Forschungsfelds *wohnen+/-ausstellen* in der Kooperation des IKK und des MSI. Forschungsschwerpunkte zu visueller und räumlicher Kultur – insbesondere zu Beziehungen zwischen Kunst, Architektur und bildnerischen Medien des 19. und 20. Jahrhunderts und der Gegenwart; der Geschichte und Theorie zum Verhältnis von Bild und Raum; medientransversale und gegenstandsbezogene Studien. Derzeit insbesondere Wohnen in Geschichte und Theorie, auch Ausstellen. Aktuelle Publikationen u. a. „Im Auge des Piloten. Ordnungen des Territorialen in der Aeropittura des Futurismus" (in: Bartl, A. et al. (Hrsg.): Sehen-Macht-Wissen: ReSaVoir transcript 2011, S. 59-74), „Landscapeness as social primer and ground: visual and spatial processes between biopolitics, habitation and the body" (in: Mörtenböck, P. et al. (Hrsg.): Space-Resolutions. transcript 2011, S. 29-42), „Landschaftlichkeit zwischen Kunst, Architektur und Theorie" (Reimer 2010, Hrsg. mit Josch Hoenes und Annette Urban), „The Modern Interior as Geography of Images, Spaces and Subjects: Mies van der Rohe's and Lilly Reich's Villa Tugendhat 1928-1931" (in: Sparke, P. et al. (Hrsg.): Designing the Modern Interior. Berg 2009, S. 107-118).

Dr. Winfried Pauleit ist Professor am Fachbereich Kulturwissenschaften der Universität Bremen mit den Arbeitsschwerpunkten Filmwissenschaft, Medienwissenschaft und Filmvermittlung. Seine aktuellen Publikationen sind „Filmstandbilder. Passagen zwischen Kunst und Kino" (Stroemfeld 2004), „Das ABC des Kinos. Foto, Film, Neue Medien" (Stroemfeld 2009) (www.abc-des-kinos.de) und „Reading Film Stills. Analyzing Film and Media Culture" (Bertz + Fischer, in Vorbereitung). Er ist daneben wissenschaftlicher Leiter des Internationalen Bremer Symposiums zum Film und Mitherausgeber der Schriftenreihe des Symposiums: „Wort und Fleisch. Kino zwischen Text und Körper" (2008), „Das Kino träumt. Projektion, Imagination, Vision" (2009), „Vom Kino lernen. Internationale Perspektiven der Filmvermittlung" (2010), „Public Enemies. Film zwischen Identitätsbildung und Kontrolle" (2011), „Der Film und das Tier. Klassifikationen, Cinephilien, Philosophien" (2012).

PD Dr. Cordula Weißköppel ist Akademische Rätin am Institut für Ethnologie und Kulturwissenschaft des Fachbereichs Kulturwissenschaften der Universität Bremen. Ihre Forschungsschwerpunkte sind Diaspora- und Transnationale Studien mit dem Fokus auf religiöse Netzwerke in europäischen Einwanderungsländern, z. B. deutsch-sudanesische Sufi-Netzwerke oder christlich-orthodoxe Gemeinden, die in enger Verbindung zur koptisch-orthodoxen Kirche Ägyptens stehen. In diesem aktuellen Forschungsprojekt untersucht sie Prozesse der religiösen Sozialisation im transnationalen Raum. Ihre jüngeren Publikationen sind „Jugend, Migration und Religion" (Nomos 2011, mit B. Allenbach, U. Goel, M. Hummrich), „Migration und religiöse Dynamik" (transcript 2008, mit A. Lauser) und „Traversing cultural sites: Doing ethnography among Sudanese migrants in Germany" (in: Falzon, M. (Hrsg.): Multi-sited ethnography. Ashgate Publishing 2009, S. 251-270).

The manufacturer's authorised representative in the EU is Springer
Nature Customer Service Centre GmbH, Europaplatz 3, 69115 Heidelberg,
Germany. If you have any concerns regarding our products, please
contact ProductSafety@springernature.com

Printed and bound by CPI Group (UK) Ltd, Croydon, CR0 4YY

27/04/2026

02097654-0001